国家社会科学基金项目资助

(结项证书编号:20120733)

国家社科基金系列鲁迅研究丛书

学术顾问委员会主任

刘中树(吉林大学原校长,教育部中文学科指导委员会主任,吉林大学文科资深教授)

杨义(中国鲁迅研究会会长,中国社科院文学所原所长,中国社科院学部委员)

温儒敏(中国现代文学研究会会长,北大中文系原主任,山东大学文科一级教授)

学术顾问

陈思和(中国现代文学研究会副会长,复旦大学中文系主任)

张中良(中国现代文学研究会副会长)

刘勇(中国现代文学研究会副会长,北京师范大学北京文化发展研究院执行院长)

孙郁(中国鲁迅研究会常务副会长,中国人民大学文学院院长)

张福贵(中国鲁迅研究会副会长,吉林大学文学院院长)

陈国恩(中国鲁迅研究会副会长,武汉大学文学院副院长)

李继凯(中国鲁迅研究会副会长)

王锡荣(中国鲁迅研究会副会长,上海鲁迅纪念馆馆长)

郑心伶(中国鲁迅研究会副会长,广东鲁迅研究会会长)

何锡章(中国鲁迅研究会副会长,华中科技大学文学院院长)

宋益乔(中国鲁迅研究会副会长,聊城大学原校长)

谭桂林(中国鲁迅研究会副会长,湖南师范大学文学院院长)

王吉鹏(中国鲁迅研究会理事)

朱晓进(中国鲁迅研究会理事,南京师范大学文学院院长,江苏鲁迅研究会会长)

高旭东(中国现代文学研究会常务理事,中国人民大学长江学者)

杨剑龙(中国鲁迅研究会理事,上海师范大学都市文化研究中心主任)

黄健(中国鲁迅研究会理事,浙江鲁迅研究会常务副会长)

阎晶明(文艺报总编)

朱寿桐(中国鲁迅研究会理事,澳门大学中文系主任)

李怡(中国现代文学研究会常务理事,四川鲁迅研究会会长)

王本朝(中国鲁迅研究会理事,西南大学文学院副院长)

傅光明(中国现代文学研究会理事,《中国现代文学研究丛刊》常务副主编)

丛书策划:葛涛(国际鲁迅研究会中方秘书长,北京鲁迅博物馆副研究馆员)

目　录

序（高旭东）……………………………………………………………… 1

绪　论 …………………………………………………………………… 1

第一章　鲁迅在当代中文网络中传播与接受的历史及现状（2000～2009）……………………………………………………………………… 10

　　一、当代中文网络中关于鲁迅的网站、论坛、专栏和网民文章的兴起（2000～2001）……………………………………………………… 10

　　二、当代中文网络中关于鲁迅的网站、论坛、专栏和网民文章的进展（2002～2006）……………………………………………………… 28

　　三、当代中文网络中关于鲁迅的网站、论坛和网民文章的分化（2007～2009）………………………………………………………… 73

　　四、鲁迅在当代中文网络中传播与接受状况的回顾与前瞻 …… 106

第二章　当代中文网络中关于鲁迅的网站个案研究 ………………… 109

　　一、评读鲁迅网个案研究 ………………………………………… 109

　　二、小结 …………………………………………………………… 113

第三章　当代中文网络中关于鲁迅的论坛、虚拟社区个案研究 …… 114

　　一、网易·鲁迅论坛个案研究 …………………………………… 114

　　二、网易·鲁迅论坛发表的文章的量化研究 …………………… 118

　　三、网易·鲁迅论坛网民的民族志研究 ………………………… 136

　　四、网易·鲁迅论坛虚拟社区的问题与前瞻 …………………… 156

第四章　当代中文网络中纪念鲁迅的专辑研究 ……………………… 169

　　一、中文网络中纪念鲁迅的专辑概况 …………………………… 169

　　二、小结 …………………………………………………………… 183

第五章　当代中文网络中关于鲁迅的网络调查活动研究 …………… 187
　　一、当代中文网络中关于鲁迅的网络调查活动概况 ………… 187
　　二、小结 ………………………………………………………… 197

第六章　当代中文网络中关于鲁迅的文章个案研究 ………………… 200
　　一、评论鲁迅本人的文章个案研究："梁由之"的《关于鲁迅》… 200
　　二、评论鲁迅作品的文章个案研究：范美忠解读《野草》的系列文章 …………………………………………………………… 201
　　三、仿写鲁迅作品的文章个案研究："姚文嚼字"仿写鲁迅作品的系列文章 ……………………………………………………… 205
　　四、攻击鲁迅的文章个案研究："脂砚斋"攻击鲁迅的系列文章 … 207
　　五、小结 ………………………………………………………… 210

第七章　当代中文网络中与鲁迅有关的网民个案研究 ……………… 215
　　一、方舟子个案研究 …………………………………………… 215
　　二、"槟榔"个案研究 …………………………………………… 218
　　三、于仲达个案研究 …………………………………………… 222
　　四、范美忠（"范跑跑"）个案研究 ……………………………… 225
　　五、宋祖德个案研究 …………………………………………… 227
　　六、小结 ………………………………………………………… 228

结　论 …………………………………………………………………… 232
　　一、"网络鲁迅"产生的原因 …………………………………… 232
　　二、"网络鲁迅"的特点 ………………………………………… 233
　　三、"网络鲁迅"与传统鲁迅研究的区别与联系 ……………… 237
　　四、"网络鲁迅"的价值与局限 ………………………………… 239
　　五、"网络鲁迅"的传播效应与未来发展趋势 ………………… 241
　　六、"网络鲁迅"与当代思想文化的关系 ……………………… 243

参考文献 ………………………………………………………………… 245

后　记 …………………………………………………………………… 253

序

在过去的3000多年里,人类的文学载体发生了几次重大的变化。在文字没有产生之前,文学尚在口传阶段,然而忽视了这个"前文学时期",就会漠视从口传文学进入文字文学所发生的文化变异。而印刷术的发明与普及对于文学而言是一场巨大的"新技术革命",从此在市民文化土壤上成长起来的小说,向过去时代的主导文体诗歌发出了挑战,并且从边缘向中心移动,逐步成为近代工业文明的主导文体。影视则是工业文明发展到较高阶段以及后工业文明的代表性文体,也就是当代世界的主导文体。吟诵诗歌早就穷途末路,小说似乎也进入了阅读的黄昏,只有光芒万丈的影视图像,在夜幕中吸引着大大小小的眼球。

为什么非要如此这般你方唱罢我登场?影视对于文学构成了巨大的挑战,但是,从尼采、柏格森、海德格尔之后,对技术统治的抗议就愈益激烈,这种抗议与对审美的向往往往又是紧密联系在一起的。阿多诺与本雅明等人发现,影视的机械复制已与现代的技术统治握手言欢,使得以影视为主导的审美也被异化了。在文化工业与消费社会的大旗下,生活已完全平面化、精致化、机械化,而且无懈可击,人的棱角已被磨得光滑,就连人之为人的最可贵的批判反省能力也丧失了。其实,当以影视为主导的文化变成工业或产业的时候,文学的完满性与气韵生动的灵性就已经荡然无存。文化工业就像大型的养鸡场,从这里产出来的鸡蛋再也不如自然生长的鸡蛋好吃。而影视艺术的图像化、平面化,使得深度思考愈益成为不可能,歌德《浮士德》与陀思妥耶夫斯基《卡拉马佐夫兄弟》那样的艺术深度,显然在影视艺术中很难发现。这也是为什么从马克思到本雅明,对现代艺术评价较低而具有浓厚的古典艺术趣味的原因。

网络的兴起显然提供了一个文化多元化与多样性的平台,这里既有抒情的诗歌,又有小说散文,也有各种各样的影视,上网者可以从被动地接受到主动地搜索、选择自己喜欢的文学文本与影视文本,可以即时在网上交流审美体验,甚至可以将自己创作的诗歌、小说文本以及影视文本加到网站上去。这种接受、批评与创作在网络交流中的融合,无疑是一次人类文化史上的革命,为真正实现艺术与审美的民主展现了美好的前景。而古典作家与现代作家也从文本中走出来,进入了网络。他们的文集被上传到网络,并且伴有多样性的评论。一些著名作家甚至有专门的网站、论坛。这些评论显然不像学术刊物上的论文那样正襟危坐,而是众声喧哗、杂语丛生。

葛涛博士是中国最早研究网络文学的学者,他在攻读博士学位的时候,就已经在人民文学出版社出版了几部研究网络上的现代著名作家的著作,并且以"网络鲁迅"作为自己的博士论文选题,后来又以"网络鲁迅"成功地申报了国家社会科学基金项目。鲁迅研究有很多领域,譬如思想研究、小说研究、杂文研究、诗歌研究等等,而网络鲁迅研究则是葛涛博士开辟的一个新的研究领域,并且在这一新拓的研究领域做出了重要的贡献。如果说期刊上的鲁迅研究是知识精英的学术成果,那么网络上的鲁迅评论则是大众的鲁迅印象与研究。尽管网络上有很多的评论鲁迅的言论仅仅是浅尝辄止的杂语,然而作为一种文化现象还是很值得研究的。

因此,我希望读者喜爱这本书,也希望这本书重新回到网络,对于网络上的鲁迅发生影响。

高旭东

2012 年 3 月 24 日于北京天问斋

绪　论

1. 研究背景与问题意识

(1) 研究背景

随着网络技术的发展，网络在人类社会中的影响力也越来越大，联合国在1998年把网络正式作为继报刊、广播、电视之后的第四媒体，国外的很多领域的学者也从众多领域对网络社会展开了研究。在中国内地，中文网络从1997年以来的飞速发展不仅使网络的影响渗透到众多的社会领域，而且网民①的数量在短时间内超过了1亿，形成了一个无法忽视的意见群体，国内很多领域学者也开始把中文网络作为研究的对象，陆续出现了100多部研究著作和近百篇的博士和硕士学位论文。

伴随着中文网络的发展，鲁迅也逐渐成为中文网络中的一个值得注意的话题。从1994年方舟子等留学生在美国创办新语丝网站到1998年出现的在中文网络中有着重要影响的网易•鲁迅论坛，从网络中受鲁迅精神影响的网民写作的大量谈论鲁迅及批评时事的文章到2006年出现的胡戈的《疯狂的馒头》②等"恶搞"风格的视频及文字，可以说，鲁迅在中文网络中的传播与接受状况已经成为鲁迅传播与接受史中不可忽视的一部分。而且，此前的鲁迅传播与接受史基本上都是研究鲁迅在文学、艺术、影视、戏剧等领域中的传播与接受的情况，关注的是学者、作家、艺术家等文化精英在图书、报刊、广播、影视、戏剧中对鲁迅的接受与传播，几乎没有关于民间普通读者（他们也被形象

---

① 中国互联网络信息中心（CNNIC）发布的《中国互联网络发展状况统计报告》把网民界定为"过去半年内使用过互联网的6周岁以上中国居民"（http://www.cnnic.net.cn/index.htm）。

② 胡戈在接受记者采访时说，制作《疯狂的馒头》是受了鲁迅的《故事新编》的影响。另外，《解放晚报》2007年10月29日刊登的记者韩垒采访胡戈的稿件题目就是《新片再度恶搞007　胡戈：我也是向鲁迅学习》。

地称为"沉默的大多数")对鲁迅的传播与接受情况的研究,但是鲁迅的影响又不仅存在于文化精英之中,也更多地存在于民间大众之中。学术界不是不关注鲁迅在民间的接受与传播情况,只是不便于搜集到研究资料。

可以说,中文网络的兴起不仅为普通民众提供了表达对鲁迅看法的可能,同时也为研究鲁迅在普通民众中的传播与接受情况提供了可能①。另外,在某种意义上也可以说民间大众对鲁迅的传播与接受在鲁迅传播与接受研究领域中是最需要填补的一块研究空白。

为了区别于传统意义上的鲁迅研究,笔者把这种普通网民在网络中传播与研究鲁迅的新生现象命名为"网络鲁迅"。"网络鲁迅"这个概念有两个特点:"网络"和"鲁迅",前者是传播的载体和媒介,后者是传播的内容和对象,即必须是网络中的关于鲁迅的传播与接受。因此,"网络鲁迅"的研究对象不仅包含网民在网络中发表的关于鲁迅的文章,网络中出现的关于鲁迅的网站和论坛以及由这些网站和论坛发展起来的虚拟社区,而且也包含网络中出现的鲁迅爱好者即"鲁迅迷"在网络中对鲁迅精神的接受。另外,鉴于网民对鲁迅的认知和接受的实际状况,需要把"网络鲁迅"所要研究的与鲁迅有关的网民作一个限定,即本书所研究的"网民"主要是对鲁迅多少有所了解的那些网民,并非全部的6岁以上的网民。笔者在研究过程中虽然看到在网络中谈论到鲁迅的网民还有一些小学生,最小的只有10岁,但是这些小学生对鲁迅的认知比较简单,不再纳入本书的研究范围。而中学生虽然只有十多岁,但是他们已经在课本中大致学过一些鲁迅的文章,并知道一些关于鲁迅的信息,所以纳入本书的研究范围。总之,本书主要研究从中学生年龄段开始的网民对鲁迅的传播与接受。另外,需要特别指出的是,在网络中谈论鲁迅的网民还包括一些知名的鲁迅研究专家,如著名鲁迅研究专家张梦阳曾经主持过搜狐网站的鲁迅频道,并多次和网民在网络中对话,但是这些以鲁迅研究专家身份在网络中谈论鲁迅的学者并不是以"网民"身份在网络中谈论鲁迅,所以也不纳入本书的研究范围,只是简略涉及;而那些以网民身份而非以鲁迅研究专家的身份在网络中谈论鲁迅的鲁迅研究专家则纳入本书的研究范围,如某位著名的鲁迅研究专家以"金枪鱼"的网名在网易·鲁迅论坛多次发表文章,这样的网民纳

---

① 《南方周末》2001年10月20日刊登的纪念鲁迅诞辰120周年专辑的编者说:我们关注普通大众对鲁迅的看法,但我们不知道到哪里去寻找他们。中文网络中网民关于鲁迅的评论使他们很惊喜,因此,他们慷慨地用整版的篇幅刊登了网民对鲁迅的评论,以此作为对鲁迅的特殊的纪念。

入本书的研究范围。

(2) 问题意识

当代的普通民众究竟是如何看待鲁迅的？鲁迅在中文网络中究竟是什么样子？如何看待 2000 年以来的鲁迅在中文网络中传播与接受的状况？如何看待鲁迅与当代中文网络文化的关系？这些问题已经成为鲁迅研究乃至中国现代文学研究的一个崭新的课题。本研究课题就是要通过长期的深入观察和跟踪研究来尝试解决这些问题，从而在一定程度上填补鲁迅传播与接受研究中的空白。

此外，中共十七大报告提出要"加强网络文化建设和管理，营造良好网络环境"，推动文化的大发展大繁荣。鲁迅等一些著名作家不仅在中文网络空间中占有重要地位，而且也对当代中文网络文化产生了重要的影响。笔者认为通过对鲁迅在中文网络中传播与接受情况的研究，不仅可以观察当代中文网络文化的发展趋势，及时地总结中文网络文化在初级发展阶段中的经验与教训，为建设健康、有序的中文网络文化提供参考研究案例，而且也可以为进一步推动当代中文网络文化的大发展与大繁荣和在当代中文网络文化中构建社会主义核心价值体系、建设中华民族的精神家园提供研究建议。

2. 文献综述

(1) 国外网络文化研究趋势

国外的网络文化研究随着网络的发展呈现出不同的阶段。戴维·西尔弗(David Silver)在《回顾与前瞻——1990 至 2000 年间的网络文化研究》[①]一文中将 1990 年至 2000 年间西方的网络文化研究分为三个阶段：第一阶段为网络文化的大众化(popular cyberculture)阶段，它起源于新闻界，主要任务是对网络这样一种新兴媒介进行描述与前瞻，其特点是好走极端，要么将网络视为乌托邦似的神话，要么就是完全将它视作反面乌托邦。第二阶段为网络文化研究阶段(cyberculture studies)，这一阶段主要关注的是虚拟社区和网上的个体身份认同。第三阶段为批判性网络文化研究阶段(critical cyberculture

---

① [美]戴维·西尔弗：《回顾与前瞻——1990 至 2000 年间的网络文化研究》，载《网络研究：数字化时代媒介研究的重新定向》，彭兰等译，北京：新华出版社，2005 年。

studies),这时的网络文化研究扩展到四个领域:网络中各种因素的相互作用(online interactions)——政治、经济、文化、社会等各种因素在网络中是如何共同发生作用的;关于电子空间的话语方式(digital discourse)——对于网络的描述方式是如何影响到人们对网络的认识的;使用网络的障碍(access and denial to the Internet)——哪些因素阻止人们上网;网络空间的界面设计(interface design of cyberspace)——网络界面的设计方式如何影响人们使用网络及在网络中的互动。这一阶段的研究也往往关注以上四个领域间的相互交织和相互依赖关系。

另外,因为台湾地区比大陆地区更早受到网络的巨大影响,所以台湾学者对网络的研究不仅比大陆学者要早,而且取得的研究成果也较为丰硕,研究方法也较新颖。吴筱玫在《网路传播概论》一书中在总结网络文化研究特别是台湾地区的网络文化研究时指出,网络传播研究方法早期主要采用"实验法"、"调查法"、"文本分析法",近期主要采用"亲身参与观察、方志研究和深度访谈法",而"亲身参与法、方志研究和深度访谈法",也可以说是近期网络研究中最具有代表性的几种方法[①]。

大陆的网络文化研究者在研究中文网络时大多借鉴西方和台湾学者的研究方法,而大陆的网络文化研究也大致呈现出与国外网络文化研究相近的趋势,从开始阶段的网络文化表象研究逐渐深入到网络文化的深层研究,目前大致在整体上处于西方网络文化研究的第二个阶段"网络文化研究阶段",并向第三个阶段"批判性网络文化研究阶段"发展。虽然大陆地区的网络文化研究者借鉴西方网络文化研究方法和台湾地区的网络文化研究方法来研究中文网络文化并取得了很多的研究成果,但还存在一些问题。彭兰在《视野、焦点与方法:中国网络传播研究的三个待突破》一文中指出:"中国的网络媒体实践进行了近十年,相关的研究也伴随着实践在向前推进。应该说,从数量上看,研究成果是可喜的,但是,从质量上看,还不尽如人意。视野、焦点、方法这三个方面存在的不足,制约了中国网络传播的研究。要想实现历史性的突破,一方面需要研究者更好地潜入网络传播的实际中去发现问题,另一方面也需要研究者将眼界放得更宽,从国外的有关研究中吸取有益的养分。"[②]虽然彭兰的文章仅就中文网络传播研究领域进行评析,但是她的观点在某种程度上也反

---

① 吴筱玫:《网路传播概论》,台北:智胜文化事业有限公司,2003年,第34~39页。
② 彭兰:《视野、焦点与方法:中国网络传播研究的三个待突破》(http://www.zijin.net/gb/content/2004-04-14)。

映出中文网络文化研究的现状,并指出了今后中文网络文化研究的方向。

(2)本课题国内外研究现状

国内外关于本课题的研究者和研究成果都还比较少,目前可以检索到的相关研究成果除了笔者的论著之外还有如下:陈艳冰的《从网上鲁迅看"民间鲁迅"》①,文章指出从网络中的鲁迅可以看出民间鲁迅的形象,笔者赞同这一观点;黄健的《论网络传播中的鲁迅现象》②,文章认为大众能够通过网络深入理解鲁迅、促进鲁迅精神传播,笔者认为网络的确可以促进鲁迅精神传播,不过从目前的情况来看,大众能通过网络深入理解鲁迅可能言之过早;邹贤尧的《征服时空:鲁迅影响论》③,该书的"拓展与延伸:鲁迅与当今互联网"一章从"狂欢"、"喧哗"、"戏仿"与"颠覆"四个方面分析网络中关于鲁迅的评论观点,这一观点与本人在2001年发表的文章从观点到材料都有不少相近之处;梁刚的《论网络鲁迅批评的意义与局限》④,文章认为"网络鲁迅"已经与"学术鲁迅"、"政治鲁迅"三足鼎立,这一观点不符合目前"网络鲁迅"的实际情况,但他所指出应当清除鲁迅批评的语言暴力的观点也和笔者在2001年发表的文章中的观点是一致的;黄健的《网络文化传播:鲁迅形象重塑的民间路径》⑤,文章认为网络文化传播一方面解构了原有的被高度政治化和意识形态化了的鲁迅,同时又重塑了具有民间性和极具亲和力的鲁迅,笔者基本认可这一观点,但是认为该文还应当进一步指出目前网络中鲁迅形象是解构有余而重塑不足。

笔者是这一研究领域的开创者和主要的研究者,已经在国内外的学术刊物和学术会议上发表了16篇论文,出版了一部合著的著作。这些研究成果不仅分析了鲁迅在中文网络中的传播与接受的状况,而且对年度鲁迅网络传播与接受的动态进行述评。虽然收集了丰富的研究资料,但还没有上升到理论层面,还需要进一步深化。

---

① 陈艳冰:《从网上鲁迅看"民间鲁迅"》,《鲁迅世界》2001年第3期。
② 黄健:《论网络传播中的鲁迅现象》,《浙江万里学院学报》2005年第1期。
③ 邹贤尧:《征服时空:鲁迅影响论》,北京:新星出版社,2006年。
④ 梁刚:《论网络鲁迅批评的意义与局限》,《北京邮电大学学报》2007年第1期。
⑤ 黄健:《网络文化传播:鲁迅形象重塑的民间路径》,2008年12月浙江鲁迅研究会年会会议论文,未发表。

3. 研究方法与研究架构

(1) 研究方法

本书借鉴西方的文化研究中的大众文化理论对"网络鲁迅"现象进行研究，主要采用亲身参与观察法和个案研究①的方法进行研究。笔者追踪观察了鲁迅2000年到2009年期间在中文网络中传播与接受的状况，在第一章中从历史的角度宏观概括鲁迅在中文网络中传播与接受的发展历史，较为全面地介绍了鲁迅网络传播的真实状况；第二、四、五、六、七章主要采用个案研究的方法，通过对关于鲁迅的网站、专栏、专辑、网民文章和网民的个案研究，试图从微观的角度对鲁迅网络传播的特点进行深入、全面的剖析；第三章主要采用以定性研究为主，以定量研究为辅的方法来研究互联网上的"鲁迅迷"在网络中的互动及由此形成的网络亚文化，主要采用网络民族志研究方法和问卷调查及渗入访谈研究方法。吴筱玫指出："社群研究所用的方法，几乎都是亲身观察、论述分析与深度访谈的结合，研究者必先'埋伏'在某个网站上几个月或几年（很多人只上线不说话），针对某个特定议题或情境累积文本，根据自己参与的经验进行论述分析，事后再想办法访谈印证。"②笔者从2001年10月一直密切关注中文网络中关于鲁迅的评论动态，和一些版主、网友建立了联系，并和一些网友见面访谈。在2003年开始有意识地选择网易·鲁迅论坛作为深入观察、研究的对象，一直较为密切地观察这些论坛和网站的发展变化。另外，为了配合参与观察方法的应用，本研究还选择了一些"鲁迅迷"进行问卷调查与深入访谈。在设计深入访谈的大纲时参考了南希·凯·贝姆和邵琼淳等国内外研究者的深入访谈大纲，吸收其精华，并结合"鲁迅迷"研究的实际作了相应的调整。本研究采用在鲁迅论坛张贴深入访谈大纲的方式征集"鲁迅迷"来参与回答笔者的问卷，在收到寄回的答卷之后，笔者会视答卷中出现的一些情况再就答卷中的问题以及笔者进一步想了解的问题通过电子邮件和这些"鲁迅迷"继续联系。第八章主要从"网络鲁迅"兴起的原因、"网络鲁迅"的特点、"网络鲁迅"与传统鲁迅研究的关系、"网络鲁迅"的价值与局限、"网络鲁

---

① 全国科学技术名词审定委员会把个案研究（case study）界定为："研究具体地方的具体事件，在充分认识问题的特殊性的基础上来考虑普遍性的意义。"

② 吴筱玫：《网路传播概论》，第160～161页。

迅"的传播效应与未来发展趋势、"网络鲁迅"与当代中国思想文化的关系等角度对本研究进行总结,并以鲁迅的网络传播为个案来研究当前的中文网络文化的发展状况,为十七大提出的加强网络文化管理、推动网络文化大发展大繁荣的基本国策提供参考意见。

(2)研究架构

"绪论",主要介绍了本研究的"研究背景与问题意识"、"文献综述"、"研究方法与研究架构"。在"研究背景与问题意识"一节中指出互联网的兴起为研究鲁迅在民间大众中的传播与接受提供了可能,本研究主要研究鲁迅2000年到2009年期间在中文网络中传播与接受的状况,并为当代中文网络文化建设提供研究建议;在"文献综述"一节中指出国内外网络文化研究的现状,并指出国内外关于本课题的研究者和研究成果都还比较少,鲁迅的网络传播状况还需要进一步深入研究;在"研究方法与研究架构"一节中指出本研究采用个案研究的方法进行研究,并概要介绍了本研究的章节内容。

第一章"鲁迅在当代中文网络中传播与接受的历史及现状",主要把鲁迅2000年到2009年在中文网络中传播与接受的状况划分为三个阶段:兴起阶段,进展阶段,分化阶段。在"当代中文网络中关于鲁迅的网站、论坛、专栏和网民文章的兴起"(2000~2001)一节中指出,虽然中文网络中关于鲁迅的网站、论坛和专栏以及网民关于鲁迅的文章都存在一些突出的问题,但鲁迅在中文网络中的传播已经形成了一个比较良好的开端,为今后的进一步发展打下了良好的基础。在"当代中文网络中关于鲁迅的网站、论坛、专栏和网民文章的进展"(2002~2006)一节中指出,虽然网络中关于鲁迅的网站、论坛、专栏有所减少,但是网民的文章在水平上有很大的进步:网民关于鲁迅的评论文章,不仅在文章数量方面有比较大的进展,而且在文章质量方面也有很明显的提高;网民仿写鲁迅作品的文章中讽刺现实弊端的文章越来越多;网民关于鲁迅的论争不仅次数越来越多,而且论争的规模越来越大,论争的程度越来越激烈;网民攻击鲁迅的文章大多都是拿攻击鲁迅来掩饰他的真实目的。在"当代中文网络中关于鲁迅的网站、论坛和网民文章的分化"(2007~2009)一节中指出,关于鲁迅的网站、论坛和网民都出现了分化,在各种思潮和消费文化的猛烈冲击下,鲁迅的网络传播工作虽然经历了不少的曲折,但依然在前进。

第二章"当代中文网络中关于鲁迅的网站个案研究",主要采用个案研究的方法,对评读鲁迅网进行研究指出,推动鲁迅的网络传播工作,不仅要大力推进官方机构主办的鲁迅网站的内容建设,而且也需要大力发展民间组织建立的鲁迅网站,并鼓励网民建设个人网站。

第三章"当代中文网络中关于鲁迅的论坛、虚拟社区个案研究",主要采用亲身参与观察法、方志研究和深度访谈法对已经形成"鲁迅迷"虚拟社区的网易·鲁迅论坛进行研究:第一部分主要是对鲁迅论坛发表文章的状况进行抽样分析,从"文章响应类型"、"文章内容性质"和"各类型成员发表文章内容性质"的角度分析虚拟社区中的"文章概况",从"对话分析"、"角色分析"角度分析虚拟社区中的"成员沟通情况",指出网络"鲁迅迷"虚拟社区的亚文化的内涵、网络"鲁迅迷"的互动情况、网友发表文章的策略和网络"鲁迅迷"虚拟社区存在的问题;第二节主要是对"鲁迅迷"虚拟社区的20位网友进行深入访谈,从网友的人口学特征、网友对论坛的涉入度、网友之间的互动、网友对论坛的评价、网友对鲁迅的认识与评价、网友对"鲁迅迷"称呼的认同度等角度分析网络"鲁迅迷"虚拟社区。第三部分"小结",主要从"鲁迅迷"的"区辨力"、"生产力"、网友之间的互动、网友对论坛的认同度、网友发表文章的游击战术、大众快感的两种方式、虚拟社区的亚文化、虚拟社区的类型、虚拟社区中的性别政治、虚拟社区中的身份认同、虚拟社区中的权力/政治关系等角度对本研究的结论进行比较分析。

第四章"当代中文网络中纪念鲁迅的专辑研究",指出这些纪念专辑虽然在文章水平或制作风格上存在一些问题,但是在整体上有了明显的进步,不仅在很大程度上展示出当代网民对鲁迅的纪念,而且也在很大程度上显示出当代网民对鲁迅的认知的多元化。

第五章"当代中文网络中关于鲁迅的网络调查活动研究",主要采用统计分析的方法对中文网络中关于鲁迅的网络调查活动进行研究,指出网络调查结果显示,一些网民对鲁迅的理解和了解相对来说还不够全面,他们对鲁迅的精神和价值认识得还不够深入,这不仅需要有关部门对课本中选录的鲁迅作品进行调整,更需要专业的鲁迅研究者进入网络中对广大热爱鲁迅的网民进行引导,从而使广大热爱鲁迅的网民能够正确地继承新文化中的鲁迅传统并弘扬鲁迅精神。

第六章"当代中文网络中关于鲁迅的文章个案研究",主要采用个案研究的方法,从评论鲁迅本人的文章中选择网民"梁由之"的《关于鲁迅》、从评论鲁迅作品的文章中选择网民范美忠解读《野草》的系列文章、从仿写鲁迅作品的文章中选择网民"姚文嚼字"仿写鲁迅作品的系列文章、从攻击鲁迅的文章中选择网民"脂砚斋"攻击鲁迅的系列文章进行研究,指出:网民评论鲁迅的文章水平参差不齐,差距较大,有一些网民评论鲁迅的文章具有一定的水平;网民对鲁迅作品的评论比较侧重于表达自己阅读鲁迅作品的感受,带有较浓厚的个人体验色彩;网民仿写鲁迅作品的文章虽然有一些纯粹是游戏之作,但是也有一些文章具有现实意义;网民攻击鲁迅的文章虽然很多但大都是毫无道理的大批判,真正能客观地指出鲁迅"罪状"的文章几乎没有。

第七章"当代中文网络中与鲁迅有关的网民个案研究",主要采用个案研究的方法,选择方舟子、"槟榔"、于仲达、范美忠("范跑跑")、宋祖德等网民进行研究,指出:网民推动了鲁迅的网络传播工作;网民对鲁迅精神的接受有正面的继承也有负面的歪曲;网民对鲁迅的接受过程不同,既有一直不变的也有发生变化的。

最后为"结论",本研究通过对上文的分析得出如下的结论:(1)"网络鲁迅"产生的原因主要有如下几点:互联网为"网络鲁迅"的形成提供了外部的技术条件;鲁迅所具有的影响力为"网络鲁迅"的形成提供了内部条件;网民传播与讨论鲁迅的不同心理动机共同促进了"网络鲁迅"的产生。(2)"网络鲁迅"的特点有如下几点:虚拟性与真实性交织;民间立场为主;互动性较强;主要使用口语化语言写作。(3)"网络鲁迅"与传统鲁迅研究的区别有如下几点:传播的媒介不同;研究立场有所不同;使用的语言有所不同;学术水平差异较大;影响力差别较大。"网络鲁迅"与传统鲁迅研究的联系有如下几点:两者不是对立的,而是互补的;传统的鲁迅研究对"网络鲁迅"产生了正负两方面的影响;"网络鲁迅"目前还没有能够对传统的鲁迅研究形成影响。(4)"网络鲁迅"的价值有如下几点:拓宽了鲁迅传播的范围;展示了民间对鲁迅的认知状况;弥补现在鲁迅研究的不足。"网络鲁迅"的局限有如下几点:在整体上对鲁迅的认知水平较低;不仅在社会上而且在网络中的影响力都比较小;存在较为明显的暴力话语问题。(5)"网络鲁迅"的传播效应有如下几点:为民间的普通读者提供了一个开放的传播和研究鲁迅的平台,有助于进一步推动鲁迅的传播与研究工作;为鲁迅研究凝聚和储备了一批生力军,有助于鲁迅研究的薪火相传;为传统的鲁迅研究提供了一些可资参考的内容,有助于传统的鲁迅研究弥补自己的不足。"网络鲁迅"的未来发展需要注意如下几点:需要产生一批具有一定鲁迅研究水平的网民;需要产生一批具有一定水平的鲁迅研究文章;需要多吸收传统鲁迅研究的有益成果。(6)"网络鲁迅"与当代思想文化的关系主要有如下几点:"网络鲁迅"是当代中国文化的一个症候,在一定程度上展示出民间业余思考者对鲁迅乃至中国的思考状况;"网络鲁迅"是中文网络文化乃至当代中国文化的一个个案,做好鲁迅的网络传播工作对于建设好当代中文网络文化乃至当代中国文化都具有重要意义;中文网络文化乃至当代中国文化的未来发展都需要"网络鲁迅"。

第一章 鲁迅在当代中文网络中传播与接受的历史及现状(2000~2009)

一、当代中文网络中关于鲁迅的网站、论坛、专栏和网民文章的兴起(2000~2001)

随着中文网络的兴起,鲁迅也成为互联网中的一个热点话题。在《扬子晚报》于2000年1月1日刊登的"网上作家排行榜"中,鲁迅以9874个页面高居大陆已故作家排行榜之首。笔者在2000年12月20日通过新浪网站搜索"鲁迅",共搜索到27524个网页(含部分重复的页面);搜索"鲁迅研究",共搜索到219个网页;搜索"鲁迅"网站,共搜索到65个网站。这些数据表明鲁迅在中文网络中的传播与接受状况已经成为一个值得关注的研究对象。

追溯鲁迅在中文互联网中传播的历史,可以大致确定1994年创建于美国的新语丝·鲁迅家页是源头。但是,当时新语丝网站的影响还局限于北美华人留学生,未能产生较大规模的影响,而中国内地在1997年才兴起"网络热",社会上较大规模地使用网络则在2000年,加上与鲁迅有关的网站、论坛基本上都创建于2000年。因此,本研究倾向于把鲁迅在中文网络中成规模的兴起的时间限定在2000年。

1. 中文网络中关于鲁迅的网站的出现及其状况

中文网络中有关鲁迅的专门型网站主要有鲁迅研究网、在线鲁迅、热爱鲁迅、鲁迅——中华民族的脊梁等。

(1)鲁迅研究网(网址 http://www.luxun.top263.net):版主"小石头"(或许与鲁迅被贬为"老石头"有关)是武汉大学经济法专业学生,建站于2000年8月,到2000年12月20日已有10162位访问者。该站的宗旨是:"①以开放兼容的心态接纳各方之研究成果。②借助互联网,使鲁迅文化得以交流、共享、传播。③探寻与发扬鲁迅文化的现今意义。④倡导知识分子坚持独立的思想及品格。"

该站的主页设计很精美,主页左上方有鲁迅先生半身像和"我自爱我的鲁迅,因为他向世人昭示着独立与挚爱"的文字滚动条。其下便是所设栏目一览表,访问者可以极方便快捷地进入感兴趣的栏目。该站栏目设置也是互联网上同类站点中最为全面、丰富的,主要有如下栏目:

①"新闻信息":收集与鲁迅相关的新闻和研究信息、研究成果。

②"最新稿件":收集研究鲁迅的最新文章,包括反对、否定鲁迅的文章。

③"历史照片":收集鲁迅本人及其生活环境的珍贵照片150多张。分童年时期、青年时期、中年时期、晚年时期、论敌及友人、家人等类。这在网上是第一次出现如此全面的鲁迅先生照片。

④"作品欣赏":收有鲁迅的大部分作品(按:网上至今还没有一部较为完整的《鲁迅全集》),访问者可以轻松地浏览下载,这对传播鲁迅有较大的促进作用。

⑤"专家专栏":现有张梦阳、王乾坤、钱理群、王晓明、李新宇等人的专栏。其中,张梦阳、王乾坤、李新宇是常上网的鲁研界学者,他们常给该网站邮寄自己的大作。不过,该栏目有待进一步扩大、深化,提高学术品位。

⑥"亵渎声音":收集从民国以来直到2000年出现的一些攻击鲁迅的文章。

⑦"鲁迅论坛":定位是:内容不拘于与鲁迅有关,希望听到"对我们伟大却又灾难深重的国家和民族的深刻解剖的声音"。但是目前该站的访问者比较少,"深刻解剖的声音"更是寥寥。

⑧"语丝评论"(试刊):宗旨为"直面社会、无所顾忌、崇尚独立、务实求真";"兼取'语丝派'的勇气与促新和'现代评论派'的独立与务实"。从匿名的《学术争鸣为何屡屡卷入政治旋涡》、海子的《钱理群,北大的方尖碑》、老汉的《对"中国人就是缺乏兽性"有感》等现有文章不难看出该刊的锋芒。这也是互联网作为公共空间能无所顾忌地发表自由言论优势的鲜明体现。

⑨"先生灵堂":这在同类站点中是独此一家。页面上端有鲁迅头像和题为"鲁迅先生永垂不朽"的留言板。到2000年年底已经有1289位访问者。整个灵堂布置得庄严肃穆,访问者一进入灵堂就会听到一曲沉痛的哀乐。"鲁迅先生网上纪念灵堂"设有"铭记先生"(收有郁达夫、林语堂、萧红、张承志等回忆鲁迅的文章)、"先生著作"(收有《阿Q正传》、《狂人日记》、《记念刘和珍君》、《从百草园到三味书屋》等文章)、"先生相片"、"先生警语"(收有鲁迅"关于国粹"、"关于中庸"的相关论述)、"后人评说"(收有李泽厚、王朔、余杰论鲁迅的三篇文章)、"生平简介"、"大事年谱"等专栏,访问者由此可以大致了解鲁迅先生的一生。访问者在此也可以通过"留言、献鲜花、点歌曲、烛光、上香、祭

酒"的方式悼念先生(值得一提的是,一个名叫田中政道的日本人在此用日语留言悼念鲁迅先生)。"点歌",利用网同纪念网站(网址:http://www.Netor.com)提供的技术支持,可以为先生点歌,现有《安魂曲》、《高山流水》、《祝福》、《candle in the wind》等 20 首歌曲。

⑩"鲁迅研究半月刊"(电子杂志):所设栏目有"鲁迅新闻"、"最新稿件"、"特别专题"、"读者信箱"。2000 年 9 月 1 日第一次发行,到 2000 年年底发行量已有 50 份。这是版主利用网络快捷地传递信息的优势创办的,可以与网民共享最新的鲁迅动态。这在网上也是独此一家。

⑪"鲁迅研究论坛":版主是 stone406(即小石头),在 2000 年 8 月 28 日开通。11 月 8 日因首都热线网站上的主页不稳定而转到网易公司网站上。目前该论坛的文章还不多,访问者也较少,但论坛的定位是值得赞赏的。

⑫"专题选读":所设专题有"怀念鲁迅先生"、"文学成就评述"、"王朔看鲁迅"(收有网上关于此话题的大部分文章)、"婚姻与爱情"、"鲁迅及其论敌"、"鲁迅的人学思想"、"海外看鲁迅"、"历史资料钩沉"。此栏仍稍嫌不够全面,需要再丰富、再充实一些。

(2)在线鲁迅(网址 http://www.go3.163.com)版主是"luxun",2000 年 8 月 21 日开通。截止到 2000 年 12 月 28 日已有 3344 位访问者。该站主页设计也较精美,主页有晚年鲁迅的头像及"俯首甘为孺子牛"的手迹和两个文字滚动条:"谨以此献给鲁迅先生:20 世纪中国人的精神导师,雄视百年的文坛巨匠";"读一个完整的(鲁迅)、看一个真实的(鲁迅)、谈一个时代的鲁迅"。该站所设栏目也较丰富,主要有如下栏目:

①"作品欣赏":收有部分鲁迅作品。访问者可以方便地浏览这些作品。

②"婚姻与爱情":在"鲁迅与朱安"、"两地书"、"两地书未刊书信选"、"许广平致朱安书信"的题目下收录了一些相关来往书信。

③"人眼看鲁迅":收有"鲁迅挨骂录"。访问者可以看到部分攻击鲁迅的文章。

④"新论语":收录了一些思想随笔。

⑤"鲁迅今日谈":网民在此可以谈论关于鲁迅的话题,近期设立的话题有"鲁迅在今天老掉牙了吗?"和"我看王朔"。网民可以在此就这两个热点话题展开讨论。不过,目前该专栏的文章只有几篇,且所论内容与这两个话题关系不大,这可能与该站建站时间太短有关。

⑥"孺子牛文学半月刊":宗旨是"弘扬鲁迅文风的文学园地"。设有"鲁文论坛"、"练笔场"、"歪嘴正评"、"时尚杂文"、"以文会友"等栏目。

(3)鲁迅——中华民族的脊梁(网址 http://www.Neas.net;另一名称为 niehui 个人主页,网址 http//202.3864.10/xiexh/luxun)版主是"niehui",1998 年 3 月开通。不过,该站在开通后不久,就暂停更新,进入 2000 年 7 月底后才再次更新。版主自述建站:"为的就是能有更多的朋友了解先生,喜欢先生,能够像先生指引的那样成为一个自强、正义的中国人。我们不仇恨任何一个国家,但我们会时刻警惕并反击任何一种危害中华民族利益的势力;也许我们无力解决我国的种种弊病,但我们仍要为完成这个目的不断地做些实事,不为别的,只为自己是一个中国人。"这也是在特定的历史背景下对鲁迅精神的弘扬。

该站主页设计较简单,栏目设置也不够全面。内容包括"鲁迅生平"、"历史照片"(有鲁迅各时期的照片、与亲友的合影及鲁迅生活过的住所等)、"小说和杂文",另有新建的"新百草园"供网民发表文章。该站的价值在于它是网上较早出现的有关鲁迅的网站,较早地在网上介绍、传播鲁迅。版主 niehui 无疑是值得赞赏的。

(4)大鲁迅网(网址 http://www.home.Chinese.com)版主为"中国寒士",2000 年 12 月 15 日开通。该站虽然以鲁迅为站名,但该站的宣言是"用鲁迅的眼光审视当代中国人",所以没有对鲁迅本人的介绍,而是关注当下社会现实、民生疾苦,重在继承发扬鲁迅的精神。这在网上有关鲁迅的站点中是独树一帜的。版主的开场白是:"如果你曾经是一个农民子弟,或曾念过书,或只要你不是个麻木的中国人,点击本站你应该有所感想。"从现有的文章如《最穷的纳税人:中国农民》、《积忧劳成恶疾:中国教育》和《儒家病态积淀:国民性格》等不难看出版主对鲁迅精神的继承。但该站需要警惕情绪化的语言,要加强反思历史、批判现实的力度与深度。

(5)鲁迅之路网站(网址 http://www.Lx1881.yeath.net,另一网址 http://member.netease.com/niehui),版主是"诗研",创建于 1998 年,2000 年后网站搬移到网易公司,主要栏目有:"最新更新"、"鲁迅生平"(收录了许寿裳编的鲁迅生平年表)、"众说纷纭"(收录了一些名人评论鲁迅的文章)、"珍贵照片"、"作品欣赏"、"制作说明"等,网站最后更新的时间是 2001 年 12 月 21 日,2003 年关闭。这个网站收录的关于鲁迅的资料及鲁迅的文章都不算丰富,但是得益于是中文网络中较早的鲁迅网站,所以吸引了国内外的网民访问,从论坛留言中可以看到国内外网民的留言,但是这些留言大多都是抒发对鲁迅及这个网站的喜爱之情,或者是叙述自己阅读鲁迅的经历,关于鲁迅的评论较少。

在 2001 年 11 月 20 日之后的几天时间里,一些学习汉语或中国文学的韩国大学生因为查找关于鲁迅的资料而先后访问了鲁迅之路网站,并在该站的论坛上用有点生硬的汉语留下了他们对鲁迅的看法,虽然这些留言在对鲁迅的认识上还存在这样或那样的问题,但是能真实地体现出一些韩国大学生对鲁迅的一些看法,另外,这也应当是境外网民首次大规模地阐述对鲁迅的个人看法,因此值得关注。

尹信瑛说:"其实以前我没有读过鲁迅的作品,只有我听过他的名字,但这次我有机会读鲁迅的作品,我才知道了他的作品和精心多么深。我读的他的作品中我喜欢的是《阿Q正传》。我觉得《阿Q正传》是鲁迅最好的作品,还有我第一读的鲁迅作品也是《阿Q正传》,所以我最喜欢。"权美贞说:"学习关于鲁迅,我受到了震动。内容,形式是很新的文学作品,他的文学显出中国社会现实弊病。如果鲁迅在中国没有,当今的现代文学(就会)不诞生。""梦中人"说:"最近上课的时候我学了关于'鲁迅',第一次学的时候学习对单纯他的作品,可是我学习对他的生平和思想等一等的,其间我对他的爱国心和思想很感动。我想他被叫中国文学史上最伟大的作家的理由是他是最初的现代文学作家的,还有在他的作品有他的深厚思想性,所以现在他的名声越来越大。"

在鲁迅之路网站,还可以看到来自日本、马来西亚、新加坡、印度尼西亚、美国、英国、加拿大、澳大利亚等国网民的留言,但这些留言多是对网站的评价,具体评论鲁迅的文字很少。另外,也有中国的香港、澳门、台湾等地区的网民访问该站并留言,其中比较活跃的是一位名叫"道"的香港网民,他在文章中说:"香港也尽有爱鲁迅的人,虽然我不觉得他是一个完人,但作为一个人,他是可敬的!!!"

从上述中国内地之外的网民在鲁迅之路网站中的一些留言可以看出,鲁迅不仅仍然在当代中国的青年中有着重要的影响,而且也在中国内地之外的一些青年中产生着一定的影响,这不仅从一个侧面显示出鲁迅的伟大,而且也从另一个方面显示出网络对于传播鲁迅的重要性。

(6)绍兴鲁迅纪念馆(网址 http://www.ctn.com/cn/china/shaoxing):该站主要用文字和图片介绍鲁迅故居、鲁迅祖居、百草园、三味书屋和鲁迅生平事迹陈列厅。

(7)上海鲁迅纪念馆(网址 http://202.96.242.1/famous/luxun),主要介绍该馆关于鲁迅的纪念设施,如鲁迅墓、鲁迅故居、鲁迅展览等。

(8)鲁迅在国外(网址 http//www.Infoworld.online.sh.cn):主要栏目有:"鲁迅生平"(简介)、"鲁迅研究"(概述各个历史阶段的鲁迅研究状况)、"鲁迅纪念"(介绍纪念活动、纪念设施)、"鲁迅在国外"(简介鲁迅在国外的传播和国外对鲁迅的纪念)。该站虽然内容还不够丰富,但侧重介绍鲁迅在国外的传播,这对于访问者了解鲁迅在世界上的影响与地位还是有价值的。

在上述中文鲁迅网站之外,网络中还有台湾地区的鲁迅广场网站(http://www.firstsquare.com.tw/luxun.html)和鲁迅网站(http://www.netvigator.com.tw/yoshimk2/lunxun),新加坡的纪念鲁迅网站(http://lidiqiye.com/lx)等,但是这些网站设立的栏目都很少,内容也很单薄。如新加坡的纪念鲁迅网站只收录了该电台制作的一个关于鲁迅生平介绍的节目内容,可以在线收听广播。

2. 中文网络中关于鲁迅的论坛和专栏的出现及其状况

(1)中文网络中关于鲁迅的论坛

在2000年前后,中文网络中出现了一些以鲁迅命名的网络论坛,主要有:

①网易网站·鲁迅论坛(网址 http://www.163.com/forum.Luxun):版主是"咆哮"和"谪仙人",创建于1998年。该论坛是互联网上同类站点中最好的,也是访问者最多的论坛。其宗旨是:"给所有喜欢或不喜欢先生的人一个说话的场所——因为,即使是在21世纪的今天,先生也是不可回避的。"网民可以在此用网络色彩比较浓厚的语言自由地讨论和鲁迅有关的话题,捍卫鲁迅的网民与攻击鲁迅的网民常在此论战(网上称之为"火焰战争"),不过相比之下,持中立态度的网民较多。论坛中虽充斥着许多情绪化的、游戏化的语言,但仍可看到一些理智、清醒的民间评论。

②搜狐网站·鲁迅频道(网址 http://www.sohu.com):版主是"梦阳",创建于2000年。该论坛的宗旨是"发布最新鲁迅研究动态",因版主是著名的鲁迅研究专家张梦阳,所以该论坛的学术色彩是互联网上同类站点中最强的。虽然该论坛主要定位在介绍鲁迅研究最新学术成果,但可能因访问者太少,该论坛几乎成了版主个人发表文章的主页,现有的101篇帖子中版主的大作约占90%,从而使论坛的互动性较差,网络作为公共空间的优势也较难发挥出来。这也是该论坛急需改进之处。

(2)中文网络中关于鲁迅的专栏

在2000年前后,中文网络中出现了一些以鲁迅命名的专栏,主要有:

①新语丝网站·鲁迅家页(网址 http://www.xys.org/Luxun homepage):是方舟子等几位留美青年学者在1994年创建,这也是互联网上同类站点中出现较早、内容较丰富、栏目较全面的一个站点。到2000年,该站的内容经过不断的更新之后在互联网上仍然是同类站点中比较丰富的。

该专栏所设栏目有:"鲁迅像"、"鲁迅手稿"、"鲁迅传略"、"许寿裳《鲁迅年谱》"、"鲁迅全集"、"鲁迅传记"(收录回忆与研究鲁迅生平的文章)、"鲁迅评论"、"新闻报道"等。该栏目的特色不仅在于收集了许多鲁迅手稿和较多的研究鲁迅生平的文章,而且所收鲁迅作品集均附有全面的英文目录。另外,该栏目所收集的评论文章也是同类站点中最多的。值得一提的是,该栏目还创办了"众说周氏兄弟"的增刊(电子刊物),发表一些留美青年学者的研究文章,只是该刊在出版了第1期之后迟迟不见第2期。

②澳大利亚新闻网・新思想档案・鲁迅专栏(网址 http://www.acnews.net.au/wenxue):该栏目的版主是旅澳批评家朱大可和国内的批评家张闳,它的主要价值在于发起了首届关于鲁迅的在线讨论会。2000年12月9日,"一个世纪的鲁迅"在线讨论会在该栏目举行,来自国内外的40多位网民应邀参加。本次在线讨论会主要发表了如下文章:《走不近的鲁迅》(张闳)、《两个鲁迅与中国现代知识分子的精神分裂》(朱大可)、《阁楼上的疯男人》(崔卫平)、《跟鲁迅翻脸的理由》(张柠)、《意识形态铁屋子里的人质》(王晓渔)、《鲁迅话语与仇恨政治学》(朱大可)、《朱大可与方舟子的网上论战》、《知识分子为什么总想要做思想教师?》(王晓渔)、《鲁迅与现代神话》(张闳)、《鲁迅与现代知识分子问题》(张闳)、《解构鲁迅的作品》(走吧)、《你们也鲁迅》(李大卫)、《日常生活的鲁迅:为什么女人讨厌鲁迅?》(吕约)、《鲁迅和我们》(李大卫)、《戏仿:一种鲁迅的abc》(朱珐)、《鲁迅的谩骂》(狗子)。毋庸讳言,在关于上述话题的讨论中有太多的情绪化、游戏化的语言,也有较多的攻击鲁迅的语言,甚至有一些网民因为某个话题而在网上互相谩骂。但不可否认的是其中也有一些很尖锐的值得深思的正确见解。在本次在线讨论会之后,也有一些网民就该讨论会所讨论的话题在网上展开论战,其中以尖锐批评的文章为多(有一个网民多次用英语批评攻击鲁迅者大多是不理解真实的鲁迅)。本次讨论会也是网络作为公共空间所具有的优势的体现,来自五湖四海的网民可以自由发表自己的言论,但值得深思的是,网上捍卫鲁迅、理智清醒地看待鲁迅的网民还是处于弱势的。

③思想的境界网站・鲁迅专题(网址 http://www.yaguo.com):版主李永刚是一位高校青年教师,该站是网民公认的网上最出色的思想性网站。因该站学术思想品位极高,民间色彩也很浓厚,所以访问者众多。该站所设的"鲁迅专题"是互联网上较早设立的关于近年鲁迅论战的专题。张闳在报刊上无法发表的《走不近的鲁迅》一文也曾经在此发表,这篇文章引起了网民的较大争议,并有数千次的点击。值得注意的是,该专题还收集了一些为王朔、张

闵、葛红兵等攻击鲁迅者辩护的文章,这也是网络作为自由民主的公共空间所独具优势的体现。

④读到之处网站·鲁迅论争专栏(网址 http://www.readeveryday.com):该站设有近期有关鲁迅论争的专栏,收录了朱大可的《殖民地鲁迅和仇恨政治学的崛起》、方舟子的《淫者见淫:评朱大可〈殖民地鲁迅和仇恨政治学的崛起〉》、天俊的《鲁迅与林语堂亲疏议》、袁良骏的《两位艺术大师为何不相能》和"谪仙人"的《戏仿:我看王朔》等文章,但所收文章较少,也没有自己的特色。

⑤文学视界网站·鲁迅专栏(网址 http://www.Netbug.cn):该站所设栏目有"鲁迅文集"(收集大部分鲁迅作品)、"鲁迅研究"(分"其人其事"、"作品探讨")等,所收录的文章比较少,学术性也比较低。

⑥国学网站·鲁迅专题(网址 http://www.Yyyin.guoxue.Com):该栏由中国传统文化与现代化网络发展部制作,收录了鲁迅的《朝花夕拾》、《野草》、《故事新编》、《呐喊》、《彷徨》、《且介亭杂文》、《集外集拾遗》、《伪自由书》等文集。在"关于鲁迅的其他文章"专栏中收有部分有关鲁迅的文章,如《关于鲁迅》、《近访鲁迅博物馆》、《李泽厚论鲁迅》、《鲁迅研究现状》、《鲁迅与电影》、《鲁迅与朱安》等文章。总的来说,这个网站的内容比较单薄,互动性也比较低。

此外,橄榄树文学社(网址 http://www.olive Tree literature society)、榕树下(网址 http://www.mind.rongshu.com)、六香村(网址 http://www.wenxue.com)的"现场·非虚拟批判"、百灵(网址 http://www.bee link)的"文学·新文化看台"、新浪的文化新闻、文化教育等站点都有关于批评鲁迅现象的大量报道。

(3)中文网络中纪念鲁迅诞辰120周年的几个重要专辑

2001年是鲁迅先生诞辰120周年,在社会上陆续开展纪念鲁迅诞辰120周年活动的同时,网络中也掀起了纪念鲁迅的高潮,一些大型网站也先后制作了纪念鲁迅诞辰120周年的专辑,如网易网站的纪念鲁迅诞辰120周年专题是"大家都来'吃'鲁迅",新浪网的纪念鲁迅诞辰120周年专辑是"百年鲁迅精神丰碑",搜狐网的纪念鲁迅诞辰120周年专题是"怀念鲁迅先生",人民网的纪念鲁迅诞辰120周年专辑,这些纪念鲁迅的专辑都是由各大网站设计制作,虽然在内容收录、栏目设计等方面还存在一些问题,但是都在一定程度上促进了鲁迅的网络传播,并表达出了一部分网民对鲁迅的纪念之情。(详见下文分析)

(4)中文网络中提供鲁迅文集的网站

中文网络兴起之后,一些中文网站提供了鲁迅文集的免费阅读和下载服务,这在一定程度上促进了鲁迅作品在中文网络中的传播。主要的网站有:

①鲁迅文选(网址 http://www.E shu net.com):较为全面地搜集了鲁迅作品集。

②亦凡公益图书馆·鲁迅文选(网址 http://www.Shuku.net):收有《朝花夕拾》、《野草》、《坟》、《呐喊》、《彷徨》、《二心集》、《而已集》、《伪自由书》等鲁迅文集,另有《鲁迅传略》等介绍鲁迅的文章。

③鲁迅文集(网址 http//www.Zhongshan.gd.cn/bookroom/xiaoshuo/luxun):收集了《朝花夕拾》、《野草》、《故事新编》、《呐喊》、《彷徨》和鲁迅的19本杂文集。

④鲁迅小说全集(网址 http//202.102.230.15):版主是马云众,该站提供鲁迅的全部小说的下载服务。

⑤白鹿书院·鲁迅文集(网址 http://www.Sinowing.com/famous/luxun):该站提供大部分的鲁迅作品集的下载服务。

⑥中华书库·鲁迅篇(网址 http://www.bookbig.com/famous/luxun):该站除收录鲁迅全集外,还收录一些与鲁迅有关的其他文章。

⑦黄金书屋网站·鲁迅文集(网址 http://www.Goldnets.com):该站收录了鲁迅的《野草》、《呐喊》、《彷徨》、《二心集》、《而已集》、《三闲集》、《热风》、《华盖集》、《集外集》。

⑧清漪园网站(网址 http://www.Loverain.163.net):该站可以提供《鲁迅全集》的下载服务。

⑨宇生工作室网站(网址 http://www.Yusheng.easthom.net):该站可以提供《鲁迅全集》的下载服务。

3. 中文网络中关于鲁迅的网民文章的出现及其状况

中文网络中有关鲁迅的评论是随着网络的发展和媒体对鲁迅的关注程度的变化而逐步发展起来的。当2000年王朔在《收获》第2期发表《我看鲁迅》时,网络中所发表的争论文章数已超过报刊所发表文章数(仅某个网站有关讨论王朔贬鲁的文章就有120多篇),而且文章的水平也有较大的提高。甚至于有一些网民因为不满意王朔等人的贬鲁文章,而在网上建立了几个有关鲁迅的网站来宣传鲁迅先生,以争夺在互联网上的话语空间。紧随王朔之后,网上出现了多篇批评鲁迅的文章,如张闳的《走不近的鲁迅》、朱大可的《殖民地鲁迅和仇恨政治学的崛起》、崔卫平的《阁楼上的疯男人》、杨小滨的《疯子·狂人·真假鲁迅》等,这些文章也在网络中引起了较大的争议,一些论坛上还出现了许多围绕这几篇文章而激烈辩论的帖子。

但从总体上说,在2000年和2001年度,中文网络中与鲁迅有关的网站和专栏所收录的有关鲁迅的文章大多是从报刊上转载而来,真正在网上首发的文章所占比例还比较少,本书主要关注那些在网上首发的文章,从报刊转载的文章不纳入研究范围。另外,中文网络中网民谈论鲁迅的文章大都是在相关鲁迅论坛中发表的帖子。

(1)关于鲁迅的评论文章

2000年度中文网络中出现的关于鲁迅的文章从整体上来说篇幅都比较短小,大多都是描述自己对鲁迅的认识与阅读鲁迅作品的感受,有代表性的文章有网民"西门扫雪"的《不仅仅是姿态》①和网民"可见"的《我所认识的鲁迅及其他》②等。

"西门扫雪"的这篇文章反驳了鲁迅思想是"虚无"的观点,他指出:

> 或许他对虚无的担当也只是一种表象,一种内心挣扎的表象。事实上,从辛亥、五四到左联、抗日,先生一直站在阵地的前沿,他自己的思想也在不断变化发展,其间的收获也不单单是个"虚无"可以概括的。我们说鲁迅代表着一种进步的力量也是因为他对进步的追求,这是他"虚无"表象所遮盖不住的。

应当说,"西门扫雪"的上述观点对鲁迅思想的认知是比较准确的。

"可见"的这篇文章主要谈自己对鲁迅的认识,他指出,"先生思想最伟大的地方我认为是'爱'。先生的所有的文章都可以归结到这一点上"。"先生的伟大之处还在于永不放弃,永远抗争的伟大精神"。总的来说,"可见"上述对鲁迅的认识来源于他对鲁迅作品的阅读和感受,应当说他对鲁迅思想的概括虽然比较突出其中的一个方面,但是也有一定道理。

2001年是鲁迅诞辰120周年,中文网络中出现的关于鲁迅的评论文章不仅数量明显增多,而且文章质量从整体上来说比2000年的文章有明显的进步,出现了一些能较为深入地评论鲁迅及其作品的文章,具有代表性的文章有

---

① "西门扫雪":《不仅仅是姿态》,网易·鲁迅论坛(http://www.163.com/forum.Luxun)2000-09-12。

② "可见":《我所认识的鲁迅及其他》,网易·鲁迅论坛(http://www.163.com/forum.Luxun)2000-10-20。

范美忠的《我看鲁迅系列之一：我与鲁迅》[1]、《为了不忘却的纪念——纪念鲁迅诞辰一百二十周年》[2]。

范美忠在《我看鲁迅系列之一：我与鲁迅》一文中描述了自己接近鲁迅的过程：

> 真正在心理体验上接近于鲁迅还是在大学毕业工作以后，你如果没有改造中国的愿望，你如果没在这过程中碰过壁，你如果没有更深的阅历中国社会百态，你是永远无法走进鲁迅的，你如果没有热烈的爱，没有对人生和意义的执着，你没有无止境的追求，你也是无法理解鲁迅的。大学毕业四年，鲁迅对庸众的批评我理解了，对他们的奴性人格我理解了，对被看的狂人我理解了，对孤独者理解了，因为我自己就是狂人和孤独者，要改变者被改变者所改变。我以我所感到者为寂寞，寂寞如大毒蛇，绝望之为虚妄正与希望同，当夜深人静的时候，谁这时孤独就永远孤独，我惟有阅读先生的书。

范美忠的这篇文章描述了自己从中学以来到现在对鲁迅的认知过程，从对鲁迅产生阅读兴趣，到"佩服到了五体投地的地步"，成为鲁迅的忠实追随者。在中文网络中，范美忠的这种经历并不是个案，相似的例子还有不少。

范美忠在《为了不忘却的纪念——纪念鲁迅诞辰一百二十周年》一文中指出了鲁迅的思想特点：

> 那么纪念鲁迅究竟纪念什么？虽然我更欣赏他的文学才华，但我还是首先把重点放在他的社会批判和民族的关怀方面。我们始终应该牢记，鲁迅终其一身（生）都不是一个把玩文学的人，或者把文学作为逃避现实社会和人生的避难所和乌有之乡的人，他自己说得很清楚，他之选择文学是为了改造国民的灵魂，也是为了战斗，也就是说文学对于他来讲，并不是目的而是工具……鲁迅批判的对象主要体现在四个方面，国民性批判，历史文化批判，知识分子的批判和对权势者的批判。他批判的基础是人道主义和个人主义。

总的来说，范美忠上述对鲁迅思想的阐释比较突出鲁迅思想中的具有批

---

[1] 范美忠：《我看鲁迅系列之一：我与鲁迅》，新浪·读书沙龙（http://forum.book.sina.com.cn/forum—14—1.html）2001—07—19。

[2] 范美忠：《为了不忘却的纪念——纪念鲁迅诞辰一百二十周年》，新浪·读书沙龙（http://forum.book.sina.com.cn/forum—14—1.html）2001—09—23。

判性的一面,在一定程度上忽略了鲁迅思想的丰富性和复杂性。

(2)关于鲁迅作品的评论文章

2000年度中文网络中出现的关于鲁迅的文章主要出现在网易·鲁迅论坛,有代表性的文章有"西门扫雪"的《六十年前的夜空——读〈秋夜〉有感》[①]、"夷正钊"的《我说〈野草〉》[②]等。

"西门扫雪"的这篇文章结合鲁迅的经历和思想对《秋夜》一文的语句进行了较为详细的分析,在结尾写出了自己阅读此文的感受:

> 六十多年前的天空,时过境迁了,然而我依稀看见先生背着手,走在寒冷的星空下,对着天空冷笑。

通读全文,可以看出"西门扫雪"比较了解鲁迅的生平和思想,他的阅读感受也是比较细腻和准确的。

"夷正钊"的这篇文章主要谈从《野草》中所感知的鲁迅精神,他指出:

> 《野草》精神之伟大就在于先生只是以民主之战士,自由之精神,独立之人格立于天地之间。为之奋斗的是民族的利益。是一种属于自我人格的最本质的东西。

应当说"夷正钊"对《野草》的阅读,虽然指出了《野草》所体现出的鲁迅思想的某一个方面,但是相对忽略了《野草》的丰富内涵。

2001年度中文网络中出现的关于鲁迅的文章与2000年度相比明显增多,有代表性的文章有范美忠的《我看鲁迅散文》[③]、《我看鲁迅小说》[④]等。

范美忠的《我看鲁迅散文》一文对鲁迅的散文艺术成就作了高度的评价:

> 而鲁迅的散文则同他的所有其他作品一样,把真实放在第一位,拒绝任何粉饰和安慰,拒绝给现实涂上一层诗意而自我麻醉。比如故乡在他心中就并不是象(像)沈从问(文)那样被诗化为唯美的农业时代的田园牧

---

① "西门扫雪":《六十年前的夜空——读〈秋夜〉有感》,网易·鲁迅论坛(http://www.163.com/forum.Luxun)2000-03-11。

② "夷正钊":《我说〈野草〉》,网易·鲁迅论坛(http://www.163.com/forum.Luxun)2000-10-09。

③ 范美忠:《我看鲁迅散文》,新浪·读书沙龙(http://forum.book.sina.com.cn)2001-07-14。

④ 范美忠:《我看鲁迅小说》,新浪·读书沙龙(http://forum.book.sina.com.cn)2001-07-25。

歌的世界。更为他人所不及者,是贯穿其中的伟大作家所特有的悲悯情怀;如果从语言风格来说,他的语言是真正作(做)到了语言和存在的同一,他从不化用前人的语言和一些陈词滥调,他直接书写他的所感,借用中国古代诗学理论的说法就是直寻,而不是找补,他总是用最见解(简洁)的语言直接抒写自己的感受。

从上述评论可以看出,范美忠比较突出鲁迅散文的真实性,比较赞赏鲁迅在散文中所表达出来的真实的思想情感,这种解读虽然具有一定的道理,但也有点失之偏颇。

范美忠在《我看鲁迅小说》一文中主要分六个方面来评价鲁迅的小说:

> 一是鲁迅小说和中国传统小说的关系;二是鲁迅小说和当时世界文学的关系;三是鲁迅小说和同时代作家小说的比较;四是鲁迅小说的成就和特点分析;五是鲁迅小说的现代价值;六是回应对鲁迅小说的批评。

范美忠的这篇文章主要从上述六个角度谈他对鲁迅小说的阅读感受,不过,他所列的这六个方面的题目太大了,虽然他的这篇文章在当时中文网络中谈论鲁迅的文章中算是比较长的了,但也仅有6000多字,不可能深入地探讨上述六个问题,只能浮光掠影地谈谈读后随感,如:

> 如果要说鲁迅的小说从中国传统小说里学习了什么的话,也只有从他高度评价《儒林外史》这个角度来看,从《孔乙几(己)》里面很可以见到影响,一方面是对旧式知识分子的怜悯和讽刺,另一方面是在刻画人物方面并非象(像)西方小说那样大段大段的描写,而是抓住最具特点的地方寥寥几笔传写精神。另外他曾专门研究小说史,也曾编辑过《唐宋传奇集》,他用笔的精练是否受了唐宋传奇的影响呢?

从这些读后感中可以看出,范美忠虽然对鲁迅及其作品比较熟悉,但是还没有能够进入研究层面,还很少有自己的观点。

另外,网易·鲁迅论坛的版主"咆哮"于2001年4月24日在论坛中发起了阅读《故事新编》的活动,一些网民响应号召加入了此次活动,并在论坛中发表了一些评论《故事新编》的短文。虽然这些文章在总体上对《故事新编》的理解还不够深入全面,但是从中也可以看出这些网民对《故事新编》的热爱。

(3)戏仿鲁迅的作品的文章

2001年中文网络中出现了一些戏仿鲁迅作品的文章,并出现了两篇题为《嫁给鲁迅》的小说。另外,网易·鲁迅论坛还专门发起组织过一次"鲁迅模仿秀"的征文活动,网民创作了多篇戏仿鲁迅的文章,如"悠晴"的《祝福新编——祥林嫂的故事》、"stockton326"的《孔乙己:一个 NBA 球迷的故事》、"雨燕"的《从百草园到三味书屋(影院版)》、雷立刚的《互联网时代的嫦娥奔月》等。(具体分析参见下文)

(4)关于鲁迅的论争文章

①2000 年中文网络中有关王朔的《我看鲁迅》一文的相关评论

王朔的《我看鲁迅》一文发表后,报刊上很快出现了大量的批评文章,网民在作为公共空间的互联网上围绕此事件展开了激烈的论争,呈现出众声喧哗的局面,其论点也呈现出多元化色彩。笔者选取网易·鲁迅论坛(网址 http://www.163.com/forum.Luxun)中的一些网民的观点进行分析。

一些网民对王朔的观点进行了批评。网民"无话可说"在《不幸的鲁迅》[①]一文中强调:"并不是鲁迅不能批评,但鲁迅被王朔批评,这是鲁迅的不幸,也是我们民族的不幸。""明知不可为而为之,这是王朔的悲哀,也是商业文明给大多数人带来的莫名其妙的悲哀"。这段评论一针见血地指出了这次王朔抨击鲁迅的事件在本质上是商业化的炒作。

一些网民支持王朔的观点。网民"甄理"在《盲目死忠鲁迅》[②]一文中认为:"鲁迅有的是满腔的怨恨而不是可以改变现况的主张。——无主张,无系统,作家的大忌。""如果他是生在一个文字没有中国这样精深的国度,那么空拽文词,节外生枝的奚落,这些都是很难实现的。所以我说时代造就了鲁迅,革命救了鲁迅"。这位网民的上述观点无视鲁迅的伟大成就和伟大贡献,不仅是片面的,而且也是武断的。

另外,还有一些网民对这场论争进行了反思。网民"西门扫雪"在《从风波看国人》一文中指出:"实际上,长期以来我们的国人已经淡漠了对严肃话题的关怀,对沉重的反思。所以当鲁迅被这样一种方式炒热的时候,其实是鲁迅的悲哀。我们已经习惯了娱乐化的生活。"这段评论深刻地反思了这次"鲁迅事件"的前因与后果,沉痛地指出正是因为"我们长期以来对鲁迅以及他所代表的文化现象的淡漠"[③]才导致了王朔的这次行为艺术。这位网民的观点对于重新审视这次论争的历史意义有一定的参考价值。

---

① "无话可说":《不幸的鲁迅》,网易·鲁迅论坛(http://www.163.com/forum.Luxun)。
② "甄理":《盲目死忠鲁迅》,网易·鲁迅论坛(http://www.163.com/forum.Luxun)。
③ "西门扫雪":《从风波看国人》,网易·鲁迅论坛(http://www.163.com/forum.Luxun)。

②"一个世纪的鲁迅"在线讨论会关于鲁迅的讨论

张闳、朱大可等人的文章在网上发表后产生了较激烈的反响,为此,他们在2000年发起召开了"一个世纪的鲁迅"在线讨论会①,进一步讨论相关问题,网民的大致观点有如下几类。

一些网民赞同张闳、朱大可等人的观点。网民王晓渔在《意识形态铁屋子里的人质》的帖子中指出:"崔卫平、张闳、朱大可等人对鲁迅的批判,在我看来,为鲁迅研究提供了另外一种可能的精神空间。虽然这是一些不和谐音,但绝对不是喧哗……我认为,批判鲁迅(不是革命的批判)也是尊敬他的一种方式。或许有人对'疯男人'之类的说法无法接受,这不能不说是对诗学中修辞的无知。"网民"Zhutao"认为:"只有独立于意识形态和市场价值取向的批判性话语才能真正读解传统并指向一种更多元化和创造性的文化。在这一点上,我尊重朱大可的工作。尽管有些时候他考据工作不够严谨,但至今那些来自保守官方意识形态和浅薄的一鳞半爪的抗议还根本未构成与朱大可同一层面的对话。"这两位网民的评论,不仅从诗学的角度肯定张、朱两文的价值,肯定了张、朱两文重新反思鲁迅,努力开辟批评鲁迅的新的精神空间的努力,而且也指出了两文所存在的一些问题,应当说是比较中肯的。

一些网民对张闳、朱大可的观点进行了批评。网民"钱塘浪子"和"清澜渔父"重点批评了张、朱的文风,他们认为:"如果将重评当作'爆肚',信口雌黄,故作惊人语,那就大大背离了学术的原则。此等行径,与神化和庸俗化又有何异?观点看似针锋相对,其实却同样在对历史与学术施暴,只是所取的体位不同而已。"网民尹丽川的评论比较尖锐,她一针见血地指出了张、朱两人的目的:"大家都是明白人,这种讨论依然没完没了拿政治说事儿,到底还看不看文字?思路为什么总是受从前教育的影响,为什么总以一种专制化的思维模式来批判几个文人?"这几位网民重点批评了张、朱两文的文风与写作目的,有力地批驳张、朱两文的观点。

一些网民对这场论争进行了反思。网民任不寐在《鲁迅活在我们心中》的帖子中深刻地反思了在这场论争中"同时内在于鲁学和反鲁学知识人灵魂中的有限性",他指出:"几十年过去了,被发扬光大的是为鲁迅辩护的人和批判鲁迅的人的'旧文字的腔调',而不是与此相对的批评的理性……对语言暴力的批判不是使用语言暴力,而是不再使用语言暴力。然而,我所见的批鲁风潮所表现的正相反。这才是真正值得反省的。"可以说,任不寐的上述针对中文

---

① "一个世纪的鲁迅"在线讨论会(http://www.acnews.net.au/wenxue)。

网络中有关鲁迅论争的评论,不仅深入地指出了这次论争中存在的值得关注与思考的问题,而且深刻地反思了这次论争所暴露出来的问题,是本次论争中最值得认真思考的、较为理性的评论。

③关于"鲁迅召妓"一事的论争

首先在新浪网·读书沙龙论坛爆发的关于鲁迅召妓的论争因为引起争论的相关文章被一些网民转帖到多个网站,从而使本次论争波及中文网络中的多个网站、论坛,成为本年度中文网络中较为引人注目的一次论争。

2001年4月15日,网民"nirvara"在《鲁迅实在是有些诡异地可怕》一文中对2001年3月13日《北京青年报》发表的《鲁迅何以变得如此荒诞》一文提出了批评:"鲁迅是经常召妓宴客的,这是中国文人风雅的一面,不能轻易批判,说出这种不懂事的话,那个写文章的记者确实不懂鲁迅。至于鲁迅和许广平的师生畸恋,本身就是偷偷摸摸的,要不,也不会被赶出校门了。"这个帖子在被转帖到榕树下网站·躺着读书论坛之后,版主陈村在4月17日提出了疑问:"鲁迅经常召妓宴客有史料吗?"对此,"nirvara"在当日就做出了答复:"以前看过类似的文章,谈鲁迅宴客的事,这里的妓是卖艺不卖身的。鲁迅受日本文化影响颇深。"次日,陈村在题为《对N先生好失望》的帖子中对"nirvara"提出了批评:"N你这可不是做学问的态度。你认定一个事实,不光要有确切的出处,什么人写的什么文章,发表在哪里。还问是否是孤证,说明采信的原因。道听途说地随便一说,有哗众取宠之嫌呢。"①此后,又有多位网民参与论争。

综观本次论争,可以看出"nirvara"抓住鲁迅日记中关于在青莲阁"邀妓略来坐"的记载来对鲁迅进行人身攻击的言论在网络中产生了较为恶劣的影响,而"晨牧"和"灌夫"等网民及时对"nirvara"的错误言论进行了有理有据的批驳,这不仅有力地澄清了关于鲁迅的历史事实,而且揭露出了"nirvara"攻击鲁迅的阴暗心理。特别值得一提的是,这些网民并不盲从倪墨炎、陈漱渝等一些著名鲁迅专家关于这一事件的观点,而是提出了自己的看法,发出了自己的声音。笔者认为这几位网民的观点相比较一些著名鲁迅研究专家的"社会调查说"、"掩护革命工作说"的观点而言应当说是比较正确的。

④关于《鲁迅应该是几几开?》一文的论争

如何对鲁迅进行评价一直是网民争论较多的话题。2001年10月,网民

---

① 榕树下网站·躺着读书论坛(http://bbs.rongshuxia.com)。

"分辨率"在天涯社区网站发表了《鲁迅应该是几几开?》[①]一文,引起了一场较大规模的争论。

"分辨率"在文章说:"我对鲁迅是否能称得上是思想家抱怀疑态度,对鲁迅的人品虽不敢说鄙视,但确实是很不以为然。他的性格很狭隘,鼠肚鸡肠,睚眦必报,不能容人……因此,看鲁迅的文学地位还是要和他人格品行分开来看。"他接着又强调:"我最不能接受的就是鲁迅对中国传统道德文化的全盘否定……鲁迅把中国传统文化称之为'吃人',但基本没有把斗争的矛头指向专制,而通通指向了中国的传统文化,这不公平。"

一些网民对"分辨率"的观点进行了批评。网民"关东居"指出:"对于一个留下丰厚思想文化的历史人物,实在不能把他数字化,去分几开几开。徒然争论罢了。"网民"流氓讼师"指出:"对鲁迅根本不用几几开,只需要看其观点就行了。如果说马克思是资本主义的病理学家的话,鲁迅则是中国文化和社会制度的病理学家。他最准最狠地为中国人(包括今天的中国人)指出了我们皮袍下面藏着的'小',这是前无古人的成就。我相信,如果我们能够更加深入地理解鲁迅的思想,那么我们将永远受益。"

从本次论争可以看出,网民对鲁迅应当几几开的问题争议较大,论争双方基于不同的立场和观点,彼此很难说服对方,不过,相对来说,为鲁迅辩护的网民的言论不仅较多,而且也较为理智和客观,有助于这个话题的进一步深入讨论。

4. 小结

(1)中文网络中关于鲁迅的网站、论坛和专栏分析

①中文网络中关于鲁迅的网站、论坛和专栏的出现为鲁迅的传播做出了重要的贡献。中文网络中陆续出现的以"鲁迅"命名的网站和论坛大多都能以弘扬鲁迅的精神为己任,关注鲁迅的当下现实意义,各位版主(他们或许就是鲁迅先生所期许的青年,也是鲁迅先生的精神传人)作为热血青年以青年鲁迅"我以我血荐轩辕"的精神在互联网上针砭时弊,忧国忧民,对于鲁迅在互联网这一最新媒体中的传播做出了划时代的贡献。

②中文网络中关于鲁迅的网站、论坛和专栏因为建立的时间比较短,所以都还存在着一些有待提高之处。中文网络中关于鲁迅的网站、论坛和专栏普

---

① "分辨率":《鲁迅应该是几几开?》,天涯社区·关天茶舍(http://www.tianya.cn/publicforum)2001—10—09。

遍存在着内容更新较慢、原创性文章较少、访问者较少、互动性较差等一些问题,再加上站长和版主知识结构的局限(他们多为热爱鲁迅的热血青年,对鲁迅的了解有待深入),所以目前中文网络中有关鲁迅的站点都有值得大力改进之处。就2000年和2001年中文网络中关于鲁迅的网站和论坛、专栏状况来说,虽然关于鲁迅的站点已较多,对于扩大鲁迅在网络中的影响,推动鲁迅在网络中的传播已经做出了一些工作,但是中文网络中攻击、解构鲁迅的言论相对于正面评价鲁迅的文章来说,在点击率和影响力方面仍然占据上风。可以说,网络在传播鲁迅方面的优势还没有充分发挥出来,这就需要各位站长和版主在正面宣传鲁迅方面多一些技巧和手段,努力使网上鲁迅站点的栏目、内容、信息等"软件"更具有吸引力,从而才会有更大的影响力。另外,在中文网络中攻击与捍卫鲁迅的情绪化语言较为泛滥的情况之下,各位版主需要认真冷静地思考,需要探寻鲁迅对当代中国的现实意义,更需要把先生的精神落实为实际行动。最后需要指出的是,各位站长和版主都是真爱鲁迅的有识之士,他们怀着对先生的无限敬意,投入了大量精力创建上述各站,这些网站和论坛大多都处于拓荒期,出现这样或那样的一些问题也是可以理解的。

(2)2000年中文网络中关于鲁迅的网民文章分析

①众声喧哗的局面初步形成。互联网是一个虚拟空间,网民可以在论坛中用随意杜撰的网名较为自由地发表自己的观点并和别的网民交流、辩论。这种较为自由的氛围使得一部分网民可以无所顾忌、不负任何责任地就自己感兴趣的话题发表坦率的评论。在鲁迅成为热点之后,一些网民聚集在相关论坛中唇枪舌剑激烈辩论,此外还有一些无法披露的激烈观点(并非一无是处)。对于这些激烈的言论,我们不能视而不见,也无需一味指责,而应当清醒理智地去面对。至于那些蔑视、敌视或忽视网上鲁迅评论动态的态度倒是值得反思的。总而言之,从目前的现状来看,有关鲁迅先生的评论已初步形成众声喧哗或者说是百家争鸣、百花齐放的局面,这也是互联网作为自由空间的优势的鲜明体现,是值得认真思考和对待的。

②网民发表的关于鲁迅的文章中情绪化的评论较多。网上虽然初步形成了众声喧哗的局面,但情绪化的评论较多,理智清醒的真知灼见相对偏少,这也是互联网的特点或缺点之一:网络提供了宣泄情绪的自由空间,使许多被形形色色的条条框框所压抑的言论得以释放(如一些人的论文),加之又无需为文章负责,所以可以"语不惊人死不休";同时,在线讨论(和互相攻击的辩论)也不允许网民有充分的思考时间,只好用尖刻的言论吸引眼球(注意力)或在气势上抢占上风。无论是热爱鲁迅的网民还是攻击鲁迅的网民在论争中都不

同程度地体现出情绪化的色彩,虽然这种局面可能在短期内无法改变,但是我们对网上有关鲁迅的评论应当客观对待,要寻找出互联网这一最新媒介与传播鲁迅、评论鲁迅工作的最佳联结点,以促使目前互联网上有关鲁迅评论朝着健康的方向发展。

③网民原创的关于鲁迅的文章在总体上显得较少而且水平不高。虽然中文网络中出现了一些网民原创的谈论鲁迅的文章,但是因为大多数的网民对鲁迅的了解不够深入,所以大多数的文章对鲁迅的理解也显得比较单一,有待于进一步提高。

通过上述分析,可以看出虽然中文网络中关于鲁迅的网站、论坛和专栏以及网民关于鲁迅的文章都存在一些突出的问题,但鲁迅在中文网络中的传播已经形成了一个比较良好的开端,为今后的进一步发展打下了良好的基础。笔者相信中文网络中关于鲁迅的网站、论坛和专栏以及网民关于鲁迅的文章的兴起不仅会进一步促进鲁迅在民间的传播,而且也会为21世纪的鲁迅传播与研究工作提供新鲜的血液。

2001年,鲁迅在中文网络中传播的现象引起了专业从事鲁迅研究者的关注。随着《被E化的鲁迅》、《BBS上被灌水的鲁迅》、《狂欢节广场上的鲁迅》等研究鲁迅网络传播现象的文章在专业的《鲁迅研究月刊》和《鲁迅世界》的刊登,《网络鲁迅》一书在权威的人民文学出版社出版和《南方周末》在纪念鲁迅先生120周年的专题(四个版)中以一个整版的篇幅刊登由《网络鲁迅》一书编者选编的《互联网上的鲁迅》一文,中文网络中的鲁迅正式浮出海面,并受到了一定的社会关注。

二、当代中文网络中关于鲁迅的网站、论坛、专栏和网民文章的进展(2002~2006)

1. 中文网络中关于鲁迅的网站、论坛、专栏发展状况

(1)中文网络中关于鲁迅的网站的发展状况

2002年,中文网络中的关于鲁迅的一些网站出现了重大变化:因为对网络的严格控制而导致国内的网民无法访问一些中国内地之外的关于鲁迅的网站,如台湾的鲁迅广场网站(http://www.firstsquare.com.tw/luxun.htm)和鲁迅网站(http://www.netvigator.com.tw/yoshimk2/lunxun),新加坡的纪念鲁迅网站(http://lidiqiye.com/lx)和美国的新语丝·鲁迅家页(http://www.xys.org/pages/luxun.html)等;另外,因为网络泡沫的爆破导致一些网

络公司从经济利益出发不再向网民提供免费的网络空间,鲁迅研究网(http://luxun.top263.net)、大鲁迅网(http://go7.163.com/Eluxun2)、在线鲁迅(http://www.go3.163.com)、鲁迅——中华民族的脊梁(http://www.Neas.net)等一些利用网络公司免费提供的网络空间建设的网站被相关的网络公司关闭,评读鲁迅网因为得到了两位热心网民的资助(每年1500元的国际域名费用)而幸存下来,基本上弥补了鲁迅研究网倒闭后在网络中所留下的空白,成为网络中的鲁迅研究资料中心。

虽然上述的一些关于鲁迅的个人网站倒闭了,但是也有一些关于鲁迅的个人网站取得了一定的进展:鲁迅之路网站(http://www.Lx1881.yeath.net)到2002年4月6日,网站的访问量达到10万次;另外,中国现代文学专业博士"槟榔"在2002年创建的槟榔文学园网站也因为刊发了大量有关鲁迅的研究文章而在网络中产生一定的影响,他的个人网站发行的槟榔文学园电子报的订户甚至超过了2万份。

2003年,中文网络中关于鲁迅的网站的发展状况依然很糟糕,虽然评读鲁迅网和槟榔文学园网站都在缓慢地发展着,并在网络中产生着一定的影响,但是访问量突破10万人次的鲁迅之路网站在搬迁到网易公司之后,因为种种原因依然无法生存下来,不得不关闭。

2004年,中文网络中关于鲁迅的网站的发展状况有所变化:绍兴鲁迅纪念馆在2004年开通了新的有独立域名的网站(http://www.luxunhome.com)。网站主要分为两大板块:"鲁迅故里",重点介绍绍兴关于鲁迅的旅游景点;"读点鲁迅",重点介绍鲁迅的生平和著作研究,主要栏目有:"鲁迅生平"、"鲁迅年表"、"作品欣赏"、"名言警句"、"鲁迅诗集"、"墨迹精选"、"音容笑貌"、"《民族魂》(视屏)"、"研究动态"、"相关报道"、"鲁迅网站链接"等,但是网站存在一些问题:不仅内容比较单薄,有待进一步充实,而且网站的互动性较差,虽然设立了鲁迅论坛,却没有对外开放。另外,2004年4月,由团中央和国家档案局等单位联合制作的弘扬革命文化的系列网上纪念馆中的鲁迅纪念馆(http://luxun.chinaspirit.net.cn)开通,这是一个侧重祭祀鲁迅的网站,主要栏目有"敬献鲜花"、"参观留言",网民可以在此向鲁迅献花,留言。但是,官办机构主办的鲁迅网站开始出现在网络中,并没有为个人鲁迅网站的生存和发展带来一些好处,随着相关部门对网络的管理进一步加强,网络公司要承担它所提供服务器空间的个人网站的连带责任,个人主办的网站的生存压力也因此越来越大,槟榔文学园网站等一些个人网站因此关闭。

2005年,随着博客的兴起,中文网络中新出现了几个关于鲁迅的博客。

博客在某种程度上也可以视为一种个人网站,因此本书把博客纳入网站的范围之内进行研究。新浪网·鲁迅的博客(http://blog.sina.com.cn)在 2005 年 10 月 30 日开通,由网名为"鲁迅的打字员"的资深网民王小山创建,他巧妙地抓住一些当前社会上的不良现象并用博客主人鲁迅写博客的形式以鲁迅的文章进行评论,应当说这一用鲁迅文章评论当前社会不良现象的形式很有创意,这个博客站点也应当很有发展前途,但是,新浪网站的管理员居然认为已经逝世七十周年的鲁迅先生所写的文章有敏感内容不宜在网站上刊登而多次删除了博客中转载的鲁迅的文章。在这种情况下,这个博客站点的内容更新速度较慢,人气也逐渐减少,其发展前景也令人担忧;中国鲁迅左翼文学网(http://libins.blogms.com)是由"槟榔"创建的博客,把被关闭的槟榔文学园网站中的大部分资料搬迁过来,并延续了他在中文网络中倡导"鲁迅左派"的一贯立场,继续弘扬"鲁迅左派"的精神。另外,坚持下来的评读鲁迅网等网站的内容更新速度较慢,变化不大。

2006 年,中文网络中关于鲁迅的网站有较大的变化:由北京鲁迅博物馆创建的北京鲁迅博物馆网站(http://www.luxunmuseum.com.cn)在 2006 年开通,主要栏目有:"动态公告"、"博物馆介绍"、"博物馆藏品"、"博物馆展示"、"查询与研究"、"鲁博书屋"、"服务指南"、"友情链接"等。"查询与研究"栏目收录了一些研究鲁迅的论文和鲁迅博物馆开发的在线检索系统,这个检索系统可以在线检索鲁迅著译全集及《鲁迅研究月刊》的文章,这对于广大网民和鲁迅研究者来说都是一个非常好的资料库。"博物馆展示"栏目设立了虚拟展厅,可以在线观看鲁迅博物馆的基本陈列"鲁迅生平展览"。另外,还可以在线观看由鲁迅著作改编的电影《阿 Q 正传》、《祝福》、《伤逝》和纪录片《鲁迅传》。"博物馆藏品"栏目收录了鲁迅博物馆馆藏的 32 幅鲁迅手迹的扫描图片,另外还有一些鲁迅遗物及收藏的画作的彩色图片,可以在线欣赏鲁迅的手迹。总的来说,北京鲁迅博物馆网站的开通极大地推动了鲁迅的网络传播工作,进一步充实了鲁迅的网络传播的内容。

网络中关于鲁迅的博客也有变化:新浪网·鲁迅的博客因为内容方面不符合有关法规政策的原因在 2006 年 9 月 10 日被新浪网关闭,而此前在 2005 年被网易公司关闭的网易·鲁迅论坛却以博客的形式重新出现在中文网络中,另外,有一位网民化名"鲁迅"在 2006 年 3 月 3 日创建了名为"鲁迅的日记"博客(http://blog.sina.com.cn/u/1220184743),以鲁迅在 2006 年复活后在网络中以写日记的形式记录他在现实社会中遇到的一些问题如拆迁等,以此来批评现实社会的弊端,但只刊登了 7 则日记就停止更新,具体原因不详,不过与新浪网网管的严格的审帖制度应当有一些关系。网民"jinguang1969"在2006年5月23日建立了名为"走近鲁迅"博客（http://luxunyanjiu.blog.tianya.cn），收录了一些鲁迅的作品和评论鲁迅的文章，特别是收录了一些中学生选修他的鲁迅作品选讲课程之后的作业（都是阅读鲁迅作品的读后感），有一定特色。

此外，评读鲁迅网、鲁迅左翼文学网等关于鲁迅的网站和博客都在平稳而缓慢地发展着。

（2）中文网络中关于鲁迅的论坛、专栏发展状况

2002年，中文网络中最重要的网易·鲁迅论坛因为国家加强对网络言论的管理而更换了版主并限制了网民发表言论的自由，一些聚集在鲁迅论坛的知名写手因为网易公司的网管和新任版主大量地删除网民的帖子而陆续离开论坛，散布于茫茫的网络江湖之中，导致网易·鲁迅论坛的水平和在中文网络中的影响力大幅度下降。但是，新浪网、人民网、网易公司、新华网等大型网站在2001年为纪念鲁迅诞辰120周年所建立的一些专题、专栏成为这些网站的长期固定的专栏，因为这些网站的流量非常大（仅新浪网当时的每天访问量就超过1000万）而继续在中文网络中产生着一定的影响，对传播鲁迅起到了重要的作用。

2003年，互联网上关于鲁迅的站点发生了一些变化。此前在中文网络空间中较为知名的网易·鲁迅论坛，因为种种原因，已经"离鲁迅越来越远"，用一位网民的话来说，网易·鲁迅论坛有变为"杂物论坛"的趋势。但同时也有一些新的鲁迅论坛在崛起：评读鲁迅网·鲁迅论坛逐渐聚集了一些鲁迅爱好者，在网络中逐渐有了一定的影响力；北大BBS则新开通了一个鲁迅论坛，并与北大中文系的中国现当代文学学术论坛一起在互联网中产生着一定的影响。在网易·鲁迅论坛逐渐冷清的情况下，天涯社区·关天茶舍聚集了较多的热爱鲁迅的网民，"拥鲁派"的网民与"贬鲁派"的网民经常在此处展开大规模的论战，天涯社区也因此成为互联网上最为重要的讨论鲁迅的网站。

另外，2003年在中文网络中发生了两个值得关注的关于鲁迅的重大事件：第一个就是新浪网组织的"二十世纪文化偶像评选"的在线调查，本次调查不仅在社会上而且在互联网中也引起了大规模的论战。在总共有14万多位网民参与的本次调查中，鲁迅先生以57259票高居榜首；第二个事件就是网易·新闻频道发表的《过大于功的鲁迅》一文引发了一场较大规模的论战，这篇文章也有了超过10万次的点击（/阅读）。在笔者的阅读印象中，截止到2003年，中文网络中关于鲁迅的文章，拥有超过1万次点击的文章尚且比较

少,而这篇仅有 1000 多字的短文竟然有超过 10 万次的点击！新浪网和网易公司分别为这两个活动制作了专栏,收录了一些网民关于这两个事件的评论。

2004 年,互联网上关于鲁迅的站点也发生了一些较大的变化。中文网络中最为著名的网易·鲁迅论坛在内容方面有所变化,逐渐变成一个以讨论时事政治为主的论坛,在新版主上任之后,论坛的活动较多,人气也较为旺盛;天涯社区·关天茶舍虽然仍然是中文网络中较为重要的关于鲁迅的论坛,"拥鲁派"的网民与"贬鲁派"的网民常在此处展开大规模的论战,但是一些资深的网民如陈愚等因不满天涯社区的管理政策等原因陆续离开,从而在一定程度上影响到讨论的质量。除此之外,新浪网、人民网、网易公司、新华网等大型网站在 2001 年为纪念鲁迅诞辰 120 周年所建立的一些专题、专栏继续在中文网络中产生着一定的影响。评读鲁迅网·鲁迅论坛和北大 BBS·鲁迅论坛在本年度显得比较冷清,发表的帖子比较少,因此在网络中没有产生多大的影响。

2005 年,在中文网络中有着重要影响力的网易·鲁迅论坛在 9 月 20 日被网易公司关闭,这不仅使一些关注鲁迅的网民失去了一个具有标志性的重要论坛,而且也使正处于发展阶段的鲁迅的网络传播工作遭到重创。本年度中文网络中有关鲁迅的论坛的状况可以说喜忧参半:既有评读鲁迅网和新语丝·鲁迅家页等网站的内容更新速度较慢、评读鲁迅网·鲁迅论坛和北大 BBS 上的鲁迅论坛的日渐冷清之忧,也有西陆网·鲁迅研究资料论坛、百度贴吧·鲁迅吧和天涯社区·关天茶舍(这个论坛中汇集了一些从网易·鲁迅论坛中转移出来的资深网民)逐渐在网络中产生影响之喜。其中百度贴吧·鲁迅吧和西陆网·鲁迅研究资料论坛在本年度新开通,百度贴吧·鲁迅吧设立了"走近鲁迅"、"众说鲁迅"、"作品解析"、"讨论争鸣"、"鲁迅与国学"、"针砭弊病"、"吧友随笔"等栏目,聚集了一批比较年轻的网民,从中可以看出一些中学生对鲁迅的看法;西陆网·鲁迅研究资料论坛侧重转帖一些鲁迅研究资料,虽然访问量不多,但是其中的一些资料还是有助于网民了解鲁迅的。

2006 年是鲁迅逝世 70 周年,虽然官方没有举行大规模的纪念活动,但是在民间却掀起了一个纪念鲁迅的高潮。一些网站和论坛都制作了纪念鲁迅的专栏,主要有天涯社区网站纪念鲁迅逝世 70 周年的专辑"民族精魂　暗夜丰碑"、搜狐网站纪念鲁迅逝世 70 周年的专辑"70 年后一回眸"、新浪网纪念鲁迅逝世 70 周年的专辑"我们离鲁迅究竟有多远"、人民网纪念鲁迅逝世 70 周年的专辑"鲁迅精神常青"等,详见下文分析。另外,新浪·读点鲁迅论坛在本年度设立,吸引了一些网民讨论鲁迅的话题。

2. 中文网络中关于鲁迅的网民文章发展状况

随着中文网络的飞速发展,网民的数量也越来越多,一些网民开始在中文网络中讨论关于鲁迅的话题,网民关于鲁迅的评论可以说是众声喧哗,鱼龙混杂。鉴于网民发表的关于鲁迅的文章比较分散,涉及许多的网站,为了更好地分析网民发表的关于鲁迅的文章的发展状况,本书选择发表了网民谈论鲁迅文章较多的网易·鲁迅论坛和天涯社区网站作为主要研究对象,兼及其他的网站和论坛中发表的关于鲁迅的文章。

网民关于鲁迅的评论文章大致分为两类:评论鲁迅本人的文章,评论鲁迅作品的文章。关于鲁迅本人的评论又可大致分为三类:网民心目中的鲁迅,关于鲁迅生平的评论,关于鲁迅思想的评论等。

(1)关于鲁迅的评论文章
①关于鲁迅本人的评论

2002年度中文网络中出现的关于鲁迅本人的评论比较有影响的有如下几篇:网民"班布尔汗"在《论鲁迅的不宽容》[①]一文中指出鲁迅思想中不宽容的一面:

> 鲁迅先生的风骨,值得我们去敬仰;他的深刻,值得我们去思考和自我审视;他的责任感,值得我们去学习。但是,对于他偏激的处世方法,不宽容的批判态度,我们是应该有所保留的。

"班布尔汗"在文章中还指出了鲁迅性格中不宽容的一面在"文革"时期造成的不良影响,应当说,"班布尔汗"的上述言论无疑是错误的,鲁迅性格中确实有不宽容的一面,但是鲁迅的不宽容和"文革"对鲁迅的歪曲与利用是两码事。

网民"三七生"在《横看鲁迅》[②]一文中用"这样的战士"、"生命的路"、"死"三个章节来"横看鲁迅",在分析了鲁迅的思想与人生经历之后,指出鲁迅"用厌恶和憎恨作前导,将心灵与生命的路引入了黑暗而空虚的境地"。"三七生"虽然在一定程度上指出了鲁迅思想中的"毒气"与"鬼气",但是他没有能够正确认识到鲁迅思想中的"毒气"与"鬼气"对鲁迅的积极影响。

---

① "班布尔汗":《论鲁迅的不宽容》,天涯社区·关天茶舍(http://www.tianya.cn/publicforum)2002-09-13。

② "三七生":《横看鲁迅》,天涯社区·关天茶舍(http://www.tianya.cn/publicforum)2002-10-05。

2003年度中文网络中出现的关于鲁迅本人的评论有如下几篇:网民"梁惠王"在《近代文人印象之九——鲁迅》①一文中重点谈了自己心目中的鲁迅:

> 鲁迅是我的至爱。写起他,我的手都要颤抖,千言万语不知从何说起。多年来我暗暗寻思,却永远不能明白,一个人怎么能把白话汉语操作成这样。简洁而不觉其单薄,坚韧而不觉其枯硬。敲之铿然,触之也濡;望之俨然,即之也温。那一个个简单的字,竟被他使得出神入化。好像他在写每一篇文章时,都将每一个汉字经过精心体检,排列操练,让其各司其职,绝无一个冗员残兵。于是,铸成了那样完美无瑕的鲁迅体。那是无论什么时候,截取其中的一段,都能让我迅即认出面目来。他早已化入了我的灵魂当中。

从"梁惠王"的上述言论可以看出他对鲁迅非常热爱,但是这种热爱影响到他对鲁迅的客观评价,应当说,鲁迅的许多文章的确很精彩,经得起上述的评价,但是也有一些文章可能无法得出如此高的评价。

网民"泪眼看人"在《一个人的鲁迅》②一文中描述了自己心目中的鲁迅形象:

> 如果说真的要用一个最简单的方法来概括鲁迅精神的话,那么我想没有比"反抗"这两个字更合适的。在鲁迅那里,没有任何权威,没有任何现世的偶像。他声称要"反抗一切的压迫"……在这点上,中国人里只有鲁迅真正做到了。他的绝望即是他打倒了一切内心权威和精神枷锁后的结果,但即使绝望也不能统治他的精神。当一个人连绝望也要反抗的时候,我相信他的内心不是虚无的,而是自由的……我不喜欢鲁迅的刻薄、阴鸷、不肯"费厄泼赖"和不肯宽恕,但我喜欢鲁迅反抗一切权力和权威的精神,正是在反抗中,我才保证了自己的精神自由。

从"泪眼看人"的上述言论可以看出,他对鲁迅思想的复杂性有所认识,比较认同鲁迅反抗绝望的精神,同时对鲁迅思想中不宽容的一面予以批评。从他批评鲁迅的不宽容这一点来说,他对鲁迅在什么情况下对什么人什么事"不宽容"的原因缺乏了解,因而他的这一观点是不够客观的。

---

① "梁惠王":《近代文人印象之九——鲁迅》,天涯社区·闲闲书话(http://www.tianya.cn/publicforum)2003—05—07。

② "泪眼看人":《一个人的鲁迅》,天涯社区·关天茶舍(http://www.tianya.cn/publicforum)2003—02—18。

网民陈愚在《"如何替我照料"母亲——鲁迅"怯懦"吗？》①一文中分析了鲁迅的性格：

> 在鲁迅的心灵的天平里，是"民族"这样的名词重要，还是母亲的眼泪重要呢？恐怕后者重于前者，而且鲁迅的基本心态是绝望的，对于民族的未来，他从"人"的角度看到，暗杀对促进民族的进步的力量是微乎其微的——中国现代历史也一再落入鲁迅最为隐忧的那种循环中去。因此在面对是否把生命一次性地献给"民族"的选择，鲁迅选择了活下来，以另一种方式战斗，也选择了母亲。

陈愚的这篇文章针对一些网民认为鲁迅拒绝执行暗杀任务是性格"怯懦"的观点进行了反驳，并对鲁迅担心母亲而拒绝执行暗杀任务的心理进行了分析，应当说，陈愚的分析还是比较合理的。

网民"班布尔汗"在《永怀希望者与永处绝望者——胡适与鲁迅》②一文中比较了鲁迅与胡适的特点：

> 两人都从文化起步，但鲁迅始终注视着文化，而胡适则更多地关注政治，一个追求完美，一个只图"不要太坏"。完美导致绝望，而"不要太坏"则总会激发希望，他们之间有了不可逾越的鸿沟。鲁迅死在绝望当中，死在努力一生而看不到希望的绝望当中；胡适死在希望当中，死在努力一生看到希望在远处闪烁的希望当中。无论希望与绝望，他们都已死了，都在历史的风尘中看着后人们进行着希望和绝望的努力。

"班布尔汗"把鲁迅和胡适两人对待文化与政治的关注用二分法进行比较，虽然可以从中看出鲁迅和胡适的异同点，但是这种划分也有点简单化，没能反映出鲁迅和胡适两人思想中对文化与政治问题认识的复杂性。

网民"独狼一笑"在《鲁迅：诅咒与悲悯》③一文中分析了鲁迅的情感：

> 鲁迅的文字背后，都有着一棵（颗）悲悯的心，是爱让他诅咒国民，是爱让他以56岁之龄丧生。没了爱，一切冷嘲热讽嬉笑怒骂都将只是垃

---

① 陈愚：《"如何替我照料"母亲——鲁迅"怯懦"吗？》，天涯社区·关天茶舍（http://www.tianya.cn/publicforum）2003—06—11。

② "班布尔汗"：《永怀希望者与永处绝望者——胡适与鲁迅》，天涯社区·煮酒论史（http://www.tianya.cn/publicforum）2003—06—24。

③ "独狼一笑"：《鲁迅：诅咒与悲悯》，天涯社区·闲闲书话（http://www.tianya.cn/publicforum）2003—10—10。

圾。爱之深,责之切,这是理解鲁迅文字的枢纽所在。

"独狼一笑"从鲁迅的文字背后读出了鲁迅的爱心,应当说,他对鲁迅的上述分析还是比较准确的。

2004年中文网络中出现的关于鲁迅本人的评论有如下几篇:网民"崇拜摩罗"在《裂缝中的鲁迅》①一文中分析了鲁迅思想中的矛盾:

> 鲁迅的确是现代中国最痛苦的灵魂,痛苦本身就是鲁迅个体精神意向最好的注释。鲁迅的痛苦不但源自现实,更源自心灵,鲁迅走到无路可逃的地步——彷徨于无地的时候痛苦的深度才可堪测量。如果只是为现实所苦楚,那么这个苦楚依然停留在传统士大夫的忧患意识中,而忧患意识的建立还有个乐感前提,就是自己毕竟去道德担当了。与西方人比较,鲁迅的痛感意识还没有上升到罪感意识的高度,但是在中国也只有鲁迅能从社会现实与心灵现实的整体中进行痛苦的喘息,而绝非带着乐感的单纯现实忧患意识。

"崇拜摩罗"的这篇文章从传统与现代裂变的角度对鲁迅的精神痛苦进行了深入的分析,并从西方文化的角度指出鲁迅的痛感意识还没有上升到罪感意识。这一结论在一定程度上忽视了鲁迅是在中国文化而非西方文化的背景下面对痛苦的。

网民仲达在《鲁迅给我们的茫茫暗夜》②一文中分析了鲁迅"反抗绝望"的哲学:

> 反抗绝望的哲学,是鲁迅转向自己内心世界进行激烈搏斗产生的精神产物。所谓"反抗绝望"并不是一个封闭世界的孤独者自我精神的煎熬与咀嚼,而是坚持叛逆抗争中感受寂寞孤独时灵魂的自我抗战与反思。鲁迅对世界的荒谬、怪诞、阴冷感,对死和生的强烈感受是那样的锐敏和深刻,终其一生的孤独和悲凉具有形而上学的哲理意味。

仲达的这篇文章结合鲁迅的生平对鲁迅的反抗绝望的人生哲学进行了较为客观的分析,从中可以看出他对鲁迅思想的认识已经比较深入。

2005年度中文网络中出现的关于鲁迅本人的评论有如下几篇:网民"崇

---

① "崇拜摩罗":《裂缝中的鲁迅》,天涯社区·关天茶舍(http://www.tianya.cn/publicforum)2004—03—02。

② 仲达:《鲁迅给我们的茫茫暗夜》,天涯社区·关天茶舍(http://www.tianya.cn/publicforum)2004—03—05。

拜摩罗"在《我的鲁迅观——作为祭品的先知》①一文中指出:

> 鲁迅无疑也是一个极端感性的人,而极端的感性并非就与思想保持距离,在笔者看来,真正的思想家都是极端感性的个体,这种感觉类似于性至而神归的体验。翻开思想英雄的履历,这一点也没什么不当之处。性之至者,才可以穿透历史的迷雾,在最深沉的地方感觉人类的前途和民族的希望,鲁迅在我看来就是这样的性之至者。

从上述评论可以看出"崇拜摩罗"虽然敏锐地观察到鲁迅感性的一面,但比较突出鲁迅感性的一面,同时相对忽略了鲁迅理性的一面,因此这一评价也是不够全面的。

网民闻中在《一个文化激进主义者的归宿》②一文中指出:

> 鲁迅本身就不准备代表未来,而只属于那个令人失望的旧时代。他自己也不是一个到达者,而是一个行走在途中的先知先觉。他的作用就是通过自己呐喊来唤醒人们的梦魂。如果目的达到了,那他自己,则宁愿彷徨于黑夜并消失于黑夜。这也许就是他最后的归宿。

闻中在这篇文章中把鲁迅视为一个文化激进主义者,认为鲁迅的归宿是"消失于黑暗",并呼吁人们要走过鲁迅。应当说,鲁迅早期的确在文化问题上有一些激进主义的观点,但是鲁迅在文化问题上的全部观点并不能用"激进主义"来概括,因此闻中的上述观点无疑是错误的。

2006年度中文网络中出现的关于鲁迅本人的评论有如下几篇:网民"晨牧"在《孤独的鲁迅》③一文中说:

> 鲁迅一直以孤傲的姿态驰骋于中国社会,奋力地用他的匕首横冲直撞,梦想用自己的文字惊醒沉睡的国民。可同胞的猥琐、麻木和自私,使鲁迅过早地耗尽精力,带着"一个也不宽恕"的愤恨,挥手而去……看看中国的过去和现在,再静下心好好阅读鲁迅,这可以使我们更好地理解先生,理解他的愤怒,理解他的偏激,理解他的"一个也不宽恕"。

---

① "崇拜摩罗":《我的鲁迅观——作为祭品的先知》,天涯社区·闲闲书话(http://www.tianya.cn/publicforum)2005—11—1。
② 闻中:《一个文化激进主义者的归宿》,天涯社区·关天茶舍(http://www.tianya.cn/publicforum)2005—11—06。
③ "晨牧":《孤独的鲁迅》,天涯社区·闲闲书话(http://www.tianya.cn/publicforum)2006—04—20。

"晨牧"的这篇文章指出从鲁迅的人生经历和作品中可以感知鲁迅在思想和政治道路上的"孤独"的姿态,这种对鲁迅的评价也是比较准确的。

网民"崇拜摩罗"在《双峰并立 一水分流——我眼中的鲁迅和胡适》①一文中对鲁迅与胡适进行了比较:

> 就鲁迅而言,他无疑是近现代最独立的知识分子。鲁迅对自由绝对而纯粹的追求和捍卫充分说明,他把握的乃是民主政治下个体的政治伦理。而胡适尽管在学术上建树很多,但是都为开风气之作,他最让后人触目的,恰恰是以自己的社会威望走到政治前台,对当局进行苦心孤诣的,理想主义的政治诉求。后来的历史证明,无论是鲁迅的路,"立意在反抗",还是胡适的路,做政府的诤友,推行好人政府,都没有使中国的历史走出改朝换代的历史循环。这并非说明二者乏善可陈,而是当时的社会急流使他们,甚至是使那个时代无法冷静地确立自己的道路。一言以蔽之,当时的社会条件只能提供他们开风气的条件,而无法完成现代知识分子推行宪政的社会使命。

"崇拜摩罗"在这篇文章中对鲁迅和胡适的人生道路进行了较为全面的比较,指出两人的道路分别开创了现代中国的两种知识分子传统。但是,"崇拜摩罗"在比较鲁迅与胡适之后认为两人都没有完成现代知识分子的使命走向西方的宪政,这个结论还是值得商榷的,中国社会不一定要像西方社会那样走向宪政社会才算成功。

另外,本年度还出现了网民"梁由之"的长篇文章《关于鲁迅》,可以说是一部关于鲁迅的评传,详见下文分析。

②关于鲁迅思想的评论

虽然鲁迅的思想博大精深,比较难于认知和把握,但一些网民还是热衷于讨论这一话题,发表自己对鲁迅思想的看法。需要强调的是,虽然一些网民的观点无疑是错误的,但也有一些网民的观点值得关注。

2002年关于鲁迅的思想评论文章主要有如下几篇:网民孟庆德在《鲁迅自在》②一文中认为:

---

① "崇拜摩罗":《双峰并立 一水分流——我眼中的鲁迅和胡适》,天涯社区·闲闲书话(http://www.tianya.cn/publicforum)2006—10—01。

② 孟庆德:《鲁迅自在》,天涯社区·关天茶舍(http://www.tianya.cn/publicforum)2003—07—17。

> 鲁迅不属于任何宗教，鲁迅身上却有着一种大悲悯。作为一个东方人，鲁迅身上绝无佛、老之气，这是中国古来文化人中独一无二的，鲁迅不怕寂寞地代替一个民族站在那里，他不逃避、不隐居、不颓废、不逍遥。

孟庆德在这篇文章中突出鲁迅具有"大悲悯"的人间情怀，这一观点还是比较准确的。

网民"槟榔"在《超"主义"的鲁迅》①一文中指出：

> 尽管鲁迅生前相信过进化论，有过启蒙主义的信念，还"从进化论进到阶级论"（《鲁迅杂感选集·序言》），但根本上，鲁迅可能不是任何一个主义者，更可能鲁迅是一个"反主义者"或"超主义者"，鲁迅之所以为鲁迅，就在于对任何一种现成的"主义"都持怀疑态度，为我所用，更有超越。更重要的，鲁迅是个历史人物，他是后来者所有人共同的精神资源。

"槟榔"在这篇文章中用超"主义"来突出鲁迅思想的复杂性和丰富性，这一概括是很有道理的。

网民"garyleecq"在《鲁迅没有思想》②的帖子中指出：

> 只能说，鲁迅具有一点进化论和一点物质论，进化与物质论并不是他原创，也不是他一个人提倡。他叫喊拿来主义，并没有为中国拿来什么。鲁迅没有提倡过《法意》的三权分立；也没有赞同过《原富》的看不见的手，更没有力行过《宽容》，他与这些个东西是格格不入的。鲁迅绝不是一个自由主义者。

"garyleecq"在这篇文章中简单地用西方理论的标准来衡量鲁迅，认为鲁迅没有所谓的"思想"，在网络中也有一些网民持有类似的观点，应当说，这种观点是完全错误的，鲁迅思想的丰富性、复杂性，乃至独特性都不能简单地用西方的标准来批评。

2003 年度中文网络中关于鲁迅思想的评论主要有如下几篇：网民"独狼一笑"在《我为什么选择了鲁迅：思想篇》③中回顾了自己对鲁迅思想认识的变化过程，他指出：

---

① "槟榔"：《超"主义"的鲁迅》，槟榔文学园（http://blog.stnn.cc/libins）。
② "garyleecq"：《鲁迅没有思想》，网易·读书论坛（http://book.163.com）2002—10—17。
③ "独狼一笑"：《我为什么选择了鲁迅：思想篇》，天涯社区·闲闲书话（http://www.tianya.cn/publicforum）2003—10—12。

> 作为奴化教育的牺牲者和反叛者,我对鲁迅曾经嗤之以鼻……这观点根深蒂固,直到我读了鲁迅大部分的文章以后才动摇。我的阅读告诉我,鲁迅一直是个批判者,假如他活在今天,一样会挥动他的如椽(橼)大笔发泄胸中乌气,就是说,他并不是一个肉麻的吹捧者,不是一个奴才。事实上,鲁迅一直是个怀疑主义者,"于一切眼中看见无所有,于无所希望中得救",只有摧毁一切不切实际的虚妄的梦想,人才能得到救赎。鲁迅始终是个走在现实大地上的"过客",不是一个飘于云端的预言家。鲁迅不曾构建一个完整的理论体系来探讨救国救民,我以为这是鲁迅杰出的地方,也是与波普哈耶克相一致的地方:既然社会不可预测不可设计,那么,做好现在一切才是正经。虽然有人因此说鲁迅是个世故老人。

从这些言论中可以看出,网民"独狼一笑"对鲁迅的思想有自己的认识,认为没有构建一个完整的理论体系来探讨救国救民是鲁迅思想杰出的表现之一,此外,他认为鲁迅一直是一个怀疑者的观点也是较为正确的。

网民江雷的《弃神而去的鲁迅》[①]一文重点讨论了鲁迅和神学的关系,他指出:

> 事实上,鲁迅的绝望抗争和救赎仍然都属于人类的普罗米修斯之火,同基督的希望一样,提供了光明,做出了燃烧性的贡献,只是道路不同,所拥有的世界也因此而异。鲁迅的绝望抗争是英雄的自我毁灭式的承担痛苦和不幸,而基督的救赎却是上帝的爱怜之手对绝望的救护。基督的方式是中国所需要的,鲁迅的方式也是中国所需的,他的呐喊使他的背后已经点燃了无数的火种。

虽然江雷的这篇文章是探讨鲁迅与基督教神学关系的,但是他没有用基督教神学的观点来衡量鲁迅,而是结合中国现代历史的真实情况和鲁迅所受到尼采哲学的影响来分析鲁迅为何抛弃基督教神学,并肯定了鲁迅反抗绝望的思想选择,这种观点无疑是比较正确的。

2004年度中文网络中关于鲁迅思想的评论主要有如下几篇:网民仲达在《鲁迅最精华的思想到底是什么?——兼驳某些鲁迅盲》[②]一文中说:

[①] 江雷:《弃神而去的鲁迅》,天涯社区·关天茶舍(http://www.tianya.cn/publicforum)2003—10—22。

[②] 仲达:《鲁迅最精华的思想到底是什么?——兼驳某些鲁迅盲》,天涯社区·关天茶舍(http://www.tianya.cn/publicforum)2004—04—04。

鲁迅之所以是鲁迅,就在于他拒绝上帝向他伸出的手,他要再次在此岸寻找意义。鲁迅不是一个文化创造意义上的巨人,而是一个自由意志的巨人。当绝大多数中国人早已适应外部压力下放弃个体生命的自由意志的生存状态的同时,鲁迅却如拔地而起的大树,坚决捍卫自我尊严和自由意志,对外部黑暗和罪恶宣战,反抗那些对他构成压力和伤害的一切东西,包括国家的、家族的、群体的、党派的、机关的、他人的、文化的、伦理的、政治的精神的等。鲁迅本质上是一个反秩序的人,他对一切抹杀个体的外在和内在的东西保持警惕,对一切完满和光明的东西保持高度怀疑。

仲达的上述评论把鲁迅称为一个"自由意志的巨人"、"本质上是一个反秩序的人",应当说,"自由意志"和"反秩序"的确是鲁迅思想中的一个重要组成部分,但是鲁迅的思想很复杂、很丰富,如果过分突出这两点,就有点失之于绝对化和简单化了。

网民"zj量子"在《鲁迅,一个没有哲学的呐喊者》①一文中指出:

鲁迅的思想,是一个没有哲学基础的思想。因为,鲁迅的思想是建立在立"人"基础之上,是以立"人"为命题展开的形而上学思想。

"zj量子"的上述观点用没有"哲学基础"来批评鲁迅的"立人"思想,这一衡量标准无疑是片面的和简单的,没有看到鲁迅思想的丰富性和复杂性。

2005年度中文网络中关于鲁迅思想的评论主要有如下几篇:网民仲达在《"个的自觉"和"罪的自觉"——重读鲁迅》②一文中从日本鲁迅研究学者伊藤虎丸对"个"的思想的阐释入手来解读鲁迅,他指出:

"个的自觉"与"罪的自觉",很多因素纠缠一起,迫使鲁迅最终选择"那我不如烧完",即自主地选择死亡。正因为有了这样的"自觉",《过客》中的过客离开了他所憎恶的"家园",而走向坟地,从而在对绝望洞悉之后,采取"绝望的反抗"。纵观鲁迅的一生,以实际行动践履自己的生命哲学,他的具有形而上的意向性的自觉生存意识,为中国文化史贡献出了一个全新文化品质。

从总体上来说,仲达的这篇文章和《在拯救的名义下逍遥——从刘小枫批鲁迅

---

① "zj量子":《鲁迅,一个没有哲学的呐喊者》,天涯社区·关天茶舍(http://www.tianya.cn/publicforum)2004—10—01。

② 仲达:《"个的自觉"和"罪的自觉"——重读鲁迅》,天涯社区·关天茶舍(http://www.tianya.cn/publicforum)2005—5—27。

说起》①等几篇涉及鲁迅思想的文章,虽然切入鲁迅的角度不同,但在大体上都是借助或吸收已有的鲁迅研究成果再结合自己的理解然后来阐释鲁迅,这些观点虽然说不上是原创的,但是其中也有他吸收消化一些鲁迅研究成果之后的个人理解和思考,因此也有其价值意义。

网民"朱弦三叹"的《关于鲁迅先生思想的点滴感想》②一文是他在真名网与多位网民讨论鲁迅思想的文字合集,包括答冉云飞的《多读胡适可以改善人性》一文的文字,答于仲达的《多读鲁迅可以捍卫人性——回冉云飞〈多读胡适可以改善人性〉》一文的文字,答陈永苗的《告别鲁迅》一文的文字,答"拔出萝卜"的《回归一个生命个体》一文的文字,答丁辉的《亟须"引起疗救的注意"的精神残疾》一文的文字,答邵建的《事出刘文典》一文的文字,及杂谈"批评鲁迅"现象一文。这篇文章集中阐述了"朱弦三叹"对鲁迅思想的看法:

  近100年来,除却鲁迅先生,又有谁更配担当"民族魂"三个字?若非先生对于本土人民深切博大的爱,对于强暴奴役视若仇敌的恨,于绝望之中仍保有不绝如缕的希望,时人又怎么能够为他送上"民族魂"的尊谥?像这样艰苦卓绝奋斗不息的精神,鲁迅先生的确为20世纪以来唯一一人、第一之人也。这样的"魂",不消说我们这个有着"五毒"的民族,与世界上哪一个民族相比,又逊色了呢?

  先生虽以文学安身立命,但切不可以传统"文人"的那点格局而小视之,先生乃为伟大的思想者!

"朱弦三叹"的这篇与多位网民论争的文章分别指出了多位网民在其谈鲁迅的文章中的观点错误,重申鲁迅是"民族魂"。总的来说,他对鲁迅的评价是比较准确和客观的。

2006年度中文网络中关于鲁迅思想的评论主要有如下几篇:网民"飘然远引"在《鲁迅是一个真正的儒家》③一文中说:

  从儒家的传统伦理衡量,鲁迅是遵守儒家文化的杰出人物,一是克己,二是复礼。克己的目的是为了复礼。克己就是修身,节制自己,和朱

---

① 仲达:《在拯救的名义下逍遥——从刘小枫批鲁迅说起》,天涯社区·关天茶舍(http://www.tianya.cn/publicforum)2005—11—06。

② "朱弦三叹":《关于鲁迅先生思想的点滴感想》,天涯社区·关天茶舍(http://www.tianya.cn/publicforum)2005—1—24。

③ "飘然远引":《鲁迅是一个真正的儒家》,天涯社区·闲闲书话(http://www.tianya.cn/publicforum)2006—05—20。

安,那段漫长的无性婚姻以及对母亲大人的孝道,克己到了一定程度,于是出现了十年酷烈的沉默,于是他出山了,带着绝望的心态去做复礼的希望,也就是要挽救中国人的心,要在这个意义上去平天下……从这个层面来说,鲁迅是民族魂,正是尤其对传统文化的批判,他成为儒家文化的现代传人,在继承和变异中复活着中国人的精神血统!

应当说,"飘然远引"的上述用"克己"来解读鲁迅和朱安的婚姻,用"复礼"来解读鲁迅改造国民性的言行是很牵强的,因此用儒家的"克己"与"复礼"的伦理观来衡量鲁迅生平的观点是错误的。鲁迅作为一个中国人不可避免地要受到儒家伦理的影响,但是这种影响在鲁迅的思想中并不具有主导地位,鲁迅因此也不是什么真正的儒家。

网民"西辞唱诗"在《鲁迅与儒家》[①]一文中也讨论了鲁迅与儒家的关系,他指出:

> 鲁迅对于儒家的批判,总起来就是:儒家成为专制权力的工具即礼教之后的虚伪。所以,说鲁迅是儒家的敌人,其实不准确,他应该是礼教的敌人,但因为礼教确实与儒家以及孔子有关,所以,还是说鲁迅是儒家的敌人吧……不管怎样,鲁迅作为一个杰出的批判者,他是儒家的敌人,但却是一个有益的敌人,因为鲁迅所批判的那些礼教的糟粕,也正是儒学自身应当加以批判的。

"西辞唱诗"的上述观点指出了鲁迅与儒家的复杂关系,鲁迅对儒家的批判实际上是对礼教的批判,这种观点应当说是比较正确的。

(2)关于鲁迅作品的评论文章

2002年中文网络中评论鲁迅作品的文章最重要的是网民"shidi"在天涯社区·闲闲书话从5月18日开始陆续发表的系列文章《再谒鲁迅(上)》,后来他又在7月20日把这32篇文章以《再谒鲁迅(上)》[②]为题集中发表。"Shidi"的这些文章大部分都是从鲁迅杂文中选取一些语句或段落,然后联系现实社会中的一些现象进行分析,如《"劫难中的光芒"——再谒鲁迅(4)》、《读〈帮闲法发隐〉有感——再谒鲁迅(26)》、《读〈漫骂〉有感——再谒鲁迅(29)》等;另有

---

① "西辞唱诗":《鲁迅与儒家》,天涯社区·闲闲书话(http://www.tianya.cn/publicforum)2006-9-16。

② "shidi":《再谒鲁迅(上)》,天涯社区·闲闲书话(http://www.tianya.cn/publicforum)2002-7-20。

小部分文章是分析鲁迅的小说,如《〈阿Q正传〉断想——再谒鲁迅(7)》、《冷漠的恶果——再谒鲁迅(8)》。总的来说,"shidi"的这些文章都分别从不同角度指出了鲁迅作品的现实意义,突出了鲁迅思想的深刻性。石地(即shidi)在《暗夜中的丰碑——〈再谒鲁迅〉后记》中指出了鲁迅对于现代中国的价值:

> 旧中国的黑暗如此沉重,呕心沥血转战不息的鲁迅,最终倒在了批判、战斗的路上,但他用自己的一生,为中华民族的有志之士树起了一个榜样。一个热爱祖国、关注社会、关怀弱者的榜样,一个正视苦难、挑战黑暗、寻求新路的榜样,一个隐忍着内心的孤苦而挺立于阴风冷雨、刀丛血海之中的榜样,一个独自擦拭明枪暗箭留下的伤口,却勇于"从别国窃来火种,为的却是煮自己的肉"的榜样。他用他的思想和精神、用他的铮铮硬骨和沉沉华章昭示后人、召唤来者:对黑暗的战斗是艰巨的、困难的,却是永远有价值、永远有意义、永远不能妥协的!

2003年中文网络中关于鲁迅作品的评论最重要的文章是网民"shidi"在天涯社区网站从1月8日开始陆续发表的系列文章《再谒鲁迅(下)》[①]。"Shidi"的这个系列文章包括《坟前的叩问——再谒鲁迅(下之1)》、《穿透世纪的"热风"——再谒鲁迅(下之2)》、《"呐喊"探源——再谒鲁迅(下之3)》、《〈伤逝〉的失察和护短——再谒鲁迅(下之4)》、《凝视那苍茫的〈野草〉——再谒鲁迅(下之5)》、《〈准风月谈〉札记 十二章——再谒鲁迅(下之6)》、《冷眼悲情睿见深——再谒鲁迅(下之7)》等,主要谈自己阅读鲁迅的部分文集后的感想。如"Shidi"在《凝视那苍茫的〈野草〉——再谒鲁迅(下之5)》一文中就指出:

> 我将《野草》视为鲁迅人生转折的里程碑。我将《野草》看得如此之重,还有一个重要原因:它是诗。那些直抒胸臆的诗句,是灵魂最真诚的呼吐,是个人情怀最无保留的展现,对于一个不再谋求俗世事功,已经放下种种权谋机心的思想家来说,"文如其人"的集中表现,实在莫过于"诗言志"了。通观《野草》全篇,除了那一首意在讽刺的《我的失恋》以外,沉郁悲愤的心境和紧张焦灼的挚情,浸透了每一篇章;那种深味伤痛而刚毅自持的凛然,坦陈绝望却绝不苟且的苍凉,以及向无边的黑暗以命相搏的决心,不正是晚年鲁迅最突出的特点么?

从"Shidi"的上述评论中可以看出,他结合鲁迅的人生经历和《野草》的写

---

① "shidi":《再谒鲁迅(下)》,天涯社区·闲闲书话(http://www.tianya.cn/publicforum)2003—1—8。

作手法对《野草》做出了比较准确的评价。

本年度关于鲁迅小说的评论文章主要有网民"絮影妃子笑"的《伤逝——再谈鲁迅的爱》①。"絮影妃子笑"指出：

> 写这篇小文的初衷是对鲁迅爱和宽容的诠释，以反驳鲁迅缺乏温情论。我从来都不认为鲁迅就是涓生，但涓生的矛盾和挣扎里有作者的影子……《伤逝》是一部涵盖深广、可以探寻鲁迅情感线索的作品，当然不仅仅是写给周作人的，后来他出版的《两地书》更细致地表现了挣脱桎梏的过程，巧妙地给了所爱的人精神的地位和真切的关注。

"絮影妃子笑"结合自己对小说的阅读体验，阐述了自己的真实感受，虽然她的观点在鲁迅研究领域不算什么新观点，但是这种理解和讨论鲁迅小说的方式是值得肯定的。

另外，本年度关于《野草》的重要文章还有网民范美忠的《过客：行走反抗虚无》一文。(详见下文分析)

2004年关于鲁迅作品的评论文章主要有如下几篇：网民"老太"的《一个具体的鲁迅，何曾虚无？何曾冷漠？》②一文共由25则杂感组成，作者从鲁迅的书信中摘取了部分的句子或段落，然后联系历史或现实进行分析，从中突出鲁迅的温情的一面。例如，

> 21."《思想，山水，人物》中的Sketch Book一字，完全系我看错译错，最近出版的《一般》里有一篇(题目似系《论翻译之难》)指摘得很对的。但那结论以翻译为冒险，我却以为不然。翻译似乎不能因为有人粗心或浅学，有了误译，便成冒险事业，于是反过来给误译的人辩护。"(鲁迅·1928·致钱君匋)
>
> 杂感：
> 有人指责鲁迅，说他不仅刻薄，而且绝不认错。这指责是只看到表面，只看到局部，还不能成为对一个历史人物中肯而公正的评价。读鲁迅书信，你会时时领教先生的温情，他帮助起人来是非常大方大度的；而对自己的弱点或错误，也并非热衷于为自己护短，承认错误和自我批评的言

---

① "絮影妃子笑"：《伤逝——再谈鲁迅的爱》，天涯社区·人物论坛(http://www.tianya.cn/publicforum)2003—09—04。

② "老太"：《一个具体的鲁迅，何曾虚无？何曾冷漠？》，天涯社区·关天茶舍(http://www.tianya.cn/publicforum)2004—10—21。

论是很多的,而且不以"看错"为借口,直接把"译错"的责任担在肩上。你比较一下当今写字作文的红人某某先生,那是无论大错小错,一概要死抗到底的,著文辩解,越描越黑,其境界之高下可谓一目了然。

"老太"不仅从鲁迅的私人书信中看出鲁迅的真实情感,而且结合书信的内容有感而发,这对于更好地理解鲁迅本人无疑是有帮助的。但是可能因为这篇文章中的一些杂感联系到现实社会中的某些负面问题,或者是因为别的某种原因,这篇文章被封帖,作者无法再继续写下去,这是很遗憾的。

网民仲达在《过客:大地上的行走》①一文中对《过客》进行了解读,他指出:

> 过客,一个消失于沉沉黑夜独自远行的影子,孤独无援的反抗和挣扎,拒绝了一切天堂、地狱、黄金世界,义无反顾地在黄昏里"走"向坟场,一个背负四千年重负,带着极强的使命意识,肩起黑暗的闸门的历史"中间物",正是在反抗"孤独""被抛"向死而生的不懈努力中,过客成了自己命运的主宰者。过客通过行走反抗虚无,"走"成了对精神囚禁的突围和反抗。当生存的真相被撕裂,沉睡的大地只剩下浓重的暗夜。千百年来,大地作为承载者、藏匿者、保护者的意义一直没有被彰显出来。人在大地上行走,却遗忘了大地。遗忘大地,就是对生存根基的遗忘。过客在大地上行走,大地成了他的意义。

仲达的这篇文章指出"过客"通过在大地上的"走"来反抗绝望,不仅较为准确地揭示出鲁迅的反抗绝望思想,而且突出了"大地"对于"过客"的精神意义,总的来说,他对《过客》的阐释虽然吸收了一些鲁迅研究者的观点,但是也在吸收前人成果的基础上又有自己的阐释。

2005年度中文网络中关于鲁迅作品的评论文章主要有如下几篇:网民"独狼一笑"在《鲁迅的诗》②一文中对鲁迅的诗歌创作进行了分析并对《惯于长夜过春时》和《自嘲》这两首旧诗进行了点评,他指出:

> 先生的真正佳作,我以为是《惯于长夜过春时》和《自嘲》。《惯于长夜过春时》这首,倘说还有什么缺点,从技术上说,是最后一句出韵了。诗前

---

① 仲达:《过客:大地上的行走》,天涯社区·关天茶舍(http://www.tianya.cn/publicforum)2004—9—20。

② "独狼一笑":《鲁迅的诗》,天涯社区·关天茶舍(http://www.tianya.cn/publicforum) 2005—04—17。

几句韵字分别是时、丝、旗、诗,乃属四支韵,而末句的衣字,却是属于五微韵的。近体诗的押韵,我的看法,要么押古韵,要么押今韵。既押古韵,则当守古人之规矩,除第一句外,余者皆不得押邻韵,但这也只是白璧微瑕,似乎不必过于求全责备。

《自嘲》也许是先生最广为人知的一首了,尤其是颈联,"横眉冷对千夫指,俯首甘为孺子牛"。经领袖钦点,已经成了先生的标准像。但这或许是有欠思量的。"横眉冷对千夫指",先生自能做到;"俯首甘为孺子牛",则只怕未必。无论是先生的小说,还是先生的杂文,我都只能感到先生是高高在上俯视众生,大笔如椽,针砭时弊,至于低到尘埃里的俯首,则我未及一见。便是先生的文字,也绝说不上通达顺畅,而先生自己也承认,以纯粹的口语写文章,是他力所不能及的。

从这篇文章可以看出,"独狼一笑"把鲁迅的新诗和旧诗放到中国诗歌的历史长河之中进行分析,指出鲁迅旧诗创作的价值所在,并对鲁迅的两首旧诗做出了精彩的点评,这显示出"独狼一笑"对中国诗歌研究和鲁迅诗歌研究已经具有较高的学术水平,但是"独狼一笑"对于鲁迅新诗的评价较低,这一观点还值得商榷。鲁迅的新诗成就的确比不上他在旧诗创作上的成就,但也有其价值所在。

网民仲达在《由〈野草〉杂谈鲁迅"反抗绝望"的人生哲学》[①]一文中指出:

> 鲁迅散文集《野草》是鲁迅人生哲学集中而形象的体现,而曾在作者心中酝酿10年之久的《过客》,又可以看作《野草》的"纲"。《过客》熔铸了鲁迅个人生活的痛苦经验和独异思考。"过客"的形象,无论从外貌还是更重要的精神气质上说,都可以看作作者的自画像。"过客"精神的意义——拒绝以消极的方式结束人生的旅程,"虽然明知前路是坟而偏要走,就是反抗绝望","绝望而反抗者难,比因希望而战斗者更勇猛,更悲壮"。"我只得走",这成为他生命的底线或绝对命令,这是生命的挣扎,是看透与拒绝一切彻底的"空"与"无"中惟一坚守和选择。鲁迅后来把这种"永远向前走"的过客精神概括为"反抗绝望"!

总的来说,仲达的这篇文章结合自己的阅读体验和生命体验,通过对《野草》的解读来分析鲁迅"反抗绝望"的思想,其观点虽然受到一些鲁迅研究者如

---

① 仲达:《由〈野草〉杂谈鲁迅"反抗绝望"的人生哲学》,天涯社区·天涯杂谈(http://www.tianya.cn/publicforum)2005—10—19。

王乾坤等人的影响,但是还表达出了自己对《野草》的阅读感受。

网民"雅车棋子"在《重读鲁迅经典〈伤逝〉》①一文中认为"《伤逝》的主旨决非仅限于讨论或强调经济问题","深入的文本解读不难发现:涓生和子君的婚姻理想终告破灭的悲剧是注定的,生计危机至多只能使这一结局的出现有早晚之别",鲁迅"在这篇看似'爱情故事'或'生计问题小说'的作品里,寄寓了远较单纯的爱情和经济问题更为深远的意趣"。他"用悲悯的笔触完成了对芸芸众生心灵一隅和社会世象的深深探索"。应当说,"雅车棋子"对《伤逝》的这番解读还是比较深入的,不过,这篇文章从体例上来看很像是一篇学术论文,而不像是一篇网络中常见的网民文章。

另外,网民范美忠在天涯社区·闲闲书话连续发表了四篇关于《野草》的解读文章:《复仇:对庸众的复仇与极致生命美学》(2005—05—31)、《颓败线的颤动:存在的撕扯与愤怒心态解剖》(2005—06—08)、《复仇·二:反思精英心态和超越启蒙》(2005—06—14)、《秋夜:诡异夜晚冥想中之对抗》(2005—6—25),继续对《野草》进行解读。(详见下文分析)

2006年中文网络中关于鲁迅作品的评论主要有如下几篇:范美忠在天涯社区网站发表了《故乡:乡土知识分子失乡之原型书写》②一文,用文本细读的方法解读《故乡》,并提出了现代中国的"乡土知识分子何以突然失乡"的问题。他指出中国现代知识分子"离开家园之后变成了在路上",而鲁迅对于"故乡"的描述具有典型意义:

> 鲁迅未能区分偶像与神,信仰与迷信,把道路上的行走终极化,把希望偶像化,亦为鲁迅之失,从而其生命成为漫无目的的灵魂漂泊,鲁迅的生命因其无信仰而成为反抗绝望的走之生命哲学,通过不断反抗和追求来指向不可能的理想之乡,希望在未来,在远方,在路上。故乡成为一种指向,道路变得更为关键,而思乡情结成为一种乌托邦式的哲性乡愁。对鲁迅而言:仍是政治社会的,人际的,个体内在的三重意义上的理想指向。水生与宏儿反映了我一贯的寄希望于下一代的进化论思想。三种道路:社会政治道路,只是对现实不满,没有明确目标;人生之路,走的人多了就成了路;精神灵魂之旅,永远是个体孤独之旅,不会行走于同一道路,也没

---

① "雅车棋子":《重读鲁迅经典〈伤逝〉》,天涯社区·舞文弄墨(http://www.tianya.cn/publicforum)2005—10—11。

② 范美忠:《故乡:乡土知识分子失乡之原型书写》,天涯社区·闲闲书话(http://www.tianya.cn/publicforum)2006—1—8。

有终点和方向。

范美忠的上述评论把"故乡"的内涵拓展为"地理伦理故乡、文化故乡和灵魂故乡",从《故乡》的"离乡—回乡—再离乡模式"入手,探讨鲁迅等现代乡土知识分子与故乡特别是精神家园的关系,显示出他对《故乡》的解读的独特性和深刻性。

另外,网民范美忠还在天涯社区发表了《〈野草〉心解》(修订稿)[①],包括14篇解读《野草》的文章,这是中文网络中网民创作的第一部关于《野草》的书稿,显示出网民对鲁迅研究的深入。(详见下文分析)

2006年10月,网民石地在天涯社区网站以《三祭鲁迅》为题陆续发表了《〈呐喊〉探源——三祭鲁迅之一》[②]、《〈野草〉眺望——三祭鲁迅之二》[③]、《冷眼悲情睿见深——三祭鲁迅之三》[④]等三篇文章,系统地评述了鲁迅的《呐喊》、《野草》这两部代表作及鲁迅本人的思想。另外,还发表了《鲁迅杂文学习札记》(五篇)[⑤]和《鲁迅的失察与护短——解读伤逝》[⑥]等文章,这些文章都是石地此前已经在天涯社区发表的文章的修改稿。从这几篇文章可以看出,石地不仅对鲁迅的生平和著作十分熟悉,而且对《呐喊》、《野草》以及鲁迅思想的评论虽然在鲁迅研究史上并不算什么新的观点,但也都是比较准确的,这样的富有文采和见解的关于鲁迅的文章在网络中也是不多见的。另外,石地的《鲁迅杂文学习札记》一文包括"生存与苟活"、"有效和无效的人口"、"'不免'和'不经'"、"规矩和道理"、"可怜的'国民'"等五则札记,这几篇札记用鲁迅杂文中的一些观点来分析现实社会中的某些问题,把鲁迅部分杂文与现实社会中一些问题结合起来进行讨论,不仅较为深入地揭示出某些社会问题的弊端,而且

---

① 范美忠:《〈野草〉心解》(修订稿),天涯社区·闲闲书话(http://www.tianya.cn/publicforum)2006-1-13。

② 石地:《〈呐喊〉探源——三祭鲁迅之一》,天涯社区·关天茶舍(http://www.tianya.cn/publicforum)2006-10-07。

③ 石地:《〈野草〉眺望——三祭鲁迅之二》,天涯社区·闲闲书话(http://www.tianya.cn/publicforum)2006-10-09。

④ 石地:《冷眼悲情睿见深——三祭鲁迅之三》,天涯社区·关天茶舍(http://www.tianya.cn/publicforum)2006-10-13。

⑤ 石地:《鲁迅杂文学习札记》(五篇),天涯社区·天涯杂谈(http://www.tianya.cn/publicforum)2006-10-16。

⑥ 石地:《鲁迅的失察与护短——解读伤逝》,天涯社区·舞文弄墨(http://www.tianya.cn/publicforum)2006-10-14。

也显示出鲁迅杂文的生命力。

本年度关于《野草》的评论文章有网民"dfdyz"的《鲁迅野草部分篇目解读》①一文,他对胡尹强在《鲁迅:为爱情作证——破解〈野草〉世纪之谜》一书中提出的《野草》是一部记录鲁迅与许广平恋爱过程的爱情诗集的观点比较认同,但对其中一些篇章解读也有不同的意见,例如:

> 地火在地下运行,奔突;熔岩一旦喷发,将烧尽一切野草,以及乔木,于是并且无可朽腐。
>
> ——历来的解释,都把地火作为革命或革命运动、革命精神来讲,即胡尹强诸君也把它作为爱情之火来解(是否也受了上面一种解释的影响),我觉得这都不能讲得通。只要联系上段与下段,以及与此节做排比的上一节的意思,就能够得出这地火并不是作为积极意义出现的,也即不是作为所谓正面形象出现的,否则很难与上下文的意思贯穿起来,成了一个孤立的存在。其实,它喻示的是丑陋现实笼盖下的一种阴暗心理,一种暗地里燃烧的邪火,也即流言蜚语。这种流言蜚语渐传渐多,就会形成一股强大的邪恶势力,将会把这崭新的爱情,把这由爱情缔造的《野草》,以及一切具有鲜活生命的事物摧毁。"于是并且无可朽腐",喻深具封建传统和封建伦理的人对待这野草般的爱情的毁灭与绞杀是毫不留情的,即连野草朽腐的时间都不给。

总的来说,网民"dfdyz"对《野草》部分篇目的解读还是可以自圆其说的,对于拓展《野草》研究还是具有一定的参考价值的。

本年度还出现了多篇关于《伤逝》的评论文章。网民"流水白云多自在"在《从鲁迅小说〈伤逝〉的转折点说起》②一文中指出:

> 涓生对子君从未有过真正意义上的爱情,有的只是成熟男性对异性的生理需求。《伤逝》的悲剧不仅不是涓生的悲剧,而且是涓生甩掉包袱,走向新生的成功。涓生的忏悔也不过是他要在连他自己也不相信有的"所谓地狱""寻觅子君","祈求她的饶恕",逃避良心的谴责而已。

---

① "dfdyz":《鲁迅野草部分篇目解读》,天涯社区·闲闲书话(http://www.tianya.cn/publicforum)2006—1—7。

② "流水白云多自在":《从鲁迅小说〈伤逝〉的转折点说起》,天涯社区·煮酒论史(http://www.tianya.cn/publicforum)2006—10—28。

网民"吻你的左脸颊"在《一曲爱与哀愁的挽歌——读鲁迅的伤逝》①一文中指出：

> 在表现金钱与爱情的对立以及爱情和谎言的对立的作品中，自认为没有比鲁迅的《伤逝》更深刻的作品了。不过在这篇文章中，想要表达的并非是金钱与爱情或爱情与谎言之间的关系，而主要是想说明鲁迅怎么样通过子君——涓生眼中的子君和与涓生对比的子君，来表现爱情以及追随爱情而来的哀愁这一主题。

总的来说，这两位网民对《伤逝》的评论虽然在观点方面都值得商榷，但是都从不同角度写出了自己的阅读感受，有感而发，这也是值得鼓励的。

（3）仿写鲁迅作品的文章

鲁迅先生是中文网络中最受欢迎的作家之一，他的一些著作也成了网民重构、戏仿的对象，继2001年网易文化频道"大家都来'吃'鲁迅"专辑之后，在2002年的网易·鲁迅论坛中又出现了一批戏仿鲁迅著作的文章②。

网民"cornerxu"的《祥林总》是对鲁迅小说《祝福》中"我"与祥林嫂在鲁镇相遇时的对话的戏仿，写"我"回到衡阳时遇到了当时处于惨淡经营中，并正处于股份制改造时期的衡阳某某颜料化工公司总裁某某，某某向我咨询"我的厂如果买了ERP之后，究竟有没有好处的？"网民"桃溪老叟"的《祝福》也是对鲁迅小说《祝福》中"我"与祥林嫂在鲁镇相遇时的对话的戏仿，写"我"在证券公司门口遇见祥林嫂，祥林嫂询问"一个人深套了之后，究竟能不能解套？"并一再说"我真傻，真的……我单知道熊市的时候主力都不进场，股票会跌下来；我不知道牛市也会赔"。网民"cornerxu"的《记念诺基亚君》则是戏仿鲁迅的《记念刘和珍君》，写诺基亚与微软竞标失败："呜呼，我说不出话，但以此记念诺基亚带来的失落！"网民"桃溪老叟"的《起死》（股市版）写庄子赴楚国担任股市操盘手途中在一个证券公司与股民发生争辩的故事，最后在巡警的掩护下才得以脱身。作者对巡警和庄子的对话戏仿得比较有趣："咱们的局长这几天就常常提起您老，说您老要上楚国操盘去了，也许从这里经过的。敝局长也是一位股民，很爱读您老的文章，什么'方涨方跌，方跌方涨，方涨方不涨，方不涨方涨'，真写得有劲，真是上流的文章，真好！您老还是到敝局里去歇歇罢。"网民

---

① "吻你的左脸颊"：《一曲爱与哀愁的挽歌——读鲁迅的伤逝》，天涯社区·闲闲书话（http://www.tianya.cn/publicforum）2006－05－24。

② 网易·鲁迅论坛2002年发表（http://www.163.com/forum.Luxun）（按：因为论坛关闭所以各篇文章发表的具体日期已经无法查证）。

"yueshiwan"的《搞笑模仿秀:中国足球孔乙己版》写足球队员孔乙己的故事,有较强的现时意义。网民"自愚自乐"的《论"费厄泼赖"应该缓行》写道:"球迷们或者要问:那么,我们竟不要'费厄泼赖'么?我可以立刻回答:当然是要的,然而尚早。这就是'请君入瓮'法。虽然球迷们未必肯用,但我还可以言之成理。"网民"林野大雪"的《论世贸大厦的倒掉》是对鲁迅的《论雷峰塔的倒掉》一文的戏仿,比较及时地表达出中国网民对9·11事件的态度。网民"自愚自乐"的《狂人日记——世界杯教练》是对《狂人日记》的戏仿,较为幽默地描写了参加世界杯足球赛的各队教练的心态。网民"悠晴"的《祝福新编》写祥林嫂投资股市被套牢后,在"我"的指点下,拜鲁镇的财神庙,最后中了七合彩变成了百万富婆并和儿子阿毛迁居上海的故事。其中对祥林嫂语言的戏仿较为成功:祥林嫂一副失魂落魄的样子,对我说道:"我单知道股市有风险,大市不好的时候会很容易赔钱;却不知道会在股市红火的时候也会赔的这样惨。"网民"斜阳西楼"的《鲁迅的故事》写朱安大胆地向鲁迅示爱并终于得到鲁迅的爱的故事。网民"热带鱼"的《再回故乡》写闰土邀"我"来为"鲁迅故居"开馆与"周氏祠堂"动土仪式剪彩而再回故乡的经历:无辜被我写"死"的阿Q如今已是一家什么公司的CEO了,见到我,并没有生气,反而恭恭敬敬递过一张名片来,倒让我惶恐;又据说他给京剧院赞助了一笔款子,成了京剧艺术协会荣誉会员,再唱起"我手执钢鞭将你打"隐隐有了嫡派的味道;祥林嫂每日对着耳聋的九斤老太念叨股市风险;赵家的狗据说因为在我的文章中露过几次面,竟大大的风光了,出镜率是比当年希特勒的"亲王"还要高的,见了我居然也客客气气的了。网民"贾宝贾玉"的《狂犬日记——〈狂人日记〉续篇》是对《狂人日记》的续写,从赵家的狗的视角写人的疯狂和不可理喻。网民"蒋郎憔悴"的《网络时代的孔乙己》和网民南方流浪人的《阿Q与金庸的QQ对话》、《鲁四老爷与祥林嫂的QQ对话》、《祥林嫂与豆腐西施杨二嫂的QQ对话》、《孔乙己与阿Q的QQ对话》都是借用鲁迅笔下的人物描写现实社会的弊端,有较强的讽刺意味。如孔乙己成了著名网络写手、桃花岛网站CEO、中国网络文联常任理事、博士,著有《鲁镇宝贝》;阿Q成了网络写手,笔名"如水温柔",著有《第一次亲自喝醋》等。

2003年中文网络中出现的仿写鲁迅作品的文章有如下几篇:网民"苏小猫"的《鲁迅〈论雷峰塔的倒掉〉、刘涌案》[①]一文把沈阳发生的刘涌案的部分情

---

① "苏小猫":《鲁迅〈论雷峰塔的倒掉〉、刘涌案》,天涯社区·天涯时空(http://www.tianya.cn/publicforum)2003—12—19。

节放入鲁迅的《论雷峰塔的倒掉》一文中,讽刺为刘涌辩护的专家、教授:

当初,黑老大行凶作恶,教授们躲在蟹壳里。现在却只有13位教授傻眼了。莫非他翻案的时候,竟没有想到"黑老大"是终究要倒的么?

活该。

网民"斜天平"的《李寻欢先生》[①]一文模仿鲁迅的《藤野先生》一文,写"我"从关外到关内随武林高手李寻欢先生学习武功的故事:

但不知怎地,我总还时时记起他,在我所认为我朋友的之中,他是最使我感激,给我鼓励的一个。有时我常常想:他的对于我的热心的希望,不倦的教诲,小而言之,是为关外,就是希望关外人有好的武功;大而言之,是为武术,就是希望好的武术传到关外去。他的性格,在我的眼里和心里是伟大的,虽然他的姓名并不为许多人所知道。

佚名的《纪念亚尔迪君》[②]一文模仿鲁迅的《记念刘和珍君》一文,写圣斗士游戏中的圣斗士之一亚尔迪:

在十二个黄金圣斗士之中,亚尔迪君曾是我最忽视的。忽视云者,我向来这样想,这样说,现在却觉得有些踌躇了,我应该对他奉献我的悲哀与尊敬。他不应该被任何人所忽视,他是为了雅典娜而死的勇猛的圣斗士。

2004年中文网络中出现的仿写鲁迅作品的文章有如下几篇:网民杨戬的《纪念宝马事件中的死者和伤者》[③]一文模仿鲁迅的《记念刘和珍君》一文,纪念黑龙江宝马车事件中的死者和伤者,并表达对法院判决结果的不满:

可是我实在无话可说……一死十二伤的事实,判二缓三的现状,使我艰于呼吸视听,哪里还能有什么言语。长歌当哭是必须在痛定之后的。而此后所谓的法官和部分传媒的论调,尤使我觉得悲凉。我已经出离愤怒了。

---

① "斜天平":《李寻欢先生》,西祠胡同(http://www.xici.net)2003-9-9。
② 佚名:《纪念亚尔迪君》,圣斗士星矢中文社区(http://www.saintseiya.com.cn/bbs/archiver)2003-1-26。
③ 杨戬:《纪念宝马事件中的死者和伤者》,搜狐网站(http://club.yule.sohu.com)2004-01-06。

网民"SHERV"的《克尔苏加德先生》①一文是模仿鲁迅的《藤野先生》一文,写"我"在魔兽游戏中向克尔苏加德先生学习魔法的故事:

> 他所改正的魔法书,我曾经订成三厚本,收藏着的,将作为永久的纪念。不幸七年前迁居的时候,中途失去了一个苦工,失去背包里的东西,恰巧这魔法也遗失在内了。责成蝙蝠去找寻,寂无回信。只有他的腐蚀球至今还挂在我身上。每当夜间疲倦,正想偷懒时,仰面仿佛在球中瞥见他的样子,似乎正要发出 NOVA 来,便使我忽又良心发现,而且增加勇气了,于是喝上一杯魔法药水,再继续练些为 NEHUM 之流所深恶痛疾的群杀魔法。

网民"楚三少"的《纪念***君(仿鲁迅文)纪念在南京因深套而自杀的一散户》②模仿鲁迅的《记念刘和珍君》一文,纪念因股票被套牢而自杀的一位南京股民:

> 我目睹中国散户的炒股,是始于前年的,虽然是多数,但看那干练坚决,百折不回的气概,曾经屡次为之感叹。至于有几回在深套中互相鼓励,虽有浅亏的事实,则更足见中国散户的勇毅,虽听股评所言,亏损至数几成,而终于没有割肉的打算了。倘要寻求这一次***对于将来的意义,意义就在此罢。散户们在淡红的盘面中,会依稀看见微茫的希望;真的散户,将更奋然而前行。呜呼,我说不出话,但以此记念***君!

2005年中文网络中出现的仿写鲁迅作品的文章有如下几篇:网民"你的农民兄弟"的《今夜我们与鲁迅相遇》③一文,写"我"在城市流浪时夜遇鲁迅并与鲁迅对话的故事,以鲁迅的回答来讽刺现实社会中的一些不良现象。

网民"再见 echo"的《一个销售部门的离职总结——仿鲁迅的〈记念刘和珍君〉》④一文模仿鲁迅的《记念刘和珍君》写销售部门员工的离职:

> 始终微笑的和蔼的漂亮刘和珍君确是辞职了,这是真的,有她自己的

---

① "SHERV":《克尔苏加德先生》,新浪(http://games.sina.com.cn/z/war3)2004—12—07。
② "楚三少":《纪念***君(仿鲁迅文)纪念在南京因深套而自杀的一散户》,和讯网(http://money.bbs.hexun.com)2004—11—14。
③ "你的农民兄弟":《今夜我们与鲁迅相遇》,天涯社区·关天茶舍(http://www.tianya.cn/publicforum)2005—10—18。
④ "再见 echo":《一个销售部门的离职总结——仿鲁迅的〈记念刘和珍君〉》,天涯社区·情感驿站(http://www.tianya.cn/publicforum)2005—10—23。

辞职书为证;沉勇而友爱的杨德群君也辞职了,有她自己的辞职书为证;只有一样沉勇而友爱的张静淑君(仍在)部门里奋斗。当三个女子从容地辗转于精明的客户的时候,这是怎样的一个惊心动魄的业绩呵!部门的业绩,年初制定的全年任务,不幸全被打乱了。

网民"我的姚明"的《深思火箭与魔术的比赛》①(仿鲁迅的《记念刘和珍君》)一文写篮球明星姚明的故事:

  我在九日早晨,才知道上午CCTV-5有转播火箭的比赛;中午便得到噩耗,说三连败的魔术居然发威,双方命中率至三成,而姚明即在此之列。但我对于这些传说,竟至于颇为怀疑。我向来是不惮以最坏的恶意,来推测火箭队的,然而我还不料,也不信竟会低劣到这地步。况且始终含蓄着的幽默的姚明君,更何至于无端在丰田中心内失准呢?

网民"生存权利"的《记念×××君》(仿鲁迅先生《记念刘和珍君》)②一文写乙肝患者×××反对乙肝歧视的故事:

  可是我实在无话可说。我只觉得所住的并非乐土。×××君的血、上亿HBVER的泪,洋溢在我的周围,使我艰于呼吸视听,那里还能有什么言语?长歌当哭,是必须在痛定之后的。而如今肝胆相照论坛医药版的某些所谓斑竹,到维权版越界放泼、蓄意破坏反乙肝歧视运动的狂妄言行,尤使我觉得愤恨。我已经出离愤怒了。我将深味这非乐土的浓厚的歧视;以我的最大悲愤显示于非乐土,使他们快意于我的愤懑,就将这作为后受歧视者的菲薄的祭品,奉献于逝者的灵前。

佚名的《纪念明天第一城(仿鲁迅)》③写明天第一城小区业主的故事:

  真的业主,敢于直面节衣缩食,敢于正视高额的银行贷款。这是怎样的哀痛者和幸福者?然而造化又常常为庸人设计,以时间的流逝,来洗涤旧迹,仅使留下泪水的痕迹和微漠的悲哀。在这泪水的痕迹和微漠的悲哀中,又给人短暂的幻想,维持着这弱肉强食的房产世界。俺不知道这样的世界何时是一个尽头!

---

① "我的姚明":《深思火箭与魔术的比赛》(http://forum.sports.sina.com.cn)。
② "生存权利":《记念×××君》,肝胆相照网站(http://www.hbvhbv.com/forum0)。
③ 佚名:《纪念明天第一城(仿鲁迅)》,搜狐(http://house.focus.cn)2006-03-12。

网民"四川曾颖"的《鲁迅门下走狗之未庄新时代系列杂文》①在天涯社区网站发表之后引起了较大的反响,并被网站放在首页推荐。这个题为"未庄新时代"的系列杂文包括《阿Q后传》、《爱庄水》、《当阿Q成为时尚》、《未庄形象工程》、《未庄大案》、《未庄选美大赛》、《一朝成名》、《建设未庄的曼哈顿》、《未庄的和谐》等9篇,主要把未庄的人物和当前社会上的一些现实问题结合起来,用幽默的文字借历史来讽刺现实。如《阿Q后传》一文写道:

  阿Q成为世界级知名人士,未庄上下欢欣鼓舞。庄政府接连召开5天4夜会议,初步订下"以旅游为龙头,带动多种经营发展"的调子,一场"阿Q搭台,经济唱戏"的热闹景象在未庄轰轰烈烈地展开。

这种戏仿鲁迅作品的形式不仅可以使读者把历史与现实结合起来,用历史现象观照现实,而且也可以在一定程度上凸显出鲁迅作品的深刻性,因此还是有一定价值的,并不同于网络中流行的"恶搞"。

(4)关于鲁迅的论争文章

2002年度关于鲁迅的影响较大的论争主要有如下几个:

①关于鲁迅与苏联关系的争论

鲁迅晚年对苏联的评价引起了一些网民的争论。网民"老金在线"认为"鲁迅有两大失误:过分相信苏俄;加入左联"。"老金在线"的这个观点得到了一些网民的赞同。网民李上网来2002指出:"鲁迅对苏联的不实际的想法,正说明了他的思想是有问题的。看看陈独秀晚年对苏联的批判,真是十分精彩,所以陈独秀是思想家,鲁迅不过是个作家而已。对他的不恰当吹捧等于糟蹋他。"网民杨支柱在《我也来谈谈鲁迅》一文中指出,"不必神化鲁迅,也不该丑化鲁迅。但当时看走眼的并非他一个,当时许多知识分子都在鼓吹'美国式民主政治与苏联式计划经济'。当然这方面鲁迅比胡适要更糊涂些。陈独秀对苏联认识清楚得多"。

一些网民从不同的角度对"老金在线"的观点进行了反驳和分析。网民"未有乡富翁"认为:"按当时中国社会善恶势力对比度而言,鲁迅之相信苏俄一点,参加一下作为社会主流专制罪恶势力之抗争力量的左联(何况,在左联内部,鲁迅还与种种不健康情况作了众所周知的抗争)没有多少失误可言!而以历史已经发生如此变化之后的今日的标准去度量鲁迅当时的这些选择,是

---

① "四川曾颖":《鲁迅门下走狗之未庄新时代系列杂文》,天涯社区·关天茶舍(http://www.tianya.cn/publicforum)2006-10-19。

否太……啊哈?"网民宋迅认为:"当时有志人士不满于国民党治下的中国,自然希望重新建立一个民主自由的社会。而革命就是唯一的希望,所以鲁迅先生就寄了很大的希望于受苏联所影响的共产党。"①

本次论争涉及如何评价鲁迅晚年倾向于苏联的问题,应当说这个问题也是鲁迅研究史上富有争议的问题之一,网民关注和讨论这一话题是值得肯定的。但是从上述网民的言论中可以看出,攻击鲁迅倾向于苏联的网民受到当前一些社会思潮的影响,认为鲁迅倾向于苏联就是倾向于专制而非民主,这种观点无疑暴露了这些网民对当时历史的了解不够,用现在的眼光去看历史的硬伤,而那些为鲁迅辩护的网民的言论相对来说比较尊重历史,因而也是比较理性和客观的。

②关于"鲁迅活着会如何"的讨论

周海婴在《鲁迅与我七十年》一书中披露的"毛、罗对话"不仅在报刊中引起了大规模的论争,而且在网络中也引起了大规模的讨论。

本次讨论由周海婴披露的"毛、罗对话"引起,从整体上来说,与社会上关于此话题的热烈争论相比,网民在讨论鲁迅在新中国成立后的命运时的观点比较一致,从中也可以看出,网民的一些观点虽然不乏偏激之处,但也有一些是有些道理的。

2003年度关于鲁迅的影响较大的论争主要有如下几个:

①关于《过大于功的鲁迅》一文的论争

2003年7月5日,网民"david_huang"在网易·新闻论坛发表了《过大于功的鲁迅》②一文,这篇文章因为对鲁迅的抨击比较激烈而在互联网上引发了大规模的论战。"david_huang"认为:"鲁迅在对中国的种种落后进行激烈抨击的时候,却犯下了很多对中国历史发展产生致命影响的错误:(1)历史虚无主义。对中国历史的全盘否定。在鲁迅笔下,整个中国历史莫名成为了吃人的历史。(2)现实虚无主义。全面否定中国现实。在鲁迅笔下,不仅中国的历史是整个吃人的历史,中国的现实也差不多是吃人的现实。(3)只有批判,没有建设。鲁迅除了对中国的历史和现实大加批判,却根本没有对中国社会的发展提出任何有益的建议。"7月6日,"david_huang"又补充了鲁迅的一条

---

① 以上文章均引自天涯社区·关天茶舍(http://www.tianya.cn/publicforum)(因为原文被删除,所以无法查证具体日期)。

② "david_huang":《过大于功的鲁迅》,网易·新闻论坛(http://news.163.com) 2003－07－05。

罪状:"(4)民族虚无主义。对本民族的批评和自我批评是应该的,但鲁迅对本民族的过分批判导致了实质上的民族虚无主义的泛滥。""david_huang"的最后结论是:"鲁迅的历史虚无主义,现实虚无主义,民族虚无主义影响了很多中国人,是几十年后的文革的渊源之一。"

这篇文章很快在网易公司的新闻论坛中引起了强烈的反响,有343人表示认同,915人表示反对,先后有600多个帖子参与了本次论战,叫好者有之,但更多的是批评。综观本次论争,可以看出"david_huang"的《过大于功的鲁迅》一文中存在较多的错误之处,许多网民也已经从不同角度指出该文的谬误之处,但是就是这样一篇短文竟然在网络中产生了巨大的反响,不仅参与论争的网民众多,而且论争持续的时间也较长,将近5个月。笔者认为这种利用偏激的观点猛烈抨击鲁迅的现象值得注意,联系到新浪网利用评选文化偶像进行炒作的行为,使人不得不对这次论争的背后是否有商业炒作的背景产生怀疑。

②关于林贤治《鲁迅的最后十年》一书的讨论

2003年出版的较有影响的鲁迅研究著作首推林贤治的《鲁迅的最后十年》,这本书不仅在学术界引起了较多的关注和讨论,而且在互联网上也引起了一些网民的讨论。虽然林贤治的《鲁迅的最后十年》的全文在2001年左右就已经在网上流传,但促使一些网民进行较为集中的讨论还是在这本书正式出版之后。

一些网民高度评价这本书的出版。网民"阿啃1919"在《读林贤治〈鲁迅的最后十年〉》①一文中认为:"林贤治这本书侧重的是阐释鲁迅指向于'外'的一种反抗。虽然明确的内外之分不可能,但各有侧重还是有可能的。"网民"伊恬"在跟帖中认为:"题为《鲁迅的最后十年》,写的不仅仅是鲁迅先生,更是那一个年代。当我们把鲁迅先生放到那个动乱的年代当中的时候,理解才能更深刻一些。书里有两个名词经常地出现——'人民'和'朋友'。前者是鲁迅先生终生奋斗的动力,是属于大众的;后者带给鲁迅先生的不仅仅是关怀,也有一次次的刺痛,是属于私人的。"

另外还有一些网民对林贤治的《鲁迅的最后十年》一书提出了商榷和批

---

① "阿啃1919":《读林贤治〈鲁迅的最后十年〉》,天涯社区·关天茶舍(http://www.tianya.cn/publicforum) 2003—05—22。

评。网民朴素在《读林贤治〈鲁迅的最后十年〉》①一文中指出:"由于(林贤治)对鲁迅近乎信奉的热爱,一方面是能够从个人体验的角度接近鲁迅,深入到鲁迅的内心;但另一方面就陷入了美化鲁迅的境地……把个人喜好与学术研究融合在一起时,固然会有相契于心的亲切,也会有袒护自己所喜欢的人之毛病。"网民"闲时摘花忙时摸虾"认为:"林贤治此新书的问题太执着于政治批判……鲁迅之所以令今人一说再说欲罢不能,因为他所根本关注并且时时失望的其实正是中国人的国民性。从这点上说,林贤治的新书映照出的是一个很片面的鲁迅,或者说,鲁迅只是一个用来浇林贤治心中块垒的酒壶。"网民"胡适之的幽灵"对《鲁迅的最后十年》提出了尖锐的批评,他指出:"林贤治大赞鲁迅的批判与反抗精神,并诬胡适为'廷臣'。如果林贤治不是故意,那只能说明他及其追随者的目光短浅及潜藏而不自知的奴化精神。"

本次讨论围绕如何评价著名鲁迅研究专家林贤治的《鲁迅的最后十年》一书,虽然一些网民充分肯定该书的价值,但是也有较多的网民并没有盲从林贤治的观点,对该书提出了批评。从上述的网民批评林贤治的言论中可以看出,这些网民对林贤治的批评是比较准确的,不仅指出林贤治书中存在着过度喜爱鲁迅的感情色彩,而且还指出林贤治对胡适的观点存在错误之处,这些因素都导致到该书的论述不够客观,而客观的学术立场则是一本学术著作应当采取的。

③关于鲁迅与周作人的论争

周氏兄弟都是中国现代文坛的大师,但其思想、性情和文章却多有不同,有关周氏兄弟的话题也一直是网民关注的热点。2003年,网民"白色鸟"的《我看鲁迅与周作人》②一文在推崇鲁迅的网民和推崇周作人的网民之间再次引发了一场大规模的论战。"白色鸟"指出:

> 看这两个人物的高下,我认为不能够找些细节——那些工作看起来很辛苦,但于事无补——而是要从真正的历史角度去评断。其实说到底,鲁迅与知堂的区别就是一个直面与躲闪的区别,一个血与茶的区别,一个战士与一个变节者的区别。这样的问题和选择在以前和后来的人们中(不管他是否写作)还会有不同的选择;换句话说,如果说鲁迅先生和知堂

---

① 朴素:《读林贤治〈鲁迅的最后十年〉》,天涯社区·闲闲书话(http://www.tianya.cn/publicforum) 2003—10—28。

② "白色鸟":《我看鲁迅与周作人》,天涯社区·闲闲书话(http://www.tianya.cn/publicforum) 2003—06—16。

老人在写作水平上不分高下的话,但在做人上却是高下立判的。

本次论争涉及如何评价周氏兄弟的问题,"白色鸟"主要从人格评价的角度批评周作人,而一些网民则对这种评价表示异议,不仅认为周氏兄弟的相同之处大于相异之处,而且对周作人的变节行为表示理解。这些网民反驳"白色鸟"的观点需要辨析,从总体上来说,周氏兄弟的确相同之处大于相异之处,这种观点也是比较正确的,但是周作人的变节问题也是毋庸置疑的,因而也是无法被原谅的,在这一点上"白色鸟"对周作人的批评是正确的。不过,"白色鸟"单纯从人格问题上否定周作人的文学价值却是有点失之过当,评价一个历史人物应当全面,要兼顾其人与其文,但是不能把其人与其文的评价捆绑在一起,不能因人废文,应当在其人与其文之间有所区别。

④关于鲁迅与胡适的论争

鲁迅与胡适的人生道路也是网民讨论的热点话题。网民陈愚在《鲁迅、胡适及其角色定位》①一文中认为:

> 鲁迅与胡适,代表着知识分子两种不同的性格,及其面向国家、权力的两种不同的价值取向。鲁迅是通过展示个体价值来"建设"的,也就是说,在鲁迅的社会哲学中,所谓建设,症结不在建设改良政治,而在改良社会……鲁迅不可能直接影响现实操作,但是他的存在,他的声音,给统治者一种来自民间良知声音的压力,那是无权者向权力者制衡的一种力量。而胡适是通过各种"建设"来体现自身价值,通过学术建设——开创哲学史、文学史的学科模式,制度建设——做政府的诤友,在高层之间斡旋活动,企图通过权力实现自己的主张,以成就他的历史价值。

本次论争涉及如何评价鲁迅和胡适的问题,这也是当时社会上的热点话题之一,陈愚显然认为鲁迅的价值比胡适重要,另外一些网民则从不同的角度对此观点提出了质疑,认为胡适比鲁迅的思想更深刻、对历史的作用也更大。统观本次论争,可以看出各位网民对鲁迅与胡适的理解不仅存在较大的差异,而且也存在一定的情绪化色彩,他们从不同的立场出发,或拥护鲁迅或拥护胡适,不过他们的共同点就是对所拥护的对象的了解要远远超过对所反对对象的了解,这就在一定程度上造成了论争无法取得一致意见的结果。事实上,甚至各位网民对自己所拥护对象的了解也是不太深入和全面的,所以也不可能

---

① 陈愚:《鲁迅、胡适及其角色定位》,天涯社区·关天茶舍(http://www.tianya.cn/publicforum) 2003—10—04。

具有比较两位历史伟人孰优孰劣、孰高孰低的能力。

⑤关于《鲁迅与日本人》一文的论争

互联网上攻击鲁迅的主要言论之一就是攻击鲁迅与日本人的关系。网民"独狼一笑"在《鲁迅与日本人——兼谈余杰》①一文中从老师、学生、朋友三个方面介绍鲁迅与日本人的交往与友谊,并批评余杰将"仇恨的对象改换为整个日本民族":"在鲁迅那里,我们看到的是爱憎分明,在余杰那里我们却只能看到憎恨,这个余杰据说是崇敬鲁迅的,我不知道他在想起鲁迅先生那些事迹时是否会有那么一点脸红?"

本次论争涉及鲁迅与内山完造关系的问题,问题的背后就是鲁迅是否受到日本特务的利用,这个话题可以说也是鲁迅文化史上的一个历史悠久的热点之一。从 20 世纪 30 年代就有人用内山完造是日本特务的传言来攻击鲁迅。但需要强调的是,内山完造是不是日本侵略者的特务和鲁迅的民族气节是两个问题,必须把内山完造和鲁迅之间的关系划分开来,不能从内山完造是日本侵略者的特务来证明鲁迅的民族气节有问题,正如一些网民所指出的那样,这样不依靠历史事实而进行的推测是毫无逻辑性的,因而也是站不住脚的。即使内山完造是日本侵略者的特务也无损于鲁迅的伟大。

2004 年度关于鲁迅的几次影响较大的论争中关于《可怜的鲁迅》一文的论争。

网民芦笛的《可怜的鲁迅》②一文被网民"skimming"转帖在天涯社区网站之后引发了较大规模的争论。芦笛在《可怜的鲁迅》一文中指出:

> 这种在幼年时期便引起的强烈逆反心理,必然会造成终生的心理变态。鲁迅的所有这一切激烈的姿态,其实不过是他把一己遭遇放大到全社会大规模引起的幻觉去而已。与其说他是发起讨伐黑暗势力的十字军圣战的"文化革命主将",莫如说他是一个遭遇悲惨的病人,与其说他的作品是战斗的呐喊,莫如说它们是痛楚的呻吟。

审视这场论争,可以看出网民芦笛的确提出了一个值得关注的话题,鲁迅的心理问题也的确值得研究与讨论,但芦笛把鲁迅的心理问题复杂化了,甚至是泛化了,并以此来指责鲁迅的创作和各种社会活动,这就显得很牵强,也很没有

---

① "独狼一笑":《鲁迅与日本人——兼谈余杰》,天涯社区·关天茶舍(http://www.tianya.cn/publicforum) 2003-09-11。

② 芦笛:《可怜的鲁迅》,天涯社区·关天茶舍(http://www.tianya.cn/publicforum) 2004-10-23。

道理。

2005年度关于鲁迅的影响较大的论争文章主要有如下几个：

①关于李敖批评鲁迅的论争

3月1日，李敖在电视节目中批评鲁迅"此公为人相当圆滑"。网民"雪月马尾松"2005年把李敖的原话在论坛中张贴出来，在网民之间引发了大规模的论争。一些网民对李敖的观点进行了反驳①。网民"jixiezhangl"指出：

> 看一个人我们要全面客观的评价，不以自己的个人感情所转移，才能得到正确的结论。鲁迅是有一些缺点，过于偏激，有一些地方不能免俗，杂文多，但是从他当时所处的环境看，国民处于水深火热，又被落后而迂腐的封建思想束缚住头脑。哀其不幸，怒其不争，令人愤恨，选择尖锐的杂文和论调不难理解，这也正是没有长篇的原因。

网民"闪不闪"指出：

> 李敖可以骂任何人，但是他没有资格骂鲁迅！鲁迅先生的精神是我们的民族脊梁，是中国人的骄傲，李敖凭着与胡适的一点交情想把忧国忧民的鲁迅打下去，没门！

一些网民对李敖的观点表示支持。网民"无介"指出：

> 李敖论鲁迅是言之有据的，他找出了作为论据的资料。李敖读书的最大本事就是能为我们找出那么多历史资料，反驳李敖最好能否定他所引用的论据的真实性，否则我们只能承认他所说的事实是正确的。

网民"Aindy"指出：

> 前面诸公何必动怒对李敖恶言相加，他所评论只是就事论事，并未牵涉其他，更别说对周公的人身攻击了，倒是你们显得很不厚道了。

另外，一些网民对李敖与鲁迅进行了比较与分析。网民"非常红袖"指出：

> 其实李敖也不是要贬低鲁迅，他只是说明看待历史人物可以由多个角度。说鲁迅世故，那是老调了，鲁迅在世时就有"世故老人"之称，只是此"世故"并非一般意义上的世故，非三言两语能说清。李敖也说过自己是世故的，并非贬义。

---

① 天涯社区·关天茶舍（http://www.tianya.cn/publicforum）2005—3—26。

网民"drinkK"指出：

> 至于鲁迅先生,无论任何人都应该读读他的文章,尤其是中国人,在他的笔下中国人的劣根性和阴暗面从来没有那么明显过、深刻过。李敖批评鲁迅更多是批评他的文字,和后世加给他的诸多光环,对鲁迅本人还是比较赞赏的。

本次论争一直持续到2005年9月27日才结束。

3月22日,李敖在电视节目中评点鲁迅遗言和诗句时,对鲁迅的不恭之言又引起了网民之间的论争。网民"yshk"在《李敖利用凤凰台侮辱鲁迅,是可忍,孰不可忍》①一文中认为李敖不能和鲁迅相并列讨论：

> 首先一点,鲁迅的形象正面健康,是中华民族的精英,是中华民族的骄傲。李敖算什么？大不了只是一个蹲过班房的,严重自大且变态的色情狂。鲁迅的影响从抗日时期一直持续到现在。而李敖连眼下的脚还没站稳。对于其议论也多种多样。只不过是一时被那些浅薄之人捧的。李敖的思想道德极端败坏,这种人怎么和文学大师鲁迅比？简直是对鲁迅的侮辱。鲁迅的文学成就更不是什么李敖所能企及的。

这篇文章在网民之间引起了大规模的争论。本次论争一直延续到2005年12月13日才结束。综观上述关于李敖批评鲁迅的论争,可以看出有相当多的网民对李敖批评鲁迅的言论表示不满,有一些网民的言论还比较尖刻,甚至比较激烈。这种带有情绪性的论战文字在很大程度上损害了文章本身的逻辑力量,希望无论是拥护鲁迅的网民还是拥护李敖的网民都要多从自己拥护对象那里学习论战的技巧,这才是继承发扬各自偶像精神的正确之路。倘若,更多注重口舌之争,那就只能逞一时之快,不仅无助于恢复历史的本来面貌,也无助于客观地评价历史人物。

② 关于鲁迅与巴金历史地位的争论

巴金先生逝世的消息传出之后,一些网民开始在网上讨论鲁迅和巴金的价值高下。网民"指点江山2005版本"在《10个巴金都比不上一个鲁迅：巴金不是文化巨人》②一文中认为：

---

① "yshk"：《李敖利用凤凰台侮辱鲁迅,是可忍,孰不可忍》,天涯社区·天涯时空 (http://www.tianya.cn/publicforum) 2005—7—12。

② "指点江山2005版本"：《10个巴金都比不上一个鲁迅：巴金不是文化巨人》,天涯社区·天涯杂谈 (http://www.tianya.cn/publicforum) 2005—10—20。

虽然在文学史上有"鲁郭茅,巴老曹"这种排名法,但我们也不可过分迷信这种排名。作为一位有良知、有眼光的现代公民或现代知识分子,我们固然敬重巴金的人品,为他的逝世而悲哀,但是,却也不应该因此而过分拔高了他的文学成就与在文学史上的地位。如果这样,我相信,以巴金的为人,他泉下有知,也会感到不安的。把巴金拉下神坛,还他一个客观的、真实的面目,这才是对于死者的最大的尊敬!

一些网民对此进行了讨论。网民"joezero"认为"巴金是中国文人的良心,这个是鲁迅达不到的高度"。网民"为这篇文章注册"说:"虽然巴老是我们四川人,可惜我也不怎么爱看他的书,毕竟他生活的年代和我不同,社会背景不一样,对他的只是对于一个老人的尊敬。巴老的小说里面的大家族,我们这个年代已经很少遇到了,也没有共鸣点,倒是鲁迅先生的杂文放到现在,依然可以让人共鸣。"网民"孙进财"指出:"与鲁迅相比,巴金的文学造诣、文化影响力都显得太微薄太肤浅。他和冰心都是一类的文学家:才华、思想深度上有太多欠缺。"网民"axia0622"认为:"不是巴金不好,是鲁迅太伟大了。"网民"猫是个好人"认为"只能说他们都是伟大的文人,文人是不能比较的"。

总结本次论争,可以说大多数网民对巴金的认识还是比较客观和深入的,巴金虽然和鲁迅相比还有差距,但是巴金的历史地位无疑是不容歪曲和抹杀的。

③关于鲁迅是不是思想家的争论

网民知熠在《评李敖说鲁迅不是思想家》①一文中对李敖认为鲁迅不是思想家的观点进行了反驳,他指出:

> 一个人是不是一个思想家,在于他的主要的思想必须是新的重要的思想,在于他的重要的思想体系。可是,"议会政治"既不是什么新思想,甚至都不是鲁迅的思想,你李敖用鲁迅对"议会政治"的看法来驳斥鲁迅不是一个思想家不是无异于胡扯吗?!

这篇文章在网民之间引发了热烈的讨论。针对网民的400多篇回复和讨论,知熠在《关于〈评李敖说鲁迅不是思想家〉一文答天涯读者》一文中再次申明自己的观点,他指出:

> 当李敖在驳斥鲁迅是一个思想家的时候,李敖不去考察鲁迅究竟有

---

① 知熠:《评李敖说鲁迅不是思想家》,天涯社区·天涯杂谈(http://www.tianya.cn/publicforum) 2005—9—2。

什么思想,或者不去否认鲁迅的重要思想,而是批驳鲁迅关于民主和议会政治的一个观点,这本身是不合逻辑的。因此,不管鲁迅关于民主和议会政治的观点多么可笑,多么不合时宜,多么没有水平,多么不符合"政治学的常识",李敖也无法由此而断言鲁迅不是一个思想家。

回顾本次论争,可以说网民知熠对李敖认为鲁迅不是思想家的观点的反驳是非常有力的,一针见血地揭示出李敖的逻辑错误。由该文引发的鲁迅究竟能否称得上是思想家的论争因为网民对何谓思想家的理解不同,最后只能不了了之。不过,知熠最后引用的林思云在《中国不需要思想家》一文中的观点来解释为何把鲁迅称为思想家的说法还算是比较有说服力的。

2006年度关于鲁迅的影响较大的论争主要是关于朱学勤《鲁迅思想的短板》一文的论争。12月14日,国内自由主义代表人物之一的朱学勤在《南方周末》发表了《鲁迅思想的短板》一文,对鲁迅提出了批评:"鲁迅精神不死,能够活到今天的遗产只有一项:对当权势力的不合作。胡适晚年曾回顾五四之后分手的两位同道,说他们倘若活得足够长,一定会殊途同归。"①

12月16日,网民"西风独自凉"在新语丝网站发表了《朱学勤的思想长板》②一文对朱学勤进行反驳:

> 朱学勤无视当时的历史条件与格局,一再声讨鲁迅思想的短板:"无政府主义。"无政府主义虽然不乏消极因素,但它对中国和世界的巨大影响及其进步意义完全应该得到肯定。鲁迅受过各种思潮的影响,无政府主义不但不是鲁迅先生思想的短板,甚至是促使他成为一个彻底的自由主义者的重要原因,是鲁迅思想的"长板"。

同日,方舟子也在新语丝网站发表了《朱学勤伪造鲁迅遗嘱》③一文,指出"该文从鲁迅的遗嘱说起,却是在歪曲鲁迅的本意":

> 朱学勤所提到的,是这七条中的第二和第五条,但是做了窜改。鲁迅"遗嘱"的第二条:"赶快收敛,埋掉,拉倒。"这指的是对遗体的处理而言的,是希望肉体的速朽,而朱氏将其窜改成希望文字的速朽。第五条:"孩子长大,倘无才能,可寻点小事情过活,万不可去做空头文学家或美术家。"……朱氏将其窜改成鲁迅不顾一切不许后代当文学家,再进而推论

---

① 朱学勤:《鲁迅思想的短板》,《南方周末》2006年12月14日。
② "西风独自凉":《朱学勤的思想长板》,(http://www.xys.org)2006年12月16日。
③ 方舟子:《朱学勤伪造鲁迅遗嘱》,(http://www.xys.org)2006-12-16。

出这是一份"反文学遗嘱",完全是在栽赃。他怎么就略去了"美术家"一词,不说这还是一份"反美术遗嘱"呢?鲁迅并不反对文学、美术,反对的是"空头文学"、"空头美术",反映的恰恰是他对真文学、真美术的热爱。

此外,还有一些网民撰文对朱学勤进行了批评,同时也有一些网民撰文支持朱学勤。不过,本次论争很快就结束了。从朱学勤的文章中不仅可以看出他是站在自由主义的立场上否定鲁迅的,而且他对鲁迅生平史实的了解也明显地不够全面,这就导致他的观点失之客观,显得偏执。因此,方舟子等人对他的反驳是比较切中要害的。

(5)攻击鲁迅的文章

2002年度中文网络中攻击鲁迅的文章主要有如下几篇:

①网民"清水君"的《鲁迅,汉奸还是族魂?》一文

"清水君"的《鲁迅,汉奸还是族魂?》①一文长达万言,在2002年被转帖到天涯社区网站之后在网上引起大规模的争论。"清水君"在文章中指出:

> 一个对中国的文字都看不惯要彻底消灭的人,一个对中国的历史看成一片垃圾的人,一个对中国的古代一切文明传统都看不顺眼的人,一个对抗日救难国民政府的努力冷嘲热讽的人,怎么有资格做中华民族的"族魂"?!

本次论争涉及鲁迅历史地位的定评问题,虽然"清水君"的文章比较长,有1万多字,在网上阅读起来比较费神,而且这篇文章在史实上存在许多的硬伤,在论述上也不够严谨。但是他抓住网民的猎奇心理,用"汉奸"还是"族魂"这一比较吸引人的题目,成功地引起了许多网民的关注,达到了在网络中攻击鲁迅的目的。从传播效果的角度来说,他的这篇文章在网络中众多攻击鲁迅的文章中算是影响比较大的一篇长文了。一些网民虽然指出了"清水君"这篇文章中的众多错误,并依据相关的一些历史事实进行批驳,但还不能有力地消除该文在网络中所造成的不良影响,这篇文章也因此经常被一些对鲁迅不满的网民转帖到各个论坛,继续产生着影响。

---

① "清水君":《鲁迅,汉奸还是族魂?》,天涯社区·天涯杂谈(http://www.tianya.cn/publicforum) 2002-10-8。

②网民"中华不败"的《再评鲁迅汉奸行径》①一文

"中华不败"的《再评鲁迅汉奸行径》一文在天涯社区网站引发了大规模的论争。"中华不败"在文章中认为：

> 纵观鲁迅的一生，是个卖国的一生，充满罪恶的一生，他的全部心思都是用在如何投降日本人的身上……如果鲁迅活着，中日战争爆发，鲁迅一定是卖国政府中的要员，这是无用质疑的。这也是鲁迅千方百计挑拨中日战争的用心所在，也是鲁迅在日本人侵略中国时，不对日本人进行一句谴责，只骂国民党政府的用心所在。

"中华不败"的这篇文章纯粹是哗众取宠，一些网民指出了"中华不败"攻击鲁迅的目的。网民"正在堕落"指出：

> 我敢肯定"不败"先生绝对不会以为鲁迅是汉奸，他之所以这样说，原因有两个：一是我们把鲁迅神化的厉害，他偏要刺你一下，反正是网上；二是狭隘的民族主义作怪，借鲁老爷子说事。网上这种长着所谓爱国脸的义和团多得很。911时候幸灾乐祸的不都是吗？所以劝各位拥鲁派不要生气。鲁迅从来不怕别人死后骂他，要不临死也不会说他的敌人一个都不宽恕。

网民"甄理辩"也指出："事到如此难道大家还看不出来吗？'中华不败'作为一名跳梁小丑，攀附着鲁迅，已经出尽风头，也臭到尽头了。不如就此罢了。"网民"李大水"则"建议网民对这样弱智的文章不要点击、回复，让它自然沉底"。

从这次论争可以看出，"中华不败"攻击鲁迅的目的纯粹是为了博得网上的名气，一些网民已经揭露出其目的，并予以驳斥；一些网民则直接痛骂"中华不败"攻击鲁迅的行径。

2003年度中文网络中攻击鲁迅的文章主要有网民"海军上将"的《鲁迅若是国魂，那就是中国的悲哀》②一文。网民"海军上将"认为：

> 民族魂也是人类魂，国魂也是世界魂。鲁迅先生不该也不能是中国的国魂。是的，先生是有其价值的，但需要我们有恰当的方式。先生渊博

---

① "中华不败"：《再评鲁迅汉奸行径》，天涯社区·天涯杂谈（http://www.tianya.cn/publicforum）2002—10—12。

② "海军上将"：《鲁迅若是国魂，那就是中国的悲哀》，天涯社区·关天茶舍（http://www.tianya.cn/publicforum）2003—10—18。

的学识、高超的才智,和纠缠他一生的凄苦心态,凭此酿造出的作品有如一杯杯清茶。只要我们不把清茶当滋养灵魂的牛奶,清茶对我们还是很有好处的。

本次论争涉及如何评价鲁迅的问题,网民"海军上将"从宗教的观点出发,认为鲁迅虽然伟大,但是不应当被当作中国的国魂,另外一些网民则从鲁迅对现代中国的影响出发指出鲁迅被称为国魂是当之无愧的。可以说,本次论争的焦点是从宗教特别是基督教立场出发来评价鲁迅。刘小枫等学者用基督教的标准来抨击鲁迅在社会上产生了一定的影响,"海军上将"或许也在某种程度上受到了刘小枫的影响而用基督教的教义来批评鲁迅。这样的批评在立场上无疑是不够客观的,也是不适合中国现代历史的复杂状况的。正如一些网民所指出的那样,不要拿西方的基督教思想来苛求中国的鲁迅,鲁迅以其在中国现代文化史上的巨大贡献是担当得起国魂这一称号的。

2004年度中文网络中攻击鲁迅的文章主要有如下几篇:

①网民"云儿"批评鲁迅的系列文章

2004年,中文网络中突然冒出一个名叫"云儿"的网民连续在网上发表了《鲁迅文中的谎言谣言》、《鲁迅先生如何为残暴辩护?》、《白色恐怖中的胡适与鲁迅》、《鲁迅如何误人子弟?》、《鲁迅如何断章取义泼人污水?》(按:因为其中的一些文章被国内的网络系统屏蔽,无法看到全文,所以本文只能就检索到的两篇文章进行介绍)等一系列抨击鲁迅的文章,这些文章很快被转载到国内外的各大中文网站,在中文网络中引起了大规模的论争。

"云儿"在《一篇误人子弟的鲁迅文章——析〈文学与出汗〉》①一文中这样抨击鲁迅:

> 如此以来,鲁迅的逻辑不通的歪曲引申,就被当作正常的间接引用,教给中学生模仿;鲁迅的谬误连篇的刻薄文字,就被当成议论文典范,逼迫中学生学习。误人子弟,可说是莫此为甚。

"云儿"的文章在中文网络中产生了较大的反响,一些网民对"云儿"进行了反驳与批评。方舟子在为发表在新语丝网站的《善待鲁迅》一文撰写的"按语"中指出:"这些骂文采用的都是同一卑劣手法('断章取义泼人污水'法),驳一篇即可见其全貌,无需浪费时间一一驳斥。"②

---

① "云儿":《一篇误人子弟的鲁迅文章——析〈文学与出汗〉》(http://www.www.xys.org)。
② 方舟子:《善待鲁迅》按语(http://www.www.xys.org)。

网民"盖斯了"在《善待鲁迅》①一文中对"云儿"抨击鲁迅的几篇文章进行了集中的回应,他指出:

> 善待鲁迅,善待一个历史人物必然拥有的局限性,善待他的次要方面,后来者应当"站"在他的肩膀上,而不要"踩"在他的肩膀上。

应当说,"云儿"在这一系列的文章中对鲁迅的各种攻击与诬蔑经过网民的批驳已经真相大白,本次论争也逐渐平息。不过,值得反思的是,为何"云儿"的这几篇漏洞百出的文章会在中文网络中产生这么大的影响(这次讨论不仅涉及海外的新语丝、海纳百川、加拿大华人等网站,而且涉及天涯社区、网易·鲁迅论坛、真名网等国内的一些网站。新语丝网站曾把与本次论争相关的一些文章收集在一起,真名网曾发动网民就本次论争展开深入讨论。)笔者认为,这与中文网络中对鲁迅了解较多、较全面的网民较少有极大的关系。如果"云儿"的文章在中文网络中出现不久就有真正了解鲁迅的网民如方舟子等对之进行批驳,那么"云儿"的文章估计不会像现在这样在中文网络中产生那么大的反响,也不会产生那么大的负面作用。

②网民"1958"的《想起陈其昌信件的故事——英雄悲歌照亮鲁迅丑陋的灵魂》一文

网民"1958"在天涯社区发表的《想起陈其昌信件的故事——英雄悲歌照亮鲁迅丑陋的灵魂》②一文引起了较大规模的争论。"1958"在文章中强调:

> 在抗日的危急关头,污蔑一个抗日分子是拿日元的,这种手段还真不是一般人能使出来的。这已经超越了可以宽恕的"错误"。

本次论争涉及鲁迅研究史上的一桩公案,不过论争双方对这桩公案都是有所了解的,因而本次论争的质量较高,论争双方纠结在如何评价鲁迅以公开信的形式答复陈其昌问题。从论争的结果来看,双方都无法改变对方的观点,最后仍是各持己见,不了了之。

---

① "盖斯了":《善待鲁迅》,天涯社区·关天茶舍(http://www.tianya.cn/publicforum)2004—12—13。

② "1958":《想起陈其昌信件的故事——英雄悲歌照亮鲁迅丑陋的灵魂》,天涯社区·关天茶舍(http://www.tianya.cn/publicforum)2004—04—24。

③网民廖亦武的《告左翼鲁迅的伪自由书》一文

网民廖亦武在《告左翼鲁迅的伪自由书》①这篇万字长文中对鲁迅提出了许多批评,他指出:

> 民族主义也许在对付外来侵略时很有效,但对知识分子的独立立场和思考能力却是一种遮蔽和损伤,而在鲁迅身上,封建传统所造成的无出路的内心黑暗恰好借着新文化启蒙外化出来,当其作为一种内省的原动力时,鲁迅写出了《野草》、《呐喊》、《彷徨》,展现了旧文人脱胎换骨的世纪共性;而当其作为一种走向大众,改造社会的武器时,他的内心黑暗便无节制地扩散、弥漫,与盛极一时的非理性左翼思潮融合,在反抗外来侵略的同时,成为侵略他人内心自由理直气壮的权威。

本次论争涉及如何评价鲁迅转向左翼的问题,廖亦武借自由主义的观点来攻击鲁迅的左翼思想,其真实目的在于批评新中国成立后鲁迅的左翼思想在中国思想界所产生的深远的影响。一些网民则从不同的角度对廖亦武的言论进行批驳,指出应当把鲁迅本人和被修饰的鲁迅分开。从中可以看出,这些网民对鲁迅左翼思想的认识是比较符合历史事实的,也是比较理性的。

2005年度中文网络中攻击鲁迅的文章主要有网民"和弦C"的《竟然读到鲁迅写给裕仁天皇的诗》②一文。网民"和弦C"在这篇文章中披露了她的一个重大发现:"在网上读书,竟然找到一首鲁迅写给裕仁天皇的诗",她认为:

> 玄酒颂皇仁——玄,黑色,古代汉中的黑米酒是进贡皇帝的,这里意思是应该是:用黑米酒颂祝伟大的天皇裕仁! 由此可见,鲁迅在日本七年,早就培养成了汉奸特务,上海的书店老板内山完造,日本医生须藤,都是鲁迅同伙。

本次论争时间跨度较长,一直延续到2006年3月12日被网管封锁了帖子才告结束,论争双方先后发表了数百篇文章参与论战。这场论争可以说是中文网络中"倒鲁派"网民和"拥鲁派"网民论战的经典案例,从中可以看出"倒鲁派"网民不断地捏造出一些莫须有的罪名来大肆攻击鲁迅,而"拥鲁派"网民则不断地对这些攻击鲁迅的言论进行批驳。论争双方的言辞都比较激烈,不仅

---

① 廖亦武:《告左翼鲁迅的伪自由书》,天涯社区·关天茶舍(http://www.tianya.cn/publicforum)2004—07—29。

② "和弦C":《竟然读到鲁迅写给裕仁天皇的诗》,天涯社区·闲闲书话(http://www.tianya.cn/publicforum)2005—6—4。

有较多的人身攻击语言,而且也出现了骂人的粗口。这虽然是中文网络论战中常见的现象,但是骂人的粗口出现在"拥鲁派"网民的文章中就有点令人遗憾了,鲁迅不是说过"辱骂和恐吓不是战斗"吗?希望"拥鲁派"的网民不仅要多读鲁迅的著作,而且也要细心、深入地领会鲁迅的论战艺术,继承和发扬鲁迅的战斗精神,用鲁迅的方法和方式来批驳那些攻击鲁迅的言论谬说,这样才是爱护鲁迅、继承鲁迅精神的正确方式。

2006年度中文网络中攻击鲁迅的文章主要有如下几篇:

①网民姚小远的《变态的鲁迅》一文

2006年10月20日,网民姚小远在自己的新浪博客发表了《变态的鲁迅》[①]一文,在网络中引发了较大的反响,截至2006年11月3日晚上21点,该文被点击11200余次,并有330多位网民在该文之后留言予以评论。这也是鲁迅网络传播史上第一篇引起大规模论争的关于鲁迅的博客文章。姚小远首先表示自己要"从跟鲁迅反目成仇或者被鲁迅痛骂的那些人的人格和结局入手来论证这个穿着华美神袍的鲁迅其实是一个变态的人,还这个人以本来的真实面目"。他在分析了鲁迅和周作人、陈西滢、杨荫榆、陈其昌等人的矛盾后指出:

> 鲁迅是中国现代文学史里骂人最多、最恶毒的,像林语堂、像梁实秋、像胡适,这些人哪个不是温良敦厚的中国读书人,哪个又没有被鲁迅泼妇骂街一样骂得狗血喷头;一直以来,我们一直沉浸在主流对于鲁迅不容置疑的伟大的评价里,却忽视了文学家鲁迅心理阴暗、人格分裂、极度变态的本相,这不能不说是一种莫大的悲剧。

虽然也有一些网民在留言中附和姚小远的观点,但是大多数的网民都在留言中对姚小远进行了批驳。回顾本次论争,可以看出姚小远的文章不仅观点比较片面,而且论证也没有什么说服力,许多网民已经指出了他的致命硬伤。但是这么一篇漏洞百出的博客文章为何会有1万多次的点击并吸引330多位网民参加论争就值得注意了。笔者认为这与姚小远的文章起了一个耸人听闻的题目有很大关系,把"变态"一词加在鲁迅先生的头上会比较吸引读者。在网络中海量的信息面前,许多网民常常通过搜索工具来寻找自己感兴趣的文章,《变态的鲁迅》这一标题会吸引一些读者的目光和阅读兴趣,而读者在阅读文章之后对原文进行反驳的众多留言也会引起更多的读者来关注此文。最

---

① 姚小远:《变态的鲁迅》,姚小远的新浪博客(http://blog.sina.com.cn/yaoxiaoyuan)。

后需要指出的是,一些网民在留言中使用了粗俗的语言对姚小远进行谩骂,他们的出发点虽然是捍卫鲁迅,但是这种使用粗俗语言捍卫鲁迅的方式却是应当批评的(如有的网民使用"鲁迅万岁"的网名在留言中谩骂)。在网络中此起彼伏的攻击鲁迅的言论面前,采取摆事实、讲道理的心平气和的方式是最佳的,也是最容易取得捍卫鲁迅、爱护鲁迅的真正效果的。事实上,姚小远在本次论争之后就在一篇文章指出:

> 在上面三种回帖里,不论是中立地就事论事还是支持我的观点的,大都能保持一种平和的心态和风度,虽然即使支持我的观点也有一些未必被我认同,但是他们的理性、教养和态度,却值得我尊重认同,倒是那些所谓的挺鲁的大多数,语言垃圾、脾气暴躁、动作生猛、逻辑混乱,好像除了谩骂就不会说话,怎么看都是一些素质低下思维混乱的家伙。当然,其中也有一些抱着探索讨论态度进行说理的,我对他们同样尊重并且认同;可惜,他们的声音往往被跟他们执一种观点的低层次挺鲁者所淹没,反倒让人感觉到鲁迅的支持者都不是一些好东西了!

姚小远对这次关于鲁迅的论争中部分网民暴力语言的批评值得网络中热爱鲁迅的网民注意。

②网民"脂砚斋"的攻击鲁迅的系列文章

本年度还出现了网民"脂砚斋"的攻击鲁迅的系列文章《鲁迅并非大师级作家的四点理由》、《鲁迅的国民性改造,是开历史的倒车》等6篇,详见下文分析。

3. 小结

(1)回顾中文网络从2002年到2006年所出现的关于鲁迅的评论文章,可以看出不仅在文章数量方面有比较大的进展,而且在文章质量方面也有很明显的提高,其中的一些文章如"梁由之"的《关于鲁迅》、范美忠的《〈野草〉心解》等,虽然还在不同程度上存在一些问题,但是对鲁迅本人及其作品的理解已经比较深入,充分显示出一些网民对鲁迅的评论已经具有较高的水平。

(2)回顾中文网络从2002年到2006年所出现的仿写鲁迅作品的文章,可以看出在这些仿写文章中,讽刺社会现实弊端的文章越来越多。网络文化的一大特点就是DIY,网民经常按照自己的兴趣对名著进行重构、戏仿,从而取得特殊的喜剧效果。从上述网民戏仿鲁迅的文章可以看出,一些网民对鲁迅的作品较为熟悉,很巧妙地结合当前社会上的一些现实问题,如股市、足球、"9·11"事件等。用鲁迅式的语言重构或者重写鲁迅的原著,不仅在某种程度上拓展了鲁迅原著的内涵,借鲁迅之口讽刺了当前的一些社会问题,取得了特殊的喜剧效果,而且也在某种程度上通过重构和戏仿的方式使鲁迅的原作具有鲜活的生命力和现实感,从而促进鲁迅作品的传播。这种充分体现网民生产力的戏仿和重构是值得肯定的。但是,需要指出的是,上述文章中也有一些为戏仿而戏仿的搞笑文章,不仅显得牵强,而且没有什么意义,这是需要网民警惕的,不要为了游戏而游戏,为了狂欢而狂欢,从而消解了鲁迅原作的精神。

(3)回顾中文网络从2002年到2006年所出现的关于鲁迅的多次论争,可以看出有如下趋势:论争的次数越来越多,论争的规模越来越大,论争的程度越来越激烈。虽然有一些关于鲁迅的论争是毫无意义的,甚至有些论争就是某些想出名的网民故意挑起的,但是必须承认还有一些关于鲁迅的论争可以帮助网民更准确、更全面地了解鲁迅。例如中文网络中多次出现的关于鲁迅和胡适的论争、鲁迅和周作人的论争等,拥护鲁迅的网民与拥护胡适的网民以及拥护周作人的网民之间反复辩论,使一些网民可以更为全面地了解鲁迅。另外,网民在论争时有时会因彼此的粗鄙化语言而引发大规模的互相攻击,这种现象是应当予以批评的,因为互相攻击对于所辩论的内容来说是毫无意义的。

(4)回顾中文网络从2002年到2006年所出现的攻击鲁迅的多篇文章,可以看出此前在民国报刊中就已经出现的一些污蔑鲁迅的文字如"汉奸"、"变态"等又在中文网络中出现了,一些网民如"中华不败"、"脂砚斋"等再次炒冷饭,捏造事实,妄图通过多次攻击鲁迅来达到一定的目的。总的来说,攻击鲁迅的网民大多都是拿攻击鲁迅来掩饰他的真实目的,如批评政府等,单纯为了抹黑鲁迅而攻击鲁迅的网民很少。虽然网络中攻击鲁迅的言论此起彼伏,但这些攻击鲁迅的文章大多都遭到一些热爱鲁迅的网民猛烈的批判,攻击与捍卫鲁迅的两派网民常常爆发激烈的冲突,这些冲突又大多出现了使用粗鄙化的语言痛骂对方的现象,常常使一场辩论成为一场骂战,这对于鲁迅的网络传播工作来说是毫无意义的。

三、当代中文网络中关于鲁迅的网站、论坛和网民文章的分化(2007~2009)

1. 中文网络中关于鲁迅的网站、论坛和网民的分化

(1)中文网络中关于鲁迅的网站的变化

2007年度关于鲁迅的网站除了新增加了鲁迅网和新浪·人间鲁迅圈

(http://q.blog.sina.com.cn/wpm2008)之外没有明显的变化,都在平稳而缓慢地发展着。评读鲁迅网在一度得到广东省茂名市鲁迅研究会的资助之后,成为该会的网站,在栏目方面有所调整;在网络中打出"左翼鲁迅"旗号的槟榔文学园网站,在本年度虽然发表了一些文章,但具有分量的文章和引起广泛关注和讨论的文章比较少。

本年度新增的鲁迅网(http://www.luxun.cc)是由鲁迅的家人为弘扬鲁迅文化而组建的非赢利组织上海鲁迅文化发展中心创办的,主要定位是"一个迈向华人新文化的网站,一个为新文化奉献的社会公益园地"。该网站把"新文化"定义为"新的文化、革新的文化、创意的文化、时尚的文化、与时俱进的文化",试图在21世纪的时代背景下为鲁迅等人所开创的"新文化"运动注入新时代的精神,以鲁迅为旗帜大力弘扬"新文化"精神,推动全球华人迈向新的文化时代。因此,该网站虽然设立了"非常鲁迅"的频道(包括"鲁迅数码图片库"、"非常鲁迅"、"教学鲁迅"三大板块,并下设了"中心时讯"、"鲁迅研究"、"鲁迅文库"、"鲁迅生平"、"鲁迅年表"、"鲁迅精神"、"怀念纪念"、"新文化运动"、"鲁迅大家族"、"立人基金"、"网上展览"、"影音图片"、"鲁迅中心"等专栏),"百草园"频道(创作园地)和"鲁风窗"频道(时评),但是全部的内容不仅局限于鲁迅,而且还包括"文化新闻"、"文化人才"、"艺海泛舟"、"名人殿堂"、"百家博客"等频道,涵盖国内演艺界、文化界的资讯,试图将其打造成一个国内权威的文化资讯平台。目前这一网站还处于试运行阶段,今后还要就试运行过程中发现的问题进行整改。需要指出的是,鲁迅网的出现具有重要意义,这不仅是鲁迅的家人以非赢利组织的名义在中文网络中弘扬鲁迅精神、还原鲁迅的创举,同时也为进一步拓宽传播鲁迅的渠道提供了有益的尝试。

值得一提的是,新浪·人间鲁迅圈由热爱鲁迅的甘肃网民"飞天梦笔"在2007年10月5日创建,这是中文网络中现存的第一个以"鲁迅"为名的博客圈子,目前已经聚集了17位热爱鲁迅的网民。此圈的目的在于"学习鲁迅,弘扬鲁迅精神,维护人间正义,鞭挞一切丑恶的东西"。设有小说、散文、杂谈、时评、史评等专栏,另外还刊载一些关于鲁迅的文章和新闻。因为这个博客圈子建立的时间不长,所以收录的文章还较少,有待进一步发展。

2008年度中文网络中关于鲁迅的几个网站都在平稳地发展着,除了评读鲁迅网调整了网站栏目之外,大多网站都没有明显的变化。另外,自称"鲁迅门下走狗"的鲁迅研究专家房向东在他的新浪博客"钓雪斋"(http://blog.sina.com.cn/u/1353129461)中从2008年5月5日开始连载了《孤岛过客》一书的部分章节,描述鲁迅在厦门的生活状况和内心情感世界,该书后来在

2009年正式出版。

2009年度中文网络中新出现了南京鲁迅纪念馆网站(http://www.njluxun.com/),由南京师范大学附属中学在2009年11月9日创建,侧重向中学生介绍鲁迅,并关注中学语文课本中鲁迅作品的教学问题,主要栏目有:"本馆介绍"、"馆际信息"、"鲁迅与南京"、"鲁迅作品教学"、"鲁迅研究"、"鲁迅读书生活"、"鲁迅电影馆"等。"鲁迅作品教学"栏目在"入选作品"、"教学指导"、"教案荟萃"、"参考资料"、"鲁迅作品选读"、"南京图书馆相关书目"、"鲁迅作品电子书库"标题下收录了中学语文课本中鲁迅作品教学可以参考的大量资料,对于进一步深化中学鲁迅作品教学有很好的示范意义;"鲁迅研究"栏目收录了钱理群、林贤治等几位著名鲁迅研究专家在南京师范大学附中演讲的讲稿,另外还有一些南京师大附中学生撰写的关于鲁迅的文章;"鲁迅电影馆"收录了鲁迅著作改编的电影《祝福》、《伤逝》、《祥林嫂》、《阿Q正传》和专题纪录片《先生鲁迅》、《鲁迅之路》,可以在线观看、下载,这也是中文网络中收录关于鲁迅的影视资料最全的一个栏目。

另外,网民"吴国山人"在2009年创建了名为"鲁迅杂志编辑室"的博客(http://seobuluo.blog.hexun.com),收录他谈论鲁迅其人其事和鲁迅诗词的文章多篇。其余关于鲁迅的几个网站如评读鲁迅网、鲁迅左翼文学网都在平稳地发展着,没有明显的变化。

(2)中文网络中关于鲁迅的论坛的分化

2007年度中文网络中关于鲁迅的论坛大多比较冷清,著名的网易·鲁迅论坛在复活之后,经过一年多的发展,仍然显得较为冷清,没有多大的进展。

本年度中文网络中关于鲁迅的论坛发生的最重要的事件就是新浪网·读点鲁迅论坛发起了题为"我们不需要鲁迅了吗"的讨论。

网民"脂砚斋"从2006年以来陆续在新浪网·读点鲁迅论坛发表了《鲁迅千篇雄文,不抵当代青年一件小事》、《对鲁迅的批判,是中国思想界的胜利》、《鲁迅的国民性改造,是开历史的倒车》、《鲁迅精神造就三代腐朽文人》、《四点理由:鲁迅并非大师级作家》等一系列攻击鲁迅的文章,在该论坛引起了大规模的论争。统计数据显示,《鲁迅千篇雄文,不抵当代青年一件小事》一文有26619次阅读,1299个回复评论;《对鲁迅的批判,是中国思想界的胜利》一文有18215次阅读,999个回复评论;《鲁迅的国民性改造,是开历史的倒车》一文有10977次阅读,121个回复评论;《鲁迅精神造就三代腐朽文人》一文有17858次阅读,193个回复评论;《四点理由:鲁迅并非大师级作家》一文有17530次阅读,619个回复评论。

新浪网·读点鲁迅论坛的版主针对这一现象在2007年4月11日发起了题为《我们不需要鲁迅了吗》的讨论，希望网民就"我们今天需要鲁迅吗？在反思和继承之间，我们该如何面对鲁迅遗产？"这一话题进行讨论，并制作了本次讨论的专辑①。专辑不仅收录了"脂砚斋"的上述5篇文章和《鲁迅欺骗了整个中国》《解读鲁迅内心之谜 死去的爱情与冰冷的性压抑》《看民国时期的人如何评价鲁迅》《论鲁迅的出现是中国思想界的灾难》等一些攻击鲁迅的文章，同时也收录了《驳脂砚斋"鲁迅非大师级作家"四点理由》《比起鲁迅，现在的文学都是糟粕》《洋奴与愤青们——鲁迅小说管窥及其它》《洋鲁迅证明了中国人作为一个人的尊严的存在》等一些正面评价鲁迅的文章。最后的统计数据显示这次讨论共有28682次阅读，813个回复评论。众多的网民都对这一话题作出了肯定的回答：网民"yujixiangtiger"说："鲁迅之于我们就像空气与水，我们的精神需要鲁迅"；网民"happy19820805"说："我们这个社会，正是需要像鲁迅那样的人物出现，用自己的笔杆子，用一个文人和学者的良心来批判社会，做一个有良知的文化人，把社会的不公揭示出来，就像鲁迅一样，做一个牛盲（虻），不停地叮咬"；网民"疾风356"说："鲁迅是中华民族的民族魂，连魂都不要了岂不连鬼也不如了？那些大骂鲁迅的人不外乎新的假洋鬼子与阿Q们，既然他们想做，就让他们去做好了"；网民"janlice_lucky"说："如果把我国文学史比作长城，那么鲁迅是我国文学史上的一小块砖。随着岁月的流逝，新的思想逐渐淘汰了旧的思想，这是一个历史的过程，鲁迅逐渐被我们的后代遗忘，这是必然的。但他的作用是永远无法抹去的，就像当初建长城时，没有下面一块砖撑着，上面的砖块哪能往上砌吗？"

应当说，新浪网·读点鲁迅论坛所发起的这次讨论很有现实意义，一些网民的回答也比较有水平，不仅对鲁迅在当代社会的重要意义具有清醒的认识，而且也讲出了一些针砭现实的话。不过，在总共813个回复评论中有不少是毫无意义故意捣乱的灌水帖子，另外也有不少评论因为语言粗俗或有敏感的文字而被版主或网站屏蔽，这两种评论约占全部回复评论的一半。这种现象也在一定程度上反映出本次讨论的激烈程度。

2008年度中文网络中关于鲁迅的论坛大多依然比较冷清。本年度关于鲁迅的论坛中发生的最重要的事件就是百度·鲁迅吧中新老网民之间的冲突。

---

① 新浪网·读点鲁迅论坛《我们不需要鲁迅了吗》专辑（http://cul.book.sina.com.cn/t/2007—04—11/1432168663.html）。

2008年6月,网民"烟紫"在百度·鲁迅吧发表了《〈伤逝〉与〈红楼梦〉:爱为何总归于虚无?》[①]一文,文章指出,《红楼梦》和《伤逝》"两部作品都从不同的角度,写了至真至纯的爱,爱的毁灭;而最终都不约而同地归于虚无"。曹雪芹和鲁迅这"两个中国文学史上顶尖的作家,同样塑造了自己时代的叛逆新人,却又同样的呈现出使人迷茫的虚无结局"。

这篇文章发表之后被百度·鲁迅吧的老网民"奉先元霸何足畏"讥讽为"脑残","左右忤逆"等一些网民对此作出了反驳,稍后又对"奉先元霸何足畏"此前发表的《我为什么说鲁迅是汉奸》一文进行批评,由此引发了新老两派网民之间长达两个月的一场混战。

在论争的过程中,因为时任的小吧主"喝多了"删除了网民"江北牧吾2"不断翻出并顶到首页的一些论坛中的旧的精品帖子,加之一些新来的网民提出百度·鲁迅吧要"打扫垃圾"(网民"曙色朗朗"说:"我们说的打扫垃圾,针对的就是鲁吧中盘踞的流氓文化,他们以老资格自居,不分是非,任意对新吧友的嘲笑和谩骂"),在一定程度上造成新老两派网民的对立。稍后,另一位小吧主"烟台9p是谁"又运用版主的权力删除了一些新网民发表的参与论争的帖子,并删除了一些新网民此前发表的原创的帖子。随着论争激烈程度的升级,以"烟紫"为首的新网民感到吧主的不公正,在投诉无果的情况下,采取爆吧软件攻击鲁迅吧,鲁迅吧由此成为一个互相谩骂攻击的地方,正常的讨论无法开展。为了扭转鲁迅吧的现状,吧主"云想衣裳花想容"辞去版主职务,网民"醉眼中的朦胧"临危不惧,主动请缨担任小吧主,和吧主"99aaaa99"一起制定了临时吧规,采取封号、删帖等强制措施遏制住鲁迅吧互相谩骂攻击的现象,希望把鲁迅吧的正常讨论氛围建立起来。

这场所谓的百度·鲁迅吧的新人和老人之间的混战(也有的网民说是80后和90后的论战)可以说对百度·鲁迅吧造成了极大的伤害。应当说,大多数聚集在百度·鲁迅吧的网民还是抱着对鲁迅先生崇敬的心理的,只有极少数的网民不尊重鲁迅,甚至以攻击、亵渎鲁迅为乐。因此,在百度·鲁迅吧建立一个讨论鲁迅先生的平台还是符合众望的。

网民"提香的女人"在题为《鲁吧与强权》[②]的文章中说:

夜已深,面对这样一个鲁吧,痛心、失望。

---

① "烟紫":《〈伤逝〉与〈红楼梦〉:爱为何总归于虚无?》,百度·鲁迅吧(http://tieba.baidu.com)。

② "提香的女人":《鲁吧与强权》,百度·鲁迅吧(http://tieba.baidu.com)。

鲁吧毫无疑问是为纪念鲁迅先生而设的。当初先生一人面对肮脏的中国、面对强权、专制，面对国人的愚昧，苦苦战斗，以致劳心而死。我们敬佩先生的硬骨和牺牲精神。带着这种敬仰，我们来到鲁吧，希望寻到知己。就算在现实生活中彼此不相识，彼此都在怯懦的屈从强权，也可以在网络中寻到一份支持，在鲁迅先生的精神里得到一丝力量和启示。
……

毕竟，我们希望鲁吧成为祭奠鲁迅先生的圣地，希望这里公正、干净，希望还能在这发帖纪念先生，而不被人嘲笑。就在此时，那些一直客观的吧友出现了，他们愿意牺牲自己，不怕成为众人的靶子，重整鲁吧，使它客观、公正、理性、宽容。我们相信他们，因为这也是我们的愿望，为此，不惜流血、斗争。我们以为，鲁吧自此会真正成为自由、公正发言的地方，我们心生宽慰：毕竟在网络世界里，还有正义，还有价值。

可以说，百度·鲁迅吧中和网民"提香的女人"一样对百度·鲁迅吧抱有厚望的网民还有很多。经过"醉眼中的朦胧"等几位吧主的努力，这场长达两个多月的混战终于暂时消停了，相信那些没有选择离开百度·鲁迅吧的各位网民都会因此而珍惜百度·鲁迅吧的历史和现状。俗话说"不破不立"，希望百度·鲁迅吧的广大热爱鲁迅的网民经过这次大的动荡能消除百度·鲁迅吧此前的一些不良现象，共同维护好自己的网上精神家园并为百度·鲁迅吧创造一个新的开端。

2009年度中文网络中关于鲁迅的论坛在经历了2008年的分化之后有了明显的变化，都在平稳地发展着：2008年发生过网民之间混战的百度·鲁迅吧逐渐恢复正常的论坛秩序并多次出现了关于鲁迅的热烈讨论，网络中的新浪·读点鲁迅论坛等关于鲁迅的网站和论坛也都在平稳地发展着。

（3）中文网络中关于鲁迅的网民的分化

2007年度中文网络中与鲁迅有关的网民发生的最重要的变化就是仲达（即于仲达）宣称要走出鲁迅并皈依基督教。

进入2008年之后，仲达虽然也参与网络中关于鲁迅话题的论战，但是他很少再写关于鲁迅的文章，更多的关注精神信仰问题，他此后所写的文章基本上都是从基督教的观点出发的。仲达还选择在2008年10月18日——也是鲁迅逝世纪念日的前一天，在天涯社区网站发表了《背负自己的十字架》[①]一

---

① 仲达：《背负自己的十字架》，天涯社区·关天茶舍（http://www.tianya.cn/publicforum）2008—10—18。

文,详细地回顾了自己如何开始追随鲁迅、走出鲁迅到皈依基督教的精神历程。值得注意的是,仲达开始从基督教的观点来审视鲁迅,认为鲁迅缺乏精神信仰,无法拯救自己的灵魂:

> 鲁迅洞悉到人心里头全是黑暗,他自己也深受心灵毒素对心灵自身的戕害。当我在敬佩鲁迅"求真"勇气的同时,也注意到他在"反抗绝望"以后无路可走的困境,他看到了一个终点:坟。看清了人灵魂的本然,下一步又该怎么走呢?鲁迅作为一个绝望个体,他无论怎样挣扎、反抗,都无法自救,这些都是注定了的。可惜的是,先生不认识、理解耶稣,却只把他当作人之子。鲁迅先生就是一个启蒙者、自我反思者和寻求拯救者,只是他没有寻找到拯救的力量。鲁迅那里,有痛苦的精神维度。再往前走一步,就是信仰的精神维度。鲁迅是独一无二的,远于上帝又疏于世俗,但是有着一般学者身上没有的"人间情怀",对底层民众深深同情。鲁迅的生命中没有上帝,没有源于上帝的土壤、清泉和亮光。

从仲达的上述言论来说,他对鲁迅的体验与研究已经在很大程度上陷入偏执,甚至是误入迷途。

2008年度中文网络中与鲁迅有关的网民发生的最重要的变化就是天涯社区网站"拥鲁派"网民之间的冲突。

2008年8月30日,网民孟庆德在天涯社区发表了《鲁迅的脾气》[①]一文,这篇谈论鲁迅脾气的文章不仅引起了一些网民参与讨论鲁迅的脾气问题,而且也引发了孟庆德和仲达这两位在网络中较为知名的"拥鲁派"网民之间的意气之争。

孟庆德在文章中针对一些人说的"鲁迅脾气不好,气量太窄"的言论进行了反驳,他分析了鲁迅与孩子、与母亲、与友人的交往,继而指出,"鲁迅到底是有脾气的,在有些事情上,他并不含糊,也不认为有什么不可以说"。孟庆德最后强调,"鲁迅若是没脾气,也就不是鲁迅了"。

网民仲达在孟庆德的这篇文章之后跟帖说:"鲁迅的气量小,其中还透着些淘气。你孟庆德的气量小,其中还充斥着怨毒。"由此引爆了两人之间的论争。孟庆德很快就对仲达的言论进行了反击,并揭出两人之间在论坛中结下的一些恩怨。稍后,仲达又对孟庆德的这篇文章进行了严厉的批评:

---

① 孟庆德:《鲁迅的脾气》,天涯社区·闲闲书话(http://www.tianya.cn/publicforum)2008-08-30。

>你的态度、气量、口吻等等,都像一个过了气的世故老人,文字之中投射着一股子暮气,这样的心态怎么可能理解的了鲁迅呢?你适合做个具有道德感的老好人,如此而已。但是,无情的是你根本无法理解鲁迅直逼自己灵魂的拷问。

孟庆德针对仲达的批评,又披露了两人之间在网络中所结下的恩怨。此后,孟庆德和仲达两人之间的论争愈演愈烈,甚至"脂砚斋"、"长江后浪"、"黄祸"等一些和仲达有过文字恩怨的网民也参加进来批评仲达,形成了对仲达的围攻。一些网民对这种已经陷入人身攻击的混战表示了不满,网民"晨牧"对仲达的文风进行了批评:

>反驳、批评别人的观点,我觉得首先你要懂得尊重别人,尊重别人,也是尊重你自己。如果不尊重别人,动辄进行人身攻击,这个习惯很不好,最后双方必定不欢而散,这就失去了争论的意义。

网民"老石头06"也指出:

>我个人以为今天的阵势,多少都有些贬损你们自己。说句不中听的,这是掐架,没有思想的交锋。我觉得老孟的《脾气》文章做得很好,从多视角的角度展现了鲁迅先生的"脾气"个性。

总的来说,这场混战的确是一场掐架,没有多少思想的交锋,不过它却显示出"拥鲁派"网民之间的分化和对立。很可惜的是,这几位网民之间的这次掐架最初是因为几年前的文字上的恩怨,而非观点上的不同,这样的意气之争显然是毫无意义的。

2009年度中文网络中关于鲁迅的网民发生的重要变化就是于仲达与范美忠的公开决裂。

2009年8月16日,网民于仲达在天涯社区网站发表了《揭开"知识精英"范美忠的"精神困局"》①一文,解剖曾经热爱鲁迅的网民范美忠(即"范跑跑")的精神问题,这篇文章不仅引起了广泛的争论,而且也正式宣告这两位曾经热爱鲁迅的网民的公开决裂。于仲达在文章中首先回顾了他和范美忠在网络中因鲁迅话题而结识、交往的经过,然后又对范美忠因在汶川大地震后的言论暴得大名后的言行进行了分析:

---

① 于仲达:《揭开"知识精英"范美忠的"精神困局"》,天涯社区·闲闲书话,(http://www.tianya.cn/publicforum)2009—08—16。

> 范美忠受鲁迅的影响很深……鲁迅的真正深刻来源于对于"失败"的觉醒,他那种强烈的自省意识和自剖意识,是研究鲁迅的范美忠所欠缺的。

范美忠在当天看到于仲达的这篇文章之后在跟帖中进行了回应,认为于仲达是在报复自己。在一些网民加入这次讨论之后,范美忠披露了他和于仲达产生冲突的经过:

> 两周前于医生给我打电话,谈两个问题:第一,你要利用现在的名声推荐民间鲁迅研究。二、接下来于医生又要跟我讨论鲁迅研究……于医生又说:"你的野草研究太主观了!"我说,我们对文本解读的理解不一样,并对他老谈鲁迅研究专家表示不耐烦。

对于范美忠的解释,于仲达澄清了事实真相:

> 第一、我记得我是这样对你说的,你既然已经进入了公共话题,就不要老是谈论地震这种大家谈的话题,就推荐民间鲁迅研究。第二、我批评你的《野草》研究太主观,不是一点理由没有,当然,要谈这个问题,也不是一两句的事情。

于仲达最后强调:

> (这篇)文章是基于长期观察写的,凝聚了我的思考,目的是解剖你的精神困局。总之,不是一时心血来潮"报复"你。只是,你认为我"报复"你,实际情况不过是我批评了你,而不是仅仅像以前那样应你的要求吹捧你的鲁迅研究而已。

综观这次论争,可以看出于仲达和范美忠这两位热爱鲁迅的网民因为对鲁迅的理解与传播方面的意见不同而发生了冲突,最终造成了决裂。可以说,于仲达希望范美忠利用他现在的知名度来推介民间鲁迅研究的建议是很好的;但是范美忠认为自己在向外界推介民间鲁迅研究方面没有多少影响力,并且不太认同于仲达对鲁迅的阐释与研究。两人因言语不和,加上范美忠又对于仲达进行了谩骂而产生了激烈冲突,于仲达稍后在网络中发表了解剖范美忠的"精神困局"的长文,引起了范美忠的误解,以为于仲达是借此"报复"自己。随后,"水妖"等一些拥护范美忠的网民又撰文反击于仲达,双方互揭个人隐私,彼此进行人身攻击,最后导致了一场混战。这样一个关于推介民间鲁迅研究话题本来应该会很有意义的,但是却最终因个人恩怨而成为一场毫无意义的互相攻击的混战,的确是很令人遗憾的。希望一些热爱鲁迅的网民能从这次混战中吸取教训,认真地讨论一下如何推介民间鲁迅研究的话题。

2. 中文网络中关于鲁迅的网民文章的分化

2007年度关于鲁迅的评论与上一年度相比在数量上大幅减少,在质量上也没有明显的进步,仍然是鱼龙混杂,参差不齐;而关于鲁迅的论争虽然仍旧比较热烈,但依然存在一些值得注意的问题。

(1)关于鲁迅本人的评论文章

①于仲达的《鲁迅先生见证了我曾走过的十年艰难岁月》

2007年1月21日,于仲达在天涯社区网站发表了《于仲达访谈录——鲁迅先生见证了我曾走过的十年艰难岁月》①一文,他在这篇文章中不仅阐明了自己研读鲁迅的立场,对自己过去的研读鲁迅的系列文章作了总结回顾,对当前的一些鲁迅热点话题进行评论,而且也表达出自己在后鲁迅时代的精神归属。这篇文章在网络中引起了较大的反响,但在很大程度上却不是因为鲁迅研究方面的原因,而是因为于仲达在文章中明确宣布要在追随鲁迅十年之后寻找新的精神归属。

于仲达的这篇文章发表之后,一位基督徒网民"尹非凡"与于仲达在网络中进行了长时间的思想探讨,试图用基督教的教义和《圣经》的故事来引导于仲达的思想,而于仲达本人此前也已经开始研读《圣经》。于仲达在《写作此文的前言》中明确指出:"鲁迅先生就是一个启蒙者、自我反思者和寻求拯救者,只是他没有寻找到拯救的力量。鲁迅那里,有痛苦的精神维度。再往前走一步,就是信仰的精神维度。站在黑暗中,我拒绝阳光,思想悲观,找到了宽恕的力量,也是一个希望通过基督教而被救赎的人,但是,由于残酷现实的刺激却让我难以皈依上帝。"

针对网民"老刁民"的质疑,于仲达再次阐述了他的思想变化:"鲁迅先生是集中全力勾勒、提炼中国人精神特征、为中国人提供反思自我'镜子'的文学家。神学能把这种反思提升到更高一种境界,所以,我更看重。鲁迅也曾把自己看作是'在转变中'或'在进化的链子上'的历史的'中间物',这一语包含着鲁迅对自我与社会的传统与现实之间的关系的深刻认识。同样,我也是'在转变中'或'在进化的链子上'的历史的'中间物',不同于鲁迅的是,我不仅意识到信仰的重要性,更意识到合理生活幸福度日的重要性。"稍后,于仲达又明确

---

① 于仲达:《于仲达访谈录——鲁迅先生见证了我曾走过的十年艰难岁月》,天涯社区·关天茶舍(http://www.tianya.cn/publicforum)2007—01—21。

宣布:"我已经基本上解决了精神上的困惑,皈依基督只是一个时间上的问题。实际上,在此前较长的一段时间里,神一直在隐匿处关爱着我,等我寻求拯救的力量时,神便出现了。"

一些网民也相继加入这场思想讨论。网民"秋水123"说:"我希望仲达大哥能继续在鲁迅研究上向深处开掘,并最终将鲁迅的精神内化为自己的心灵情感。如此,大哥方是最终摆脱了鲁迅。因为,尼采说过,真正的思想家是绝对反对偶像崇拜的。尼采和鲁迅固然思想深刻,但那毕竟是他们的思想,我们即使再无能,也应该保有我们自己独立的思想。"

于仲达在这次网络讨论之后终于做出了超越鲁迅的选择,在2007年的复活节皈依基督教。应当说,于仲达的思想转向并非个例,中文网络中也有一些曾经热爱并追随鲁迅的网民经过一段时间之后发生了思想变化,明确地宣布要走出鲁迅。这种现象是可以理解的,在某种程度上也标志着网络中一些热爱鲁迅的网民的思想变化。需要指出的是,于仲达的生命体验式的鲁迅研究在中文网络中比较突出,而他从2007年之后对鲁迅的体验与研究却在一定程度上陷入偏执,甚至是误入迷途。总之,从基督教文化的角度审视鲁迅、研究鲁迅是无可厚非的,但于仲达在精神上追随鲁迅十年之后却又感到要在信仰方面超越鲁迅,在基督教中寻找灵魂的归宿和精神家园,这种自我感觉无疑是错误的。就像他在劝告一位热爱鲁迅的网民时所说的那样:进入鲁迅,但别忘了走出鲁迅;在此也奉劝于仲达:进入基督教,但别忘了走出基督教,真诚希望他能迷途知返,再回到鲁迅那里。

②网民"老金在线"发表了考证鲁迅与中国古籍的系列文章

2007年5月21日,网民"老金在线"在天涯社区网站以《鲁迅与儒学》①为题发表了《鲁迅与〈儒林外史〉》、《鲁迅与〈周易〉》两篇文章,分别钩稽了鲁迅与这两部名著的关系,在论坛中得到了众多网民的高度评价。稍后,"老金在线"又陆续发表了《鲁迅与〈伪偻集〉》、《鲁迅与〈孟子〉》、《鲁迅与〈二酉堂丛书〉》、《鲁迅与〈流沙坠简〉》、《鲁迅与〈尚书〉》、《鲁迅与〈荀子〉》、《鲁迅与〈拘幽操〉》、《鲁迅与〈法言〉》、《鲁迅与〈孔子家语〉》、《鲁迅与〈阅微草堂笔记〉》、《鲁迅与〈朱子语类〉》、《鲁迅与〈花月痕〉》、《鲁迅与〈礼记〉》、《鲁迅与〈论语〉》等文章,这些文章或长或短,首先摘引出鲁迅在文章或言论中提到这些古籍的情况,并加以简短的评说,通过实证研究证实鲁迅有很深的儒学背景。

---

① "老金在线":《鲁迅与儒学》,天涯社区·关天茶舍(http://www.tianya.cn/publicforum)2007-05-21。

8月24日,"老金在线"又在天涯社区网站发表了《鲁迅读过的佛学典籍（部分）》①,稍后又陆续发表了《鲁迅读过的儒学部古书》、《鲁迅读过的碑刻研究专著（部分）》、《鲁迅读过的甲骨文研究专著》等系列文章,从鲁迅的日记、书信及文章中钩稽出鲁迅所读过的上述种类的古籍,并对这些古籍加以简短的介绍和点评。

"老金在线"钩稽鲁迅与古籍的关系主要目的是"看看鲁迅的知识谱系怎样构成的",他的上述文章不仅在一定程度上显示出他对鲁迅著作的熟悉和对鲁迅研究的深入,而且也显示出中文网络中鲁迅研究的新进展。值得一提的是,一些网民也高度关注"老金在线"的这一系列文章,并进行了具有一定学术水平的讨论,这对推动网络中鲁迅研究的进一步发展具有重要的意义。

2008年,"老金在线"又在天涯社区网站发表了《鲁迅读过的碑刻研究专著（部分）》②一文,从鲁迅的日记、书信及文章中钩稽出鲁迅所读过的碑刻研究专著,并对这些碑刻研究专著加以简短的介绍和点评。

另外,"老金在线"还发表了《鲁迅是现代士大夫》③一文,指出:

> 本土传统,从孔子、子思、孟子、荀子到李贽,到鲁迅,是不乏"清议"暨"批判"传统的。他们从不试图"文过"。要之,无论传统抑现代,"清议"暨"批判",恒是知识分子之特色,一落"文过"言诠,便非知识分子。"清议"暨"批判",是传统士大夫也是现代士大夫大义所在。这样就可以理解,从孔子到鲁迅这一谱系中人,就是波普尔所赞誉、莫洛亚所表彰的那个人类谱系中的知识分子。在中国,这样的知识分子也就是秉承儒学传统的士大夫……鲁迅的深刻就在于,他从未试图"文过",因此从未省略过"批判"立场,因此成就为高张传统"清议"精神的现代士大夫。——我之所以疼爱鲁迅,一源于此。

从上述评论中可以看出,"老金在线"对鲁迅的研究已经比较深入,并取得了一些具有较高学术水平的研究成果。

---

① "老金在线":《鲁迅读过的佛学典籍（部分）》,天涯社区·闲闲书话（http://www.tianya.cn/publicforum）2007－08－24。

② "老金在线":《鲁迅读过的碑刻研究专著（部分）》,天涯社区·金石书画（http://www.tianya.cn/publicforum）2008－8－8。

③ "老金在线":《鲁迅是现代士大夫》,天涯社区·闲闲书话（http://www.tianya.cn/publicforum）2008－1－31。

③网民"槟榔"发表了研究鲁迅的系列文章

2008年,"槟榔"先后在天涯社区网站中发表了《青年鲁迅思想探索的启示》①、《论青年鲁迅对时代思潮的批评》②、《鲁迅与日本自由主义者鹤见佑辅》③、《论鲁迅对蒋介石政府的批评》④、《鲁迅与苏曼殊》⑤、《鲁迅与王国维比较论》⑥等多篇关于鲁迅的研究文章。这些文章在形式上不像网络中常见的那些评论鲁迅的帖子,更像是学术刊物上刊登的学术论文(事实上其中的3篇文章后来分别在2009和2010年发表在学术刊物上),不过因为是首先刊发在网络中,所以也纳入本书的研究范围。前两篇论文主要分析青年鲁迅的思想,后4篇论文主要分析鲁迅与中外名人的关系,不仅史料准确,而且观点比较客观,充分显示了"槟榔"在鲁迅研究领域的学术水平。

④网民"方便面3号"在网络中发表了描写鲁迅与许广平爱情经过的系列文章《恋爱中的鲁迅》

网民"方便面3号"在天涯社区网站陆续发表的《恋爱中的鲁迅》⑦系列文章是以鲁迅和许广平的《两地书》为素材所写的一部书稿,书稿的部分内容在3月份连载于天涯社区·闲闲书话论坛,得到了众多网民的好评,并在9月份由武汉出版社正式出版。"方便面3号"在《两地书》中读出了"一个真正的生活的、可爱的,甚至是幽默而幼稚的鲁迅",他在该书的后记中介绍了自己写作此书的目的:

> 这一次,我试着打碎了鲁迅的神像,擦拭鲁迅脸上被刻意涂抹的严肃。我试着一点点还原鲁迅,把他放回1925年3月……如果我们认真地

---

① "槟榔":《青年鲁迅思想探索的启示》,天涯社区·关天茶舍(http://www.tianya.cn/publicforum)2008—7—18。

② "槟榔":《论青年鲁迅对时代思潮的批评》,天涯社区·关天茶舍(http://www.tianya.cn/publicforum)2008—9—11。

③ "槟榔":《鲁迅与日本自由主义者鹤见佑辅》,天涯社区·关天茶舍(http://www.tianya.cn/publicforum)2008—9—16。

④ "槟榔":《论鲁迅对蒋介石政府的批评》,天涯社区·关天茶舍(http://www.tianya.cn/publicforum)2008—9—23。

⑤ "槟榔":《鲁迅与苏曼殊》,天涯社区·关天茶舍(http://www.tianya.cn/publicforum)2008—10—28。

⑥ "槟榔":《鲁迅与王国维比较论》,天涯社区·关天茶舍(http://www.tianya.cn/publicforum)2008—11—18。

⑦ "方便面3号":《恋爱中的鲁迅》,天涯社区·闲闲书话(http://www.tianya.cn/publicforum)2009—3—9。

阅读《两地书》，我们会在两个人的情话里一件件脱下鲁迅的衣服，我们会发现，鲁迅不仅吃草，他还食用月亮、孩子气和相思。

网民"方便面3号"在书中选择一些"有趣"的情节刻意塑造出了一个"恋爱中的鲁迅"的形象，这个"恋爱中的鲁迅"虽然不同于那些政治化解读所塑造的"鲁迅"形象，并先后获得一些网民和媒体的好评，但是作者对于鲁迅的形象可以说是解构得过分了，在某种程度上是一种迎合图书市场的刻意俗化鲁迅的行为。

⑤网民"粉色叶子"发表了《很雷，很杯具，这就是"鲁迅爱过的人"！》一文

2009年11月30日，网民"粉色叶子"在天涯社区·娱乐八卦论坛发表了《很雷，很杯具，这就是"鲁迅爱过的人"！》①一文，引发了一场大规模的论争，该文也成为本年度网民访问次数最多的讨论鲁迅话题的文章（访问：97776，回复：794）。

网民"粉色叶子"在文章中以文字配人物照片的形式点评了鲁迅和周作人、周建人三兄弟的婚恋问题。首先点评的是鲁迅和朱安、许广平的关系。

1. 朱安

上朱安图，看到这里，筒子们定会和我一样恍然大悟吧！我们可怜的鲁迅先生太命苦了，这样的老婆还是供着吧。

2. 许广平

这是鲁迅公开承认的爱人，虽然不是名义上的夫妻（不合法呀），现在的称呼是"同居女友"，不过这可是事实婚姻的，有爱情结晶小 baby 为证！

"粉色叶子"的这些带有调侃色彩的点评文字引起了一些网民的论争。一些网民为朱安抱不平，并对鲁迅有所指责。网民"安在西"说：

说实话，鲁迅一辈子宣扬新思想新礼教，却逃不开封建礼教的约束，还害了一个女人一辈子。供养她又怎么样呢？内心的煎熬孤寂怨恨是无法估量的。姑且不论他的作品和思想，在纯粹的"男人"上，鲁迅绝对算不得一个好男人，他和许的爱情也并非像渲染的那么美好，放低姿态看，不过是一段比较文明的婚外恋而已。

另外有一些网民为鲁迅辩护。网民薛璎说：

---

① "粉色叶子"：《很雷，很杯具，这就是"鲁迅爱过的人"！》，天涯社区·娱乐八卦 (http://www.tianya.cn/publicforum) 2009—11—30。

> 我认为鲁迅已经做得很好了,算是男人中的极品。朱安是他母亲硬逼着他娶的,但他不喜欢,也就没有碰,也就无所谓歉。照楼上某些人的说法,鲁迅不碰一个自己不喜欢的人是错?或者他就该禁欲一辈子?你不可能强迫自己爱上一个你没有感觉的人。鲁迅对朱安算是无情而有义的。

此外还有一些网民谈到了时代因素对鲁迅婚姻的影响。网民"爱卿你从了朕吧"说:

> 朱安是旧社会的悲剧,也是她自己因为封建社会规矩的悲剧刺激了鲁迅,才有了日后一系列的尖锐深刻作品。如果鲁迅当初一开始就是遇见许,鲁迅可能就不是现在这个鲁迅了。而且,朱安一心孝顺鲁迅的母亲直到逝世,其实朱安是个好女人,只是时代的错,社会的错。

回顾这次论争,可以看出《很雷,很杯具,这就是"鲁迅爱过的人"!》这篇关于鲁迅和朱安、许广平的文章之所以能成为本年度关于鲁迅的点击率最高的文章,是和它发表在天涯社区·娱乐八卦论坛这样一个充满八卦色彩、善于发掘名人隐私的论坛有很大的关系。需要强调的是,《很雷,很杯具,这就是"鲁迅爱过的人"!》这篇文章没有多少水平,仅仅提出了一个关于鲁迅"爱过的人"的话题,但是它却引发了一些热衷于讨论现实社会中"小三"、"剩女"等话题的网民的共鸣,并导致了一场大规模的论战。从上述网民的言论中可以看出,一些网民为朱安抱不平,并对鲁迅进行了批评,认为鲁迅可以对朱安做出更"亲情"一些的行动;另外一些网民则为鲁迅辩护,认为鲁迅在当时的环境下已经做得很好了;还有一些网民则指出,鲁迅和朱安都是受害者,这个悲剧是当时的社会环境造成的。但是,网民之间的争吵很激烈,互相都说服不了对方,甚至在论争的最后出现了互相谩骂攻击的现象。总的来说,虽然一些网民最后能从民国法律的角度来审视鲁迅和朱安、许广平的关系,但是网民的言论还是显得比较情绪化,往往结合当代社会的现实问题来讨论鲁迅和朱安、许广平,还不能客观理性地把周家的家庭内部关系和当时的社会背景结合起来讨论鲁迅和朱安、许广平的关系,这样就使得这次讨论虽然热烈但是脱离了历史背景,显得热闹有余,而意义不大。

⑥网民"浮生何所寄"发表了《鲁迅:讨人嫌的老乌鸦》一文

网民"浮生何所寄"在天涯社区网站发表的《鲁迅：讨人嫌的老乌鸦》①是一篇纪念鲁迅先生的文章，他在文章中把鲁迅比作"讨人嫌的老乌鸦"。文章在追溯鲁迅的一生之后在结尾写道：

> 老乌鸦死了，它还活着。它刺耳的叫声，那最可恶的真话，仍然回荡在有了英雄却不知珍惜、爱戴的邦国。我知道，他会继续在同胞们的热闹声中寂寞下去，如同他寂寞的生前。凭谁问，他只想回到人间。
>
> 七十三年，忘中犹记，风雨如磐暗故园。

通读这篇文章，不仅可以看出这位已经阅读鲁迅十多年的网民对鲁迅的熟悉和理解的深刻，而且也可以看出他对鲁迅的深厚的感情。鲁迅被这个出生于1985年的网民比作一个"讨人嫌的老乌鸦"，正是这个"讨人嫌的老乌鸦"不知疲倦地对着中国人说着"最可恶的真话"，试图唤醒中国人。应当说，这位网民对鲁迅的理解和阐释是比较深刻的，这篇文章在网络中的同类文章中也算是出类拔萃的。

另外，网民"行走江湖甲"的《关于鲁迅：其生、其死、其时代》②和网民"煮酒叶难烧"的《从鲁迅到梁实秋的历史轮回》③这两篇文章都是本年度中文网络中出现的比较有分量的长篇文章，因为这两篇长文连载一直到2010年年中，而且文章的大部分内容都是在2010年发表的，所以纳入2010年度的文章之中。从已经发表的部分可以看出，这两位网民对鲁迅及民国的事实比较熟悉，分析也比较客观，在一定程度上显示出某些网民对鲁迅的理解与阐释已经达到一个较高的水平。

（2）关于鲁迅作品的评论文章

2007年度中文网络中关于鲁迅作品的评论文章重要的有范美忠的《〈求乞者〉：存在的废墟感和本真性的寻求》、《〈这样的战士〉：在无物之阵中失败的坚强战士》、《〈野草·题辞〉：言说的困境 生命的证词》。

范美忠的这几篇文章继续采用他此前解读《野草》的文本细读方法。范美

---

① "浮生何所寄"：《鲁迅：讨人嫌的老乌鸦》，天涯社区·关天茶舍（http://www.tianya.cn/publicforum）2009—8—5。

② "行走江湖甲"：《关于鲁迅：其生、其死、其时代》，天涯社区·人物研究（http://www.tianya.cn/publicforum）2009—12—14。

③ "煮酒叶难烧"：《从鲁迅到梁实秋的历史轮回》，天涯社区·天涯杂谈（http://www.tianya.cn/publicforum）2009—8—17。

忠在《〈求乞者〉:存在的废墟感和本真性的寻求》①一文中指出:

> 鲁迅在写及求乞者时强烈的烦腻,疑心和憎恶的情绪还有对自身如何求乞的设想很大程度上有他的现实体验在内。尤其是童年家道中落感受到的世态炎凉以及从日本归国以后为了负担一家人的生计到处奔波,在他厌恶的环境与面目可憎的人共事从事自己不喜欢的工作而饱受屈辱感这种现实意义上的求乞体验是鲁迅生存体验生命经历中很重要的一部分,所以鲁迅说"一要生存,二要温饱,三要发展"。鲁迅是个很有现实感的人,这是有刻骨铭心的体验在内的。

范美忠在《〈这样的战士〉:在无物亡阵中失败的坚强战士》②一文中指出:

> 毫无疑问,本文还体现了鲁迅沉重的失败感。无论如何坚决执着地战斗,他都将失败,世界不会因为他的战斗批判而有什么改观。联想到鲁迅对黄金时代的不信任,对"失掉的好地狱"的缅怀,我们可以说:鲁迅有强烈的失败感和绝望感。这种失败感可以说是由他的很多经历和体验堆积而成的。

范美忠的这两篇解读比较注意结合鲁迅生平经历中的挫折与苦难来分析文本,从而可以更好地理解鲁迅在文本中所表达出来的思想感情,这样的解读方法是比较正确的,有助于深入理解鲁迅的文本。但是,范美忠用基督教的某些教义来衡量鲁迅在这些文本中所表达出来的思想,就显得有点过度阐释了。例如,范美忠在对《求乞者》解读时说:"基督教强调爱,怜悯给予而不是憎恶和冷漠,强调宽恕而不是复仇,处处与鲁迅相反,确实是救治鲁迅之弊乃至人类之病的药方。"

另外,范美忠在对《〈野草·题辞〉》③进行了文本细读之后指出:

> 作者在《题辞》中首先表达了言说的艰难以及对言说的不确信,困惑和犹疑;次则整体上概括自己不追求永恒,不害怕死亡和朽腐的,向死而生的追求生命极致的大欢喜的生命哲学;三则表达《野草》乃生命的痕迹,

---

① 范美忠:《〈求乞者〉:存在的废墟感和本真性的寻求》,天涯社区·闲闲书话(http://www.tianya.cn/publicforum)2007-06-15。
② 范美忠:《〈这样的战士〉:在无物之阵中失败的坚强战士》,天涯社区·闲闲书话(http://www.tianya.cn/publicforum)2007-06-18。
③ 范美忠:《〈野草·题辞〉:言说的困境 生命的证词》,天涯社区·闲闲书话(http://www.tianya.cn/publicforum)2007-06-26。

罪过之书；四则暗示作品的部分内容是表达对地面的憎恶；最后表达的是《野草》乃过去生命的确证，以及希望《野草》速朽从而告别《野草》的渴望，但实际可能有些惋惜、留恋和感伤的心情。

范美忠通过对《题辞》的深入分析，把握到《野草》的多重内涵，从而可以更深入地理解《野草》的文本，应当说，他对《野草·题辞》的上述解读是比较准确的。

2008年度中文网络中关于鲁迅作品评论的文章相对很少，此前常发表评论鲁迅作品文章的天涯社区网站在本年度也只发表了几篇水平一般的评论文章。

2009年度中文网络中关于鲁迅作品评论的文章也相对很少，天涯社区网站只出现了两篇具有一定水平的分析《祝福》的文章。网民"黑色的藤萝"撰写的《亲临鲁迅手札之一 读〈祝福〉》①是作者独自的"鲁迅之旅"的第一篇，重点分析了《祝福》的主题和反讽的艺术手法。网民易森的《鲁迅〈祝福〉：一件河边的谋杀案件》②是一篇旧作的修改稿（笔者印象中该文在网易·鲁迅论坛发表过），重点分析了《祝福》的思想和小说采用的倒叙的艺术手法。总的来说，这两位网民对《祝福》的解读都具有一定的学术水平。

（3）仿写鲁迅作品的文章

2007年度中文网络中出现的仿写鲁迅作品的文章主要有：网民"莫大"的《纪念马良行君》③一文模仿鲁迅的《记念刘和珍君》写中国女足主教练马良行下台的故事；网民"正宗马甲"的《论上证综指的倒掉（仿鲁迅版）》④一文模仿鲁迅的《论雷峰塔的倒掉》写上海证券交易所股市价格暴跌的故事；佚名的《纪念带头大哥777》⑤一文模仿鲁迅的《记念刘和珍君》写著名的"股神"带头大哥777被警方控制的故事；网民"风雨楼"的《纪念暂住证的诞生及其他》⑥一文模仿鲁迅的《记念刘和珍君》写自己在北京办理暂住证的故事；佚名的《纪念赤壁

---

① "黑色的藤萝"：《亲临鲁迅手札之一 读〈祝福〉》，天涯社区·闲闲书话（http://www.tianya.cn/publicforum）2009－12－23。

② 易森：《鲁迅〈祝福〉：一件河边的谋杀案件》，天涯社区·闲闲书话（http://www.tianya.cn/publicforum）2009－3－8。

③ "莫大"：《纪念马良行君》，(http//:blog.sina.com.cn/s/blog)。

④ "正宗马甲"：《论上证综指的倒掉（仿鲁迅版）》，(http//:www.zhukuai.com/html) 2007－4－8。

⑤ 佚名：《纪念带头大哥777》，(http://cloud.blog.cnstock.com/archives)。

⑥ "风雨楼"：《纪念暂住证的诞生及其他》，(http//:www.bokequn.cn)。

（仿鲁迅记念刘和珍君）》①一文模仿鲁迅的《记念刘和珍君》写作者玩《赤壁》网络游戏的故事；佚名的《纪念深度两岁有感》②一文模仿鲁迅的《记念刘和珍君》写深度论坛已经度过两岁的故事；佚名的《纪念陈寿福君及珊瑚虫版QQ（仿鲁迅文）》③一文模仿鲁迅的《记念刘和珍君》写珊瑚虫QQ软件的作者陈寿福因为制作这个软件而被腾讯公司告上法庭最终被捕一事。

2008年度中文网络中出现的仿写鲁迅作品的文章主要有：网民"梁下君子"的《仿鲁迅：纪念三鹿集团》④一文模仿鲁迅的《记念刘和珍君》写三鹿毒奶粉事件；佚名的《纪念毒奶粉受害者》⑤一文模仿鲁迅的《记念刘和珍君》写三鹿毒奶粉受害者的故事；网民"澳笔一"的《纪念受害婴儿》⑥一文模仿鲁迅的《记念刘和珍君》写三鹿毒奶粉受害婴儿的故事；佚名的《纪念死难同胞（仿鲁迅）》⑦一文模仿鲁迅的《记念刘和珍君》写汶川大地震遇难同胞的故事；网民"风林火山"的《纪念中石油君》⑧一文模仿鲁迅的《记念刘和珍君》写中石油股票跌破发行价的故事；佚名的《纪念王石宝强君》⑨一文模仿鲁迅的《记念刘和珍君》写万科董事长王石和影星王宝强因为为汶川大地震捐款较少而被网民痛批的故事；佚名的《纪念陈冠希君》⑩一文模仿鲁迅的《记念刘和珍君》写陈冠西艳照门事件；佚名的《纪念姚明的08赛季——模仿鲁迅〈记念刘和珍君〉》⑪一文模仿鲁迅的《记念刘和珍君》写姚明在2008年赛季不幸受伤的故事。

2009年度中文网络中出现的仿写鲁迅作品的文章主要有：网民"gukaipng"的《纪念阎崇年君》⑫一文模仿鲁迅的《记念刘和珍君》写阎崇年被

---

① 佚名：《纪念赤壁（仿鲁迅记念刘和珍君）》，(http//：bbs.sg.wanmei.com)2007-12-16。
② 佚名：《纪念深度两岁有感》，(http//：bbs.deepin.org/archiver)2007-10-22。
③ 佚名：《纪念陈寿福君及珊瑚虫版QQ（仿鲁迅文）》，(http//：forum.minisoyo.com)2007-10-16。
④ "梁下君子"：《仿鲁迅：纪念三鹿集团》，(http//：www.club.china.com)2008-9-23。
⑤ 佚名：《纪念毒奶粉受害者》，(http//：bbs.chizhouren.com)。
⑥ "澳笔一"：《纪念受害婴儿》，(http//：www.bbs.eduu.com)2008-10-31。
⑦ 佚名：《纪念死难同胞（仿鲁迅）》，(http//：shbbs.soufun.com)2008-5-26。
⑧ "风林火山"：《纪念中石油君》，(http://bbs.ifeng.com)。
⑨ 佚名：《纪念王石宝强君》，(http//：nbbbs.zol.com)2008-6-20。
⑩ 佚名：《纪念陈冠希君》，(http//：www.qcjd.com.cn/bbs)2008-3-2。
⑪ 佚名：《纪念姚明的08赛季——模仿鲁迅〈记念刘和珍君〉》，(http//bbs.hoopchina.com)2008-3-1。
⑫ "gukaipng"：《纪念阎崇年君》，(http//：www.hanminzu.net/bbs)2009-11-7。

读者掌掴事件；网民"sdxtzfyn"的《纪念陈国军君》①一文模仿鲁迅的《记念刘和珍君》写吉林通钢集团职工反对改制并打死建龙集团派到通钢集团担任总经理的陈国军的事件。另外，网民"姚文嚼字"在中文网络中著名的论坛凯迪社区·原创评论(http://club.kdnet.net)中陆续发表了《纪念毒奶粉受害者》(2009—02—22)，《仿鲁迅：纪念三鹿集团》(2009—03—15)，《仿鲁迅：纪念傻大木君》(2009—03—15)，《仿鲁迅：纪念卢武铉君》(2009—06—02)，《新狂人日记 高考版——仿鲁迅》(2009—06—04)，《纪念成都9路公交遇难者》(2009—6—7)，《论滑稽护航的倒掉》(2009—06—11)，《纪念邓贵大君》(2009—6—10)，《论邓贵大的死掉》(仿鲁迅：论雷峰塔的倒掉)(2009—6—10)，《论神童市长的倒掉》(2009—07—01)，《仿鲁迅：新网络狂人日记》(2009—08—31)等十多篇模仿鲁迅作品的文章，这些文章此前都已经陆续在"姚文嚼字"本人的新浪博客(http://blog.sina.com.cn/yaowenjiaoziyzy)中刊登过，并被一些网民转载，在中文网络中产生了一定的影响，这次集中发表，又再次引起网民的关注。(详见下文分析)

(4)攻击鲁迅的文章

①网民"作家顾晓军"攻击鲁迅的系列文章

网民"作家顾晓军"是一位50多岁的网络写手，同时也是拥有4万多成员的新浪·网络作家圈圈主，他自称要扛起"复兴中国文学"的大旗，在自己的博客上打出了"高举中国新文学大旗！打倒鲁迅！光耀我伟大中华！"的口号，把2007年称为"网络倒鲁元年"，在中文网络中发起了"倒鲁运动"，连续在各大中文论坛发表了《鲁老爷爷请您允许我打倒您》、《鲁迅先生不能代表中国精神》、《请鲁迅先生步下神坛》、《鲁迅先生的错误》、《〈孔乙己〉之三大败笔》、《鲁迅先生私塾式教化民众法可以休矣》、《民众是供我们爱的，而不是供我们去骂的》、《鲁迅精神的实质就是反社会》、《鲁迅先生不能代表中国精神》、《网络上挺鲁迅的几种嘴脸》、《2007网络倒鲁方兴未艾》等一系列攻击鲁迅的文章。2007年10月23日，"作家顾晓军"在接受TOM论坛·绝对隐私版版主的专访时指出："鲁迅先生的写作态度，肯定是有问题的；只不过是在那个时代，也许就只能是那样。因为存在，总有存在的道理的。我如今提出这个问题，不是要纠正鲁迅先生的写作态度，而是要纠正今天那些简单地效仿鲁迅先生的人的观念。简单地说，就是要：与时俱进。今天，以复兴中国文学为己任的作家，不应该学着鲁迅先生去'哀其不幸，怒其不争'，而应该把笔触伸到老百姓的心

---

① "sdxtzfyn":《纪念陈国军君》,(http//:www.bbs.meyet.com)2009—8—13。

里去。"10月25日,"作家顾晓军"又在中国新闻网·文化茶馆版主的专访中强调:"《请鲁迅先生步下神坛》,不是真的'步下'或'打倒',而是一次思想的、精神的解放的开始!(这)就是:倒鲁的,最本质的意义!"①

此外,"作家顾晓军"攻击鲁迅的言论还有如下几点:(1)"鲁迅先生写出了:我们的民族,处于病态的社会时期的不幸状态。一个民族的精神,应当是提取民族原生态精神与长期、非病态的主流精神,供发扬光大。所以说:鲁迅先生,不能代表中国精神!"(《鲁迅先生不能代表中国精神》)(2)"在黑暗的旧社会、在我们尚未夺取政权之时,我们是需要反社会的同路人及其作品的;即便在夺取政权之初,我们也还是需要反社会的同路人及他们的作品,一起去仇视那个已经被我们推翻了的旧社会。但是,到了一定的时候,我们就不能让反社会的作品,去熏陶和培养反社会的精神了。所以,鲁迅的作品淡出教科书,是再自然不过的必然。"(《鲁迅精神的实质就是反社会》)(3)"鲁迅先生的错误,在于他写了平民百姓,却不是为他们而写的。那么,鲁迅先生在为谁而写作呢?他是为文化人写作。所以,多年来,他为文化人所津津乐道。"(《鲁迅先生的错误》)

"作家顾晓军"上述攻击鲁迅的文章在中文网络中引起了较大的反响,虽然有一些网民为之叫好,但大多数网民都对此表示强烈的愤怒,并撰文批驳这些谬论。网民"葬月渡口"在《鲁迅先生不应该走下神台》一文中针对"作家顾晓军"以网络文学复兴中国文学的观点指出:"网络给我们创造了更加自由的平台,使我们更可以各抒己见,面对这个机遇,我们要做的不是把鲁迅先生请下神坛,而是让更多的文学人'走上去'。"网民"上蔡有成"在《驳顾晓军〈鲁迅先生不能代表中国精神〉》一文中指出:"鲁迅先生总是站在老百姓的立场上,为老百姓着想,指出他们的'冷漠'与'麻木',让他们认识到自己的缺陷,勇敢地站起来,为自己的生存权,与强权恶霸及其走狗们进行抗争。这是无可非议的!"②

总的来说,"作家顾晓军"所发表的上述攻击鲁迅的文章虽然都毫无道理可言,不值得一驳,但还是在各大中文论坛中引起了持续不断的论争,这使得此前在中文网络中小有知名度的"作家顾晓军"在2007年成为中文网络中的

---

① "作家顾晓军":《再谈鲁迅先生及其它》,天涯社区·来吧·顾晓军小说全集(http://laiba.tianya.cn/laiba)。

② 上述文章均引自翠微居网站·批判作家顾晓军专辑(http://read.cuiweiju.com/files/article/html)。

热点人物之一。可以说,"作家顾晓军"和 2006 年因为持续不断地在网络中发表攻击鲁迅的言论而成名的网民"脂砚斋"的炒作手法几乎一模一样,他们都是通过持续不断地攻击鲁迅来达到成为网络名人并宣传自己所创作的小说的目的。虽然,"作家顾晓军"通过攻击鲁迅在网络中获得了较高的关注度,成为中文网络的热点人物,但是他的几卷小说充满了色情和暴力,基本上都是文字垃圾,毫无文学价值可言。这对于叫嚣着要打倒鲁迅,扛起中国文学复兴大旗的"作家顾晓军"来说无疑是个巨大的讽刺。

②网民"脂砚斋"攻击鲁迅的系列文章

网民"脂砚斋"在 2007 年继续在中文网络中不断发表攻击鲁迅的文章,有《鲁迅是民族脊梁还是最媚日的汉奸?》、《鲁迅为封建集权文化代言的主要特征》、《鲁迅是中国极左思潮的最后一座牌》等十多篇,详见下文分析。

③网民"东南二组"攻击鲁迅的文章《闲来无事聊聊鲁迅》

2008 年 7 月 10 日,网民"东南二组"开始在天涯社区·关天茶舍陆续发表了《闲来无事聊聊鲁迅》①一文,引发了大规模的论争。"东南二组"在文章中指出:

> 身为一代新文化主将,平生致力于唤醒国民,以改造国民性为己任,"懂中国"的"第一等圣人"鲁迅。头顶上有着无数炫目的光环。但我更想知道,在这些光环背后,鲁迅是如何给我们展现民族"导师"的一面,而这不得不从鲁迅的生平聊起。

"东南二组"在评说鲁迅生平时,不断地质疑鲁迅生平中的一些事情,指出鲁迅在日本偷窥女性洗澡、与羽太信子有染、兄弟失和原因与性有关、与内山完造来往是汉奸等等,以此来否定鲁迅的光辉形象。

网民"鹭水苍茫"对"东南二组"的文章进行了批评,他指出:

> 鲁迅是个复杂的人,个人对其有不同看法,并不奇怪。但是,要写真实的鲁迅,要全面看事实,看历史环境,而不是想当然。……总之,楼主的倾向性太明显了,而正因这样,恰恰就失去了正义性和公平合理,因此也就失去了全文的价值。

针对众多网民的批评,"东南二组"强调:"文章就是想写一个真实的鲁迅,但奇怪的是很多人硬不愿去找些史料来对比下真伪。"对此,有不少网民质疑

---

① "东南二组":《闲来无事聊聊鲁迅》,天涯社区·关天茶舍(http://www.tianya.cn/publicforum) 2008—07—10。

"东南二组"的"还原鲁迅"的方式,并揭露其"还原鲁迅"的目的。网民"camusld"指出:

> Lz(楼主)要还原鲁迅面目,就应深究史料,熟悉历史,题目中的"闲来无事聊聊",鲁迅是能抱着一种"闲来无事"、轻浮的心情,随便"聊聊"的吗?!……事非经历不知难!鲁迅是人,不是神,也不是圣人。一样有自己的爱恨情仇,悲欢荣辱。不从当时的情况出发,一味从道听途说处加以发挥,绝不是正确的历史观。

在本次论争中,一些拥护鲁迅的网民和一些反对鲁迅的网民之间发生了相互攻击的现象,甚至有的网民爆出了粗口。网民"COCO研"对此现象做出了分析:

> 前面有回复说,为什么维护鲁迅的人在质疑鲁迅的帖子里态度都不太友好,个别网民有时是不说理而直接谩骂的,你想过这是为什么?我觉得这和质疑鲁迅的人自身的水平低下,甚至完全外行是相衬的。直接谩骂的人里也许有懂鲁迅的人,但不屑于说话而已。

总的来说,网民"东南二组"在《闲来无事聊聊鲁迅》一文中打着"还原鲁迅"的旗号,对鲁迅生平中的许多事件进行了攻击,但是这些攻击鲁迅的言论仍然是老调重弹,没有什么新意。虽然参加本次论争的网民比较多,很多在天涯社区·关天茶舍活跃的拥护鲁迅的网民(被称为"鲁粉"),和一贯攻击鲁迅的网民都参与进来,双方都引用了比较多的历史材料进行论争,但是论争的结果仍然是各持己见,没能在所争执的那几个鲁迅生平中的问题上取得共识。不过,从"拥鲁派"网民所发表的言论来看,他们对鲁迅生平和鲁迅作品比较熟悉,不仅对鲁迅的了解具有一定的水平,而且也在评价鲁迅时比较理性客观。

(5)关于鲁迅的论争文章

①关于北京高中语文课本中鲁迅与金庸作品选录问题的论争

2007年8月15日,北京出版的《竞报》以《金庸武侠名著"入侵"中学课本引争议》的标题报道了北京市新版语文课本撤下鲁迅的名著《阿Q正传》,同时把金庸的武侠小说《雪山飞狐》列入泛读备选篇目的消息。这条新闻不仅在全社会引起了强烈的反响,而且也在中文网络中引发了大规模的论争,仅网易·新闻论坛就有2144条针对这则新闻的评论。

《竞报》在这则报道中也引用了网民的各种观点,并把这些网民的观点分为支持者、反对者和中立者三大类。从分类上来说,网络中关于此事的评论也大致呈现出这三种观点。不过,从数量上来说,网民中的支持者和反对者都较多,而中立者则相对较少,这使得关于此事的论争比较激烈。网易·新闻论坛在 2007 年 8 月 16 日至 8 月 31 日进行了"你是否喜欢金庸的小说入选语文中学课本"的网络调查,调查结果显示,在总共 7489 位参与调查的网民中,有 3580 人选择了"喜欢"的选项,约占总人数的 48%,有 2633 人选择了"不喜欢"的选项,约占 35%,有 938 人选择了"无所谓"的选项,约占总数的 13%,另外,有 338 人选择了"说不清楚"的选项,约占总人数的 4%①。需要指出的是,此前的中学语文教材的确存在选文不当、注重应试教育等各种问题,需要进一步改进,而金庸小说入选中学语文课本泛读篇目也无不可,这从近半数的网民喜欢金庸小说入选中学语文课本的数字也可以看出。但是,鲁迅毕竟是中国现代文学的奠基人和中华民族的"民族魂",他对中国现代文化的影响是深远的和无可替代的。因此,中学语文课本在进一步改良入选篇目的时候仍然应该在较大数量上选入鲁迅的文章作为传播新文化的载体。与时俱进并不是抛弃历史,撤下鲁迅的《阿 Q 正传》实乃短视之举。正如网民"路近人"在《金庸 VS 鲁迅:猫比老虎会爬树》一文中所指出的那样:"金庸确实拥有最多的青少年读者,而热爱鲁迅的人,通常都是这个民族的脊梁。更何况,除了时代,除了现状,还有历史,更有将来。"②

②关于"脂砚斋"的《网上批判鲁迅的帖子精选》一文的论争

网民"脂砚斋"常在各大中文网站和论坛不断发表攻击鲁迅的文章,通过不断挑起较大规模的网络论争而在中文网络中获得了比较高的知名度。不过在本年度,"脂砚斋"发表的原创的攻击鲁迅的文章较少(他在天涯社区·关天茶舍发表的三篇攻击鲁迅的文章因为水平不高而被版主删除),反而是他集中转载的一组网络中出现的攻击鲁迅的文章引起了较大规模的论争。

2008 年 2 月 10 日,"脂砚斋"在天涯社区·关天茶舍发表了《网上批判鲁迅的帖子精选》③,集中转载了此前网络中出现的《鲁粉和反鲁派口水争论的大意义》("巴特勒船长")、《鲁迅先生的几个"污点"》(吴海勇)、《我看〈狂人日记〉》("四大名捕")、《"民族魂"的日记里记的全是钱》("憨子")、《鲁迅欺骗了整个中国》("xiejk2003")、《论鲁迅的出现是中国思想界的灾难》(郭知熠)、《论

---

① 网易·新闻论坛"你是否喜欢金庸的小说入选语文中学课本"调查(http://news.163.com)。

② "路近人":《金庸 VS 鲁迅:猫比老虎会爬树》,(http://news.163.com)。

③ "脂砚斋":《网上批判鲁迅的帖子精选》,天涯社区·关天茶舍(http://www.tianya.cn/publicforum) 2008-02-10。

"鲁迅"的倒掉》("二十天不出鸡")、《鲁迅是灵动而入戏的看客》("防忽悠咨询顾问")、《鲁迅先生不能代表中国精神》(顾晓军)、《鲁迅除了中国大陆,他还影响了那个地区那个族群?》("美女小混混")、《揭开鲁迅弃医报国的真相》("特来支持楼主")、《反思鲁迅——为俄国歌剧团作》(汪维松)、《鲁迅的残忍——"制造"祥林嫂式的悲剧》(罗竖一)、《自由主义的胡适和极权主义的鲁迅》("两棵枣树")、《面对鲁迅的两种反应。1. 是真的吗? 2. 你狠,我比你还狠。》("防忽悠咨询顾问")。5月6日,"脂砚斋"又在关天茶舍转载了网民"hjbanyi"的文章《鲁迅被推崇为民族英雄,是二十世纪中国的一个大冤案!》,并转载了网民"徽州人"和网民"怀符"的批评鲁迅的帖子。

上述的这些攻击鲁迅的文章虽然在网络中出现已久,但是水平比较低,加上作者没有多少知名度,所以在网络中没有多大的影响。"脂砚斋"这次在天涯社区·关天茶舍集中贴出这些旧帖子引发了"拥鲁派"网民和"反鲁派"网民之间的相互攻击。

网民"人力招聘"重点分析了脂砚斋不断攻击鲁迅的目的,他指出:

> 紫砚斋111(按即脂砚斋),所谓的"教授中的教授(叫兽中的叫兽)",换着马甲顶自己骂别人,整天没事意淫鲁迅是汉奸,借批鲁迅哗众取宠,意淫一下精神贵族,已经不是一两回的事情了,想必大家也该熟悉了。他诬陷鲁迅的真正目的是要借批鲁迅卖弄自己,展示自己的垃圾文字达到出名的目的。

一些网民也对网络中反鲁迅网民的谬论进行了剖析,网民"dzdd001"在《致反鲁书生们的一封信》中指出:

> 我只是想表达一个观点,即,根据鲁迅的文章骂鲁迅,总比根据那些不靠谱的野史更有说服力吧。但是,反鲁书生们却娴熟于狗仔队的勾当,偷窥、偷拍、杜撰、造谣一些绯闻、花边旧闻。你们从死人身上都可以惹这么多是非,不做娱记简直是娱乐业的一大损失,劝你们赶快改行,这样来钱更快还可以满足你们的偷窥欲,真是一举两得。

"拥鲁派"网民抨击"脂砚斋"的大量言论也遭到了反鲁迅的网民的回击,网民"醉酒狂歌"就针对"拥鲁派"网民的谩骂表达了愤怒:

> 我实在是很奇怪,你们小鲁难道是从监牢里面放出来的,为何爆粗口的词汇如此丰富。这就是根据鲁迅思想改造后的优等国民性吗?你们没有表现出哪怕一点点说理的兴趣,你们感兴趣的,就是用最卑劣无耻的手

段把对方击倒。当真是上梁不正下梁歪,一代不如一代。

一些网民也对关天茶舍中不断出现的攻击鲁迅的文章及由此引发的不断混战的现象表示了不满,网民"人力招聘"指出:

>("脂砚斋")这样的文章却一而再再而三地在关天发出,严重污染关天的生态,只能引起胡乱的谩骂,根本起不到理性交流的效果……本人建议茶舍斑竹(版主)严惩这种偏执得完全没有文字理解能力人,限制他再发这种上来就骂人的帖子。

综观本次论争,可以看出聚集在天涯社区网站的"拥鲁派"网民和"反鲁派"网民彼此之间的论争常常陷入人身攻击和互相谩骂之中,这样的论争只会导致两派之间的矛盾进一步扩大,基本无助于深化对鲁迅问题的讨论和争鸣。为了制止这种不良趋势,不仅"拥鲁派"网民最好不要经常参加这些无谓的论争(即使在参加论争时也需要注意语言的文明),而且网站的版主也更需要有所作为,为了维护论坛的良好秩序,要果断地删除那些层出不穷、此起彼伏的基本上毫无道理可言的攻击鲁迅的文章,这样就会在很大程度上遏制住论坛中出现的利用攻击鲁迅来进行炒作的不良现象。

③关于中学语文教材调整鲁迅文章篇目的论争

2009年8月,人民教育出版社新修订的高中语文课本去掉了《药》、《为了忘却的记念》和《阿Q正传》3篇鲁迅文章,仅保留了《记念刘和珍君》、《祝福》和《拿来主义》3篇鲁迅文章。此事经媒体曝光后,在社会上引起了强烈的反响,众多网民也在网络中为此事进行了大规模的论争,因为相关文章比较多,本文只选择天涯社区网站出现的几篇有代表性的文章进行介绍。

一些网民反对删减鲁迅文章,网民"奉旨修史"在《看鲁小札:教科书中"鲁迅"》[①]一文中说:

>选鲁迅的作品,不是因为他是所谓的"三家",而是因为他的作品本身。他的作品既代表了运用语言的娴熟的艺术,也饱蘸着强烈的热情(无论爱憎),还渗透着他对于历史与现实的深刻观察,以及批判的现代精神。对于现在的少年一代来说,或许鲁迅也有些遥远而隔膜了,但他依然是他们的高空之书,是培养他们的强大的胃、强大的心的正途。

---

① "奉旨修史":《看鲁小札:教科书中"鲁迅"》,天涯社区·闲闲书话(http://www.tianya.cn/publicforum)2009—8—17。

一些网民赞成删减鲁迅文章的观点,网民"水彼岸"在《为什么我们不能在中小学教材中减少鲁迅先生的作品?!》[①]一文中指出:

  人的思想是慢慢成熟和发展的,完全不考虑中小学生的理解能力,就把一些他们根本理解不了、体会不了的东西灌输给他们,我不说居心叵测,是不是也可以说是在拔苗助长?

一些网民对删减鲁迅文章的现象进行了较为深入的分析,网民"西辞唱诗"在《语文首先是语文并及鲁迅文章的事》[②]一文中指出:

  事实上,我们只要调整自己的"语文观",把语文还原为语文,——玫瑰就是玫瑰——我们从文学的美来看问题,那么,我认为把鲁迅请出教材的做法绝对是严重的倒退,如果这真成了现实,那至少说明我们的编教材的教育家们是多么的不合格,因为他竟然能够忽略鲁迅的文学的巨大的美的力量。但是,我同时也认为,因为如此,那么在小学和初中阶段倒不一定需要选入鲁迅的文章。

网民"两江书生"也在《鲁迅淡出教材背后的国民文化精神缺失》[③]一文中指出:

  对教育改革来说,鲁迅的作品在教材里多几篇少几篇不是最关键的,但是如何理解鲁迅、学习鲁迅,理解鲁迅背后的中国和中国文化传统是非常重要的,一味迎合学生的文化消费观念,并不能对课程改革、教材改革有所益处。

可以说,关于中学语文课本中鲁迅作品选录的问题一直是一个热点话题,2009 年人教版高中语文课本再次删减鲁迅作品又再次引发了广泛的争议。从上述网民对此事的评论来说,虽然观点不同,但都可谓见仁见智:一些网民能从语文教育的目的出发理性地看待鲁迅作品选录问题,一些网民还认识到删减鲁迅作品背后的深层次的问题,这都显示出一些网民对此事的深刻理解。总之,多数网民都认为中小学语文课本应当选录一些能被中小学生阅读和理

[①] "水彼岸":《为什么我们不能在中小学教材中减少鲁迅先生的作品?!》,天涯社区·关天茶舍(http://www.tianya.cn/publicforum)2009—10—12。

[②] "西辞唱诗":《语文首先是语文并及鲁迅文章的事》,天涯社区·闲闲书话(http://www.tianya.cn/publicforum)2009—8—18。

[③] "两江书生":《鲁迅淡出教材背后的国民文化精神缺失》,天涯社区·天涯时空(http://www.tianya.cn/publicforum)2009—8—23。

解的鲁迅的作品,教师在教学时应当注重作品的文学性,适当淡化其思想教育的色彩。

④关于《当代鲁迅韩寒:我是个乡下人》一文的论争

2009年6月,香港凤凰卫视评论员梁文道在国内的一次演讲中高度评价著名的80后作家韩寒:"再写几年他就是另一个鲁迅,他只是少些鲁迅身上的深沉和悲剧感。"[1]梁文道关于韩寒可能是"下一个鲁迅"的言论在中文网络中产生了强烈的反响。因为这一言论在众多的中文论坛中都引起了网民的热烈讨论,观点大致差不多,所以本书选择天涯社区网站网民的讨论进行分析。

网民周筱赟的《当代鲁迅韩寒:我是个乡下人》[2]是天涯社区网站中出现的一篇比较有影响的谈论韩寒与鲁迅话题的文章。周筱赟指出:

> 我简直想说——"韩寒就是当代鲁迅"。不过,想必韩寒是不愿意接受这样的高帽的,而且,韩寒是不是当代鲁迅,也是一个需要时间来证明的命题。
>
> 然而,从对青年人的影响这点来说,我觉得韩寒的作用,和当年鲁迅的作用,确实庶几近之。当年热爱鲁迅作品的都是青年,通过阅读书籍获得鲁迅的思想,而韩寒作品的读者,多是80后、90后的年轻一代,他们更多是网络阅读,甚至有些人从来没有书面阅读(教科书除外),如果80后作家中没有出现韩寒,不知道又有多少人受网络愤青聒噪的吸引,成为愤青的后备军了。

这篇文章吸引了一些网民参与讨论韩寒是否是"下一个鲁迅"的话题。一部分网民认为韩寒比不上鲁迅。网民"老猫笨笨_2008"指出:

> 将韩寒和鲁迅比,还是有点差距的。言论上,韩寒不够鲁迅犀利,见地上,韩寒不够鲁迅深刻,文字功底上,韩寒不够鲁迅深厚。楼主将韩寒跟鲁迅比,不是在赞扬韩寒,而是在寒碜韩寒!

网民"zhengstar"对韩寒进行了批评,他指出:

> 如果HH(韩寒)敢像鲁迅那样敢写出《记念刘和珍君》这类真正的文章,那我佩服……最近竟然不断地拿鲁迅来开刀,想利用一个死去的人上

---

① 王晟:《梁文道:韩寒是下一个鲁迅,金庸为何加入作协?》,(http://www.sina.com.cn) 2009-06-24。

② 周筱赟:《当代鲁迅韩寒:我是个乡下人》,天涯社区·天涯杂谈(http://www.tianya.cn/publicforum) 2009-11-17。

位,真是一种大无耻。

另外还有一些网民为韩寒辩护。网民"haooyting"说:

> 把他比作鲁迅或许还谈不上,但他这种不做作不谄不媚的作风,难道不正是我们所需要的吗?这个社会脏东西太多。或许有的人会觉得我们过于崇拜他,但你们不知道的是在我们这些八零后还在迷惘彷徨的时候,韩寒已经给我们做出了表率,或许我们还不会独立思考,但我们在学着独立思考。

需要指出的是,韩寒本人并不喜欢鲁迅。天涯社区网站在 2009 年 7 月 1 日至 8 日征集了众多网民的问题并请韩寒回答,韩寒在回答第 13 个问题时否定了鲁迅。另外,韩寒在回答记者提问时也作了类似的回答:

> 中国新闻周刊:你以反叛著称,还被很多人寄希望成为当代鲁迅,你觉得成为鲁迅的现代复刻版有意义吗?
> 韩寒:感谢他们的厚爱。但是我个人并不很喜欢鲁迅。①

从上述网民关于韩寒是"下一个鲁迅"的争论来看,韩寒作为一个对当代青年有着较大影响力的 80 后作家一直是媒体的宠儿(不仅 2009 年 10 月 30 日出版的《南都周刊》在"封面人物"上称他为"公民韩寒",而且 11 月 2 日出版的美国《时代周刊》以两个整版的篇幅赞扬他为"中国文学的坏小子"),但是,毋庸讳言,以"新概念作文"竞赛起家并有着众多小说销量的韩寒在文学成就上还不足以和鲁迅相提并论,梁文道等一些人之所以把韩寒说成"下一个鲁迅"主要还是因为韩寒通过他的博客所发表的一些尖锐讽刺社会现实问题的言论。

韩寒拥有众多的粉丝,他的博客也成为中文网络中点击率最高的几个博客之一。韩寒经常通过他的博客对一些社会上的热点问题发表意见,并经常产生较大的影响。最为著名的一次就是他在博客中转载了上海"钓鱼执法"受害者的文章,在网络中产生了巨大的影响,导致上海市有关政府部门在舆论压力下纠正了"钓鱼执法"的错误。严格来说,这并不是韩寒文章的力量,而应当说是网民特别是网民中韩寒粉丝的力量,才在网络中和媒体上对上海有关政府部门造成巨大的舆论压力,韩寒的文章只是"钓鱼执法"事件的一个导火索。当一些人拿韩寒在博客中发表的言论来和鲁迅杂文相提并论时,仅仅注意到

---

① 孙冉:《韩寒:关注社会,是一个作者生来必须的职责》,《中国新闻周刊》2010—1—4。

两者都产生了较大的社会影响,没有注意到韩寒批判社会现实问题的言论在深度和广度上还距离鲁迅很远,甚至也没有注意到韩寒对鲁迅不感兴趣。因此,把韩寒称为"下一个鲁迅",只能说是某些人士和媒体联手的一个炒作,并不是一个严谨、客观的结论。

⑤关于《鲁迅的1957年》一文的论争

2009年8月,天涯社区·学术中国论坛针对社会上和网络中热议鲁迅的现象而发起了题为"谁动了鲁迅的屁股"的征文,但是参加征文活动的网民不多。在20多篇征文中只有发起这次征文活动的学术中国论坛的版主"关不羽"撰写的《鲁迅的1957年》①一文引起了较大的论争。

8月25日,"关不羽"在天涯社区·学术中国论坛和闲闲书话论坛先后发表了《鲁迅的1957年》一文,他指出:

> 从生物学上讲,"鲁迅的1957"只能是一种假设……鲁迅走上神坛,或许不是他的初衷,但是不容回避的是,这无疑是时代风气急转直下的表征!要靠一个"假设"来切割"心意相通"的毛与鲁,似有掩耳盗铃之嫌。

网民黄小孺随后在《也谈"鲁迅的1957"——一些资料与两句建议》一文中对"关不羽"的文章进行了批评,他在详细引用了众多学者、作家关于"毛、罗对话"的相关文章之后指出:

> 其文章通篇主旨就是为了证明左翼文化人"真没多少风骨"。然而,"毛罗对话"却是真的存在,关不羽所有含沙射影的嘲讽都落了空。这对于大概非"左翼文化人"的关老师本人倒是一个嘲讽——忙活半天,原来自己在意淫。

针对众多网民的批评,"关不羽"又写了一篇题为《小一号的鲁迅》的文章,批评那些"像鲁迅、学鲁迅、捧鲁迅者":

> "小一号的鲁迅"到底该在哪一个等级呢?托庇于"神坛上的鲁迅",沾些"第一等高尚"的灵光,遂使"第二等的高尚"也光鲜了。"旗子"举得越高,仿佛给"第一等的高尚"添了更多的光彩,但是这和鲁迅无关。无非是"小一号的鲁迅"标榜"继承"的姿态更好看些,提高了自己的等级……

---

① "关不羽":《鲁迅的1957年》,天涯社区·闲闲书话(http://www.tianya.cn/publicforum)2009-08-25。

黄小孺也在《历史与逻辑——三论"鲁迅的 1957 年"》[①]一文中再次对"关不羽"的言论进行了批评,他指出:

> 关老师在文章的最后说:"归根结底,中国现代文化精英群体素来热衷于反思历史,却对自身的历史事实、历史责任缺乏反思",对于自身的历史进行反思我是十分赞同的,但我同时认为反思历史不能无视历史,而关老师恰恰犯了一个无视历史的错误。

回顾这次论争,可以看出网民"关不羽"试图把 1957 年的"毛、罗对话"说成是知识分子的一个"假设"或"意淫",从而来批判"神化"鲁迅的行为。而网民黄小孺在论争中引用了黄宗英等有关人士提供的大量资料是在证明 1957 年"毛、罗对话"的真实性,以此来否定关不羽的 1957 年的"毛、罗对话"是"假设"的说法。虽然"关不羽"引用"毛、罗对话"来批判"神化"鲁迅的行为,其目的是对的,但是他在论述中把"毛、罗对话"作为一个"假设",在论据方面就出现了错误,而黄小孺重点在论证 1957 年的"毛、罗对话"是真实的,从而间接地否定了"关不羽"的观点。

3. 小结

(1)关于鲁迅的网站、论坛和专栏分析

①公办机构主办的关于鲁迅的网站普遍存在一些问题。从 2007 年到 2009 年,中文网络中公办机构主办的网站如北京鲁迅博物馆网站、绍兴鲁迅纪念馆网站、南京鲁迅纪念馆网站、评读鲁迅网等,在内容建设方面总的来说比较缓慢,一些网站的栏目内容甚至在两年之后还是网站刚开通时的内容。另外,网站的互动性都不太理想,只是各个单位展示自己的一个窗口或公告牌,网站与网民的互动几乎没有,这不能不说是一个很大的遗憾。而鲁迅家人以非营利性机构上海鲁迅文化发展中心的名义创办的鲁迅网,虽然在内容建设方面,以及与网民的互动方面都做得比官办机构网站要好一些,而且在网站网页设计风格方面也不像官办机构网站那样比较严肃,注意贴近 80 后乃至 90 后网民,但是这个网站的内容不单纯是关于鲁迅的,还涉及演艺事业等商业化的内容。因此,需要警惕商业化对鲁迅传播工作的干扰。而个人制作的关于鲁迅的网站大都是一些个人的博客,在中文网络中影响很小。

---

① 黄小孺:《历史与逻辑——三论"鲁迅的 1957 年"》,天涯社区·关天茶舍(http://www.tianya.cn/publicforum)2009-8-28。

②大多数关于鲁迅的网络论坛依然比较冷清。从2007年到2009年,中文网络中关于鲁迅的论坛如新浪·读点鲁迅论坛、评读鲁迅网·鲁迅研究论坛、中国左翼文学网·鲁迅论坛、百度·鲁迅吧等在总体上依然比较冷清,访问者较少,原创的具有一定水平的关于鲁迅的文章也很少。百度·鲁迅吧中的网民虽然发生了较大规模的论争,但是网民之间只是意气之争,权力之争,并不是关于鲁迅问题的论争。

③关于鲁迅的专栏比较少。从2007年到2009年,中文网络中关于鲁迅的专栏比较少,影响较大的有新浪·读点鲁迅论坛制作的"我们不需要鲁迅了吗"专辑。这个专辑敏锐地提出了"我们不需要鲁迅了吗"的问题,网民通过对这个话题的讨论,大多数还是能认识到鲁迅的当代价值,能认识到当代社会还需要鲁迅。

(2)关于鲁迅的网民文章分析

①从2007年到2009年,可以看出网民的文章在质量和数量方面都有一个明显的进步。网民的文章经过2007和2008年的发展之后,到2009年度,迎来了一个新的发展阶段。从质的方面来说,2009年度的中文网络中不仅多次出现了具有较高水平的关于鲁迅的论争,而且出现了多篇关于鲁迅的有分量的长篇文章,这些都在一定程度上显示出网民对鲁迅的理解和阐释有了明显的进步。从量的方面来说,2009年度有多篇关于鲁迅的文章的点击率都在一万之上,点击率在三到五万的也有好几篇,甚至有文章的点击率近十万;2009年度有多篇关于鲁迅的文章的回复跟帖的数量在一百多条,个别的文章回复跟帖超过1600条。上述数据充分说明2009年度关于鲁迅的文章引起了网民的较大反响。值得一提的是,这些在2009年度新贡献出有分量的关于鲁迅文章的网民大多是青年,有几位的年龄还只有20多岁,相信他们在未来也会贡献出更多的更有水平的研读鲁迅的文章,展示出80后、90后青年对鲁迅理解和阐释的水平。

②网民因为出现了分化所以导致了几次较大规模的论争,对鲁迅的网络传播工作造成了一定的不良影响。从2007年到2009年,中文网络中一个值得注意的现象就是,不仅一些"拥鲁派"的网民和"反鲁派"的网民互相掐架、攻击,而且一些"拥鲁派"的网民之间也开始互相攻击,这不仅对关于鲁迅话题的论争毫无意义,而且也对这些网民常常聚集的论坛和网站造成了很大的伤害。最明显的例子就是百度·鲁迅吧的网民的分裂事件不仅造成了一些网民的离开,而且也使得鲁迅吧长达数月无法开展正常的讨论。客观地说,不仅"拥鲁派"网民和"反鲁派"网民之间存在观点上的差异是很正常的,就是"拥鲁派"网

民之间存在观点的差异也是正常的,但是论争的双方如果不能理性客观地讨论问题,反而常常彼此攻击,就会使讨论变成一场掐架。希望彼此有文字恩怨的各位网民能在鲁迅的精神旗帜下告别过去放眼未来,共同促进中文网络中关于鲁迅的讨论朝着健康的方向发展。

③中文网络中关于鲁迅的论争中依然存在粗鄙化的现象。网民"脂砚斋"专门辑录了一些网民谩骂他的文字,以《国魂鲁迅教出一群流氓粉丝?鲁迅粉丝脏话暴光·连载一》[①]为题发表在天涯社区·关天茶舍,文中所辑录的骂人的文字不仅有损这些热爱鲁迅的网民的形象,而且也无疑有损于鲁迅的光辉形象。另外,"脂砚斋"在文章中也发出了疑问:"我写了几个批判鲁迅的帖子,这本来是十分正常的思想学术讨论,但却遭到百分之九十以上鲁迅粉丝的侮辱谩骂,骂战文字不堪入目。虽然我不认为鲁迅是国魂,但他绝对是个具有爱国心的正派作家。为什么他的门派子弟拿不出反驳的道德力量,相反只会搞文化法西斯的砸砖表演?"在此,也希望热爱鲁迅的网民能认真地思考一下"脂砚斋"的疑问。的确,"脂砚斋"和"作家顾晓军"为了炒作自己不知疲倦地不停地在网络中发表攻击鲁迅的文章,这种言行必须大力批判,但是,在批判之时也要注意所使用的语言,要学习鲁迅的论辩技巧,这样才能彻底地把他们批驳得体无完肤。使用谩骂的文字虽然很直接很解气,也符合网络讨论比较简洁的特点,但是这样做也有缺点,不仅会让他们觉得鲁迅的粉丝不能用事实反驳他们的谬论,而且也会授人以柄。总之,希望各位鲁迅的粉丝在论争之时,不仅要用确凿的历史事实驳斥"脂砚斋"们那些哗众取宠的谬论,让他们败下阵去,不敢再乱发那些谬论,而且也要让他们抓不到反批评的把柄。

④中文网络中仿写鲁迅作品的文章具有一定的价值。中文网络中出现的一些仿写鲁迅作品的文章,这些文章有的是为了讽刺社会弊端而仿写的,有的是为了搞笑而仿写的,从2007年到2009年的发表状况来看,为了讽刺社会弊端而仿写的文章越来越多。总的来说,为揭露弊端而仿写的文章大都是通过仿写《记念刘和珍君》、《论雷峰塔的倒掉》这两篇文章,大量借用鲁迅的原文,用鲁迅风格的语言来批评社会弊端,不仅取得了一定的社会意义,而且用鲁迅的语言批评当代社会中的弊端也取得了一种特殊的讽刺效果,显示鲁迅文章的生命力;为了搞笑而仿写的文章大多借用鲁迅的文章,制造一种搞笑的效果,社会意义不大。

[①] "脂砚斋":《国魂鲁迅教出一群流氓粉丝?鲁迅粉丝脏话暴光·连载一》,天涯社区·关天茶舍(http://www.tianya.cn/publicforum)2007—11—15。

总的来说，在各种思潮和消费文化的猛烈冲击下，鲁迅的网络传播工作虽然经历了不少的曲折，但依然在前进、在发展，依然有着顽强的生命力。

四、鲁迅在当代中文网络中传播与接受状况的回顾与前瞻

回顾从2000年到2009年鲁迅在中文网络中传播与接受的状况，可以看出如下特点：

1. 网民对鲁迅在中文网络中的传播做出了重要的贡献，"网络鲁迅"也因此带有一定的大众文化的色彩。虽然在中文网络中传播鲁迅的也包含着公办机构设立的关于鲁迅的网站，以及网络公司设立的关于鲁迅的论坛和制作的关于鲁迅的专辑和专栏，但是普通网民首先利用网络这一最新的传播媒介开创了鲁迅的网络传播工作，在某种程度上可以说，网民不仅开创了鲁迅的网络传播工作，而且也有力地推动了鲁迅的网络传播工作：他们把鲁迅引入了中文网络，创建了一批介绍鲁迅的网站、论坛和专栏，撰写了大量的评论鲁迅的文章，使鲁迅在互联网这一最新的媒体中也具有一席之地。相对来说，关于鲁迅的公办机构网站虽然在网络中产生了一定的影响，但是它们更多的是在展示鲁迅，单向地介绍鲁迅，而网民关于鲁迅的评论和论争特别是方舟子、"槟榔"等网民受鲁迅的影响从事的批判社会弊端的工作，相对来说对鲁迅的传播与接受是更有效更深入的。另外，从中文网络的发展历史来看，鲁迅在网络中的影响是有一个逐渐扩大的过程。在2000年到2001年期间，虽然中文网络中出现了一批关于鲁迅的网站和论坛，并出现了一些热爱鲁迅的网民，但是不仅关于鲁迅的网站和网民在数量上还显得比较少，而且具有一定水平的关于鲁迅的文章和较大规模的网络论争也相对来说比较少，因此鲁迅在中文网络中的影响还比较小。随着中文网络的飞速发展，中国的网民越来越多，在网络中讨论关于鲁迅话题的网民也越来越多，具有一定水平的关于鲁迅的评论文章和较大规模的网络论争也越来越多，特别是鲁迅作品在中学语文教材中选录的问题等一些关于鲁迅的论争常常成为中文网络中的热点话题。因此，可以说网民实际上在鲁迅的网络传播工作中发挥着主要的作用，他们在网络中对鲁迅的传播与接受是"网络鲁迅"的主体。随着网民对关于鲁迅的话题的讨论越来越多，鲁迅在中文网络中的影响也越来越大，并逐渐形成了中文网络中独特的"网络鲁迅"现象。约翰·费斯克（John Fiske）指出：

> 大众文化是大众在文化工业的产品与日常生活的交界面上创造出来的。大众文化是大众创造的，而不是强加在大众身上的；它产生于内部或

底层,而不是来自上方。大众文化乃是一门艺术,它权且应付着体制所提供的东西。①

从这个角度来说,"网络鲁迅"在主体上是一种由普通网民自发地利用网络媒介创造出来的文化,它是从网民的内部形成而非官方机构由上而下强加给网民的一种文化,因此也带有一定的大众文化的色彩。

2. 鲁迅的网络传播虽然经历了一些曲折,并存在着一些问题,但是有着良好的发展前景。回顾鲁迅在中文网络中传播与发展的过程,可以看出鲁迅在中文网络中的传播呈现出一定的阶段性:从2000年到2001年,是鲁迅在中文网络中传播的兴起阶段,具体标志就是在2000年,中文网络中出现了一批关于鲁迅的个人网站和专栏,在2001年,中文网络中出现了一批纪念鲁迅诞辰120周年的专辑,并出现了几次关于鲁迅的较大规模的网络论争,这些都表明中文网络已经开始在一定规模上传播鲁迅了;从2002年到2006年,是鲁迅在中文网络中传播的发展阶段,具体标志就是中文网络中出现了一批热爱鲁迅的网民,他们在网络中发表了众多的关于鲁迅的文章,其中的一些网民对鲁迅的认知和阐释已经具有一定的水平,另外,中文网络中还出现了一批关于鲁迅的专栏,并出现了多次较大规模的关于鲁迅的网络论争;从2007年到2009年,是鲁迅在中文网络中传播的分化阶段,具体标志就是一些热爱鲁迅的网民以及一些关于鲁迅的网站和论坛发生了分化,一部分网民逐渐远离鲁迅,一部分网民之间发生了分裂和冲突。

另外,鲁迅的网络传播工作虽然取得了一些成绩,但也存在一些问题。例如,中文网络中现有的一些关于鲁迅的网站不仅在内容建设方面还需要进一步加强,而且在互动性方面更应当加强,这样才能更好地发挥网络的优势,为网民提供更多的交流平台;中文网络中关于鲁迅的论坛大多比较冷清,访客较少,这就需要版主多策划一些网民感兴趣的话题吸引网民,并用客观理性的分析来引导网民讨论鲁迅的话题;中文网络中关于鲁迅的论争虽然比较多,但是讨论的质量大多不高,甚至有一些论争还会陷入毫无意义的互相攻击之中,这就需要网民在讨论鲁迅的话题时能保持冷静的头脑,谩骂虽然解气,但是对于传播鲁迅而言是毫无价值的,甚至是有负面影响的;网民关于鲁迅的评论文章虽然有一些具有较高的水平,但是大多数的文章水平不高,对鲁迅的理解显得比较片面比较肤浅,这就需要网民更多地阅读鲁迅作品和相关研究文章,打好

---

① [美]约翰·费斯克:《理解大众文化》,王晓珏、宋伟杰译,北京:中央编译出版社,2001年,第31页。

关于鲁迅的相关知识的基础,这样才能比较准确客观地评价鲁迅、理解鲁迅。

总的来说,虽然鲁迅的网络传播经历了一个曲折的过程,但是总体趋势是在不断发展的,相信经过分化之后,鲁迅的网络传播会迎来一个新的发展阶段。随着中文网络的普及和网民素质的进一步提高,中文网络在整体上会迎来一个新的发展阶段,鲁迅的网络传播工作也必然会得到进一步的发展;虽然有一些网民如仲达等要走出鲁迅,但是一些50后和60后的网民经历过社会的磨炼之后逐渐认识到鲁迅的价值和魅力,认为在当代社会出现很多弊端的背景下应当重新提倡鲁迅;此外,一些80后和90后的网民在阅读鲁迅作品的过程中对鲁迅产生了兴趣,成为鲁迅的粉丝,这些50后老人和80后新人对鲁迅的阅读与阐释必将推动鲁迅的网络传播工作迈上一个新的台阶。

3. 鲁迅的网络传播受到了政府制定的互联网管理政策的较大影响。随着中文网络的飞速发展,网络产生的影响也越来越大,政府为了维护社会的安全稳定开始介入中文网络的管理。国务院在2000年9月25日正式颁布并施行《互联网信息服务管理办法》,后来又在2001年12月25日正式颁布了《互联网出版管理暂行规定》(2002年8月1日正式施行),这些管理互联网的政策法规对正在飞速发展的中文网络产生了重要的影响。《互联网信息服务管理办法》第四条规定:经营性网站需要取得互联网信息服务实行许可证,非经营性网站需要实行备案制度,"未取得许可或者未履行备案手续的,不得从事互联网信息服务"[①]。这一条规定使许多网站特别是个人网站无法取得合法的身份;另外,中文网络不得制作、复制、发布、传播这两个法规所禁止的内容。在这样的背景下,2000年前后涌现的一批关于鲁迅的个人网站陆续在2002年关闭,另外,因为网络论坛都必须执行较为严格的网络内容审查制度,网民在论坛中发表关于鲁迅的文章受到很大的限制。

---

① 《互联网信息服务管理办法》,中央政府门户网站(http://www.gov.cn/zwgk)。

第二章 当代中文网络中关于鲁迅的网站个案研究

一、评读鲁迅网个案研究

评读鲁迅网几乎是中文网络中唯一一个从建站以来一直延续到当前的关于鲁迅的网站,在一定程度上也可以说评读鲁迅网见证了鲁迅在中文网络中传播的历史,因而它的发展历程在中文网络中先后出现的一些关于鲁迅的网站中具有一定的代表性。评读鲁迅网最早的名称是热爱鲁迅网(初期的网址是 http//www.Luxun99.yeah.net;另一网址为:评读鲁迅网 http//www.Luxun99.home.chinaren.com),由网民"lunxun"(另一网名为"论迅")在2000年3月建立。"Lunxun"是因为不满王朔抨击鲁迅而建立该站的,网站的醒目位置张贴着建站的目的:"近来一部分人,怀着不可告人的目的,明里暗里地贬谪鲁迅先生和他的文章,作为热血青年,奋然而起,为捍卫民族之魂而努力,借以弘扬鲁迅精神。"

该站所设栏目有:

①"详细年表":收录了鲁迅的生平年表。

②"照片怀念":收录了一百多张鲁迅不同时期的照片。

③"鲁迅作品精彩片段":收录了一些鲁迅批判社会弊端的文章片段,侧重体现鲁迅文章对当代社会的意义。

④"著作精选":收录了一些站长针对时弊而精选的鲁迅作品,在作品后面还附有评论。

⑤"评论文章":收录了三十多篇关于鲁迅的评论文章,大多是近期发表的。

⑥"同类网站":收录了一些关于鲁迅的网站的链接。

⑦"鲁迅全集":收录了鲁迅先生的大部分作品,包括小说、杂文等。

⑧"鲁迅论坛":网址 http://club.xilu.com/eluxun,是利用西陆社区网站提供的免费个人论坛空间开设的论坛,供网民讨论鲁迅。

⑨"其他作品":收录其他作者的一些针砭时弊的精彩作品。

从总体上来说,初期的评读鲁迅网在中文网络中的同类网站中具有一定的特色,就是"以评论导读来普及鲁迅精神为主",站长本人在一些鲁迅的文章之后都附有点评,这对于加强网民之间的交流与互动有较大的促进作用,这种方法无疑应值得大加赞赏。不过,因为该站处于初创期,所以还存在一些问题:虽然设立了不少的栏目,但是在内容方面还不够丰富,有待进一步充实;需要注意情绪化的语言,站长要保持清醒的头脑,要用理性的态度看待攻击鲁迅的言论与现象。

随着网络泡沫的破裂,网络公司在2002年之后普遍不再提供免费的网站空间,加上新闻出版总署颁布的《互联网出版管理暂行规定》在2002年8月1日正式施行,评读鲁迅网的生存空间受到了很大的冲击,好在评读鲁迅网得到了两位热爱鲁迅的网民的经费赞助之后,购买了网络域名,从而坚持下来,网址也变为:http://www.eluxun.cn。据笔者观察,评读鲁迅网在获得独立域名之后的几年时间中,内容变化不大,更新比较慢,论坛的访问者也比较少。

评读鲁迅网在比较冷清的情况下顽强坚持了几年之后,又在2008年得到了广东茂名市鲁迅研究学会的资助,成为该会的网站,从而获得了较为稳定的发展空间,网站的内容建设也有了明显的变化,现在设立的栏目有:

①"鲁迅作品",收录了新版的《鲁迅全集》,虽然还缺少一些鲁迅的文集,不过已经是中文网络中比较全的鲁迅作品集了。

②"鲁迅照片",包括鲁迅青年、中年、老年时期的大部分现存的照片,此外还有部分关于鲁迅故居、鲁迅遗迹的照片和部分鲁迅诗稿、文稿的图片等。

③"研究史料",包括鲁迅研究资料索引,鲁迅生活与作品年表(据许寿裳的鲁迅年表整理),国立图书馆现有鲁迅研究资料(收录了广东图书馆所藏的大约1000本与鲁迅有关的研究图书的目录)等。

④"戏剧鲁迅",收录了张广天创作的音乐剧《鲁迅先生》的剧本。

⑤"鲁迅传记",收录了王晓明的《鲁迅传》一书。

⑥"鲁迅论坛",网址http://club.xilu.com/eluxun。这是网站设立在西陆网站中的论坛(西陆网站一直免费提供个人论坛),虽然一直都比较冷清,网民原创的文章也比较少,但是从2000年一直坚持到现在,是中文网络中一直坚持下来的较少的几个关于鲁迅的论坛之一。

⑦"鲁迅生平",简单介绍鲁迅的生平。

⑧"鲁迅旅游",介绍北京鲁迅博物馆、上海鲁迅纪念馆、广州鲁迅纪念馆等一些有关鲁迅的景点的网址。

⑨"鲁迅研究学会",介绍了广东茂名市鲁迅研究学会的概况。

⑩"English",收录了杨宪益、戴乃迭翻译的《鲁迅作品选》的英文版,这对于通过网络向外国读者介绍鲁迅具有重要的意义。

从上述栏目可以看出,改版之后的评读鲁迅网虽然栏目名称有了变化,但是其中的一些栏目仍然是此前栏目的延续,不过内容更充实、更丰富了。网站最大的变化就是删掉了网民针砭时弊文章的"其他作品"栏目,此外,这次网站改版还删掉了版主在一些文章后面的点评,这可能与网站改成茂名市鲁迅研究学会的网站不再是个人网站有关。

总的来说,评读鲁迅网在中文网络中关于鲁迅的同类网站中具有标本意义,是中文网络中唯一一个从2000年坚持到现在的鲁迅网站,从它的曲折发展历程可以看出中文网络中同类网站变化过程。评读鲁迅网在早期是个人网站,带有鲜明的站长个人的色彩,网站定位是"以评论导读来普及鲁迅精神为主",经过几年的发展,最后成为广东茂名市鲁迅研究会的网站,虽然网站还是由"Lunxun"负责维护,但是网站的风格有了明显的改变,淡化了站长的个人色彩,从个人网站变成了一个机构网站,另外,网站的内容建设也有明显的进步,不仅鲁迅的作品收录得更多了,而且关于鲁迅的资料也更丰富了,成为网络中传播鲁迅的一个重要的网站。

借用大众文化理论来分析评读鲁迅网的发展历史,可以看出在其发展背后的权力关系的踪迹。约翰·费斯克指出:

> 大众文化属于被支配者与弱势者的文化,因而始终带有权力关系的踪迹,以及宰制力量与臣服力量的印痕,而这些力量对我们的社会体制和社会体验是举足轻重的。同样,它也显露了对这些力量进行抵抗或逃避的踪迹:大众文化自相矛盾。①

网民"Lunxun"作为一个普通的鲁迅爱好者(据笔者对"Lunxun"的访谈,得知他是广东的一名普通工人),不仅相对于著名作家王朔来说是"弱势者",而且在报刊、广播、电视等传统媒体上也是"弱势者",因而他很少有可能获得在上述传统媒体上反击著名作家王朔对鲁迅的批评的机会的。但是中文互联网的兴起使他很容易地获得了利用这一开放性的新媒体获得话语权的机会。从大众文化理论的角度来说,"Lunxun"创建评读鲁迅网不仅获得了话语权,在一定程度上实现了他反击王朔批评鲁迅的目的,而且也实现了在网络中传

---

① [美]约翰·费斯克:《理解大众文化》,王晓珏、宋伟杰译,第9页。

播鲁迅、弘扬鲁迅精神的目的,因而也可以说是文化"弱势者"对社会上处于强势的霸权文化的一种"反抗"。

另外,评读鲁迅网在发展过程中遇到的最大的困难是经济的压力,即网站要每年交给网络公司1500元的网络空间租借费用,虽然网站获得了两位热心网友无偿资助的两年的租借费用,但是终非长久之计,最后选择与广东茂名鲁迅研究会合作以获得稳定的经费来源来维持网站的运转。从大众文化理论的角度来说,评读鲁迅网从个人网站变成了一个机构网站,实际上是一种文化意义上的"收编"。约翰·费斯克在谈到资本主义文化的"收编"现象时指出:

> "收编"剥夺了被支配群体所生产的任何一种对抗式语言:它褫夺了他们表达对抗的工具,并最终褫夺了被支配群体的对抗本身。"收编"也可以被理解成一种遏制的方式——持异议者被允许且被控制的一种姿态。它担当的是安全阀的作用,因而强化了宰制性的社会秩序,其方式是,它容许持异议者与抗议者有一定的自由,这自由足以让他们相对而言感到满意,却又不足以威胁到他们所抗议的体制本身的稳定性,所以它有能力对付那些对抗性的力量。①

广东茂名市鲁迅研究会虽然是一个学术社团,但是也带有一些半官方的色彩,它通过对评读鲁迅网的经费投入获得了网站的主办权,用资本的方式实现了对评读鲁迅网这一个人网站的"收编"。被"收编"之后的评读鲁迅网成为广东茂名市鲁迅研究会的官方网站,虽然还是一个定位于在网络中传播鲁迅的网站,但是网站的风格已经发生了变化:删掉了网民针砭时弊文章的"其他作品"栏目,从而在一定程度上淡化网站的讽刺时事的色彩;删除了网站站长在一些文章后面的点评,从而淡化网站的个人色彩,突出网站是一个半官方的机构网站的色彩。虽然网民"Lunxun"还是这一网站的站长,拥有一些站长管理网站的权力,但是这个网站的定位已经从个人网站变成了机构网站,现在承担着该机构所赋予的在网络中传播鲁迅的任务,所以,"Lunxun"作为站长可以行使的权力无疑在广东茂名市鲁迅研究会所赋予他的权力范围之内,他需要按照广东茂名市鲁迅研究会的要求来管理这一网站。因此在某种程度上也可以说,广东茂名市鲁迅研究会对评读鲁迅网的"收编"也是对该网站此前定位和色彩的一种遏制。

---

① [美]约翰·费斯克:《理解大众文化》,王晓珏、宋伟杰译,第23~24页。

二、小结

　　回顾中文网络中关于鲁迅的网站的发展历史,可以看出,这些网站分为三类:网民自发创建的个人网站(大多在 2000 年前后建立);一些与鲁迅有关的公办机构建立的机构网站(大多 2006 年前后建立);非盈利民间组织建立的网站(如鲁迅家人创建的鲁迅网)。网民自发创建的个人网站虽然大都在 2002 年倒闭,但是对于推动鲁迅在中文网络中的传播起到了开创作用;公办机构建立的机构网站没能发挥出机构的资源优势,在网站的内容建设方面特别是互动方面还有待进一步提高;非盈利民间组织建立的网站虽然是一个机构网站,但同时又是一个民办机构的网站,相对来说,比公办的机构网站显得更有活力,比个人网站更有发展的保障。因此,推动鲁迅的网络传播工作,不仅要大力推进公办机构主办的鲁迅网站的内容建设,而且也需要大力发展民间组织建立的鲁迅网站,并鼓励网民建设个人网站。

第三章 当代中文网络中关于鲁迅的论坛、虚拟社区个案研究

一、网易·鲁迅论坛个案研究

网易·鲁迅论坛(http://www.163.com/forum)由网易公司文化频道的主管"咆哮"创建于1998年,论坛上方的文字滚动条表明了论坛建立宗旨是"给所有喜欢或不喜欢先生的人一个说话的场所——因为,即使是在21世纪的今天,先生也是不可回避的"。早期的鲁迅论坛吸引了中文网络中一些喜欢鲁迅的网民,这些网民在论坛中讨论关于鲁迅的话题,交流阅读鲁迅作品的心得,抨击社会上的不良现象。鲁迅论坛在这一时期的发展比较迅速,加上网易公司是三大中文门户网站之一,访问者比较多,所以鲁迅论坛很快就成为中文网络中较为著名的论坛之一,并在中文网络中产生了一定的影响。

网民"谪仙人"在2000年和"咆哮"共同担任鲁迅论坛的版主,他们采用无为而治的态度管理论坛,这一时期也是鲁迅论坛比较自由的时期。2002年度,因为"谪仙人"无法忍受网易公司网管删帖的管理政策而辞职。网易公司任命的新版主易森上任后,鲁迅论坛的风格有所变化。易森在2002年9月6日颁布了"鲁迅论坛规则",他在规则的第一条中对版主删帖的行为进行了解释:删帖是因为"一种看不见的合理性。这个社会需要合理,鲁迅先生听到这话也是不会反对的"。易森同时对鲁迅论坛的定位进行了变动,希望论坛发表如下类型的帖子:

(1)文化立场:理智的,偏激的,或者漠视的,都是可以接受的,后现代主义的文化需要抨击的东西更多。

(2)有关鲁迅:还是那句话,我们需要一个真实的鲁迅。

(3)学术随笔:国学,语言学,等等。先生写过的,我们继续。

(4)网民原创:网民自己的文字,有关无关鲁迅即可。

(5)五四精神:五四精神是时代的必然,鲁迅先生和五四精神代表着自由、民主和追求个性解放等诸多含义,鲁迅论坛希望能为五四精神的回

归和在历史的发展中有更多新的内容的融合做出自己的一点贡献。

（6）至于政治：本论坛欢迎文学的、文化的、学术的等各类文章，政治或者时事，请尊重国情。杂文的东西，请有理有据，不要转帖抨击什么，如果你有看法，请说出你自己身边的真实的一切，不要猜想或者假想，这里毕竟不是政治论坛。①

易森最后还特别指出了灌水帖、人身攻击帖、无视国情的帖子等几种类型的帖子必须要删除，他特别强调"无视国情"的帖子，就是"不要把一些东西想当然，并且不负责任地发言"。删除灌水帖和人身攻击帖可以理解，删除"无视国情"的帖子却在很大程度上影响到鲁迅论坛的言论风格。

易森的上述对鲁迅论坛的定位，特别是对政治和国情问题的强调，引起了鲁迅论坛众多网民的不满，促使一批鲁迅论坛的老网民集体撤离，或选择"潜水"，不再在鲁迅论坛发帖。这些老网民的撤离使鲁迅论坛的文章质量明显下降。

2004年10月，网易·鲁迅论坛再次更换了版主。新版主"桃木剑"等人上任后，鲁迅论坛又有了一些变化，设立了"解构"、"言论"、"雄辩"、"嬉笑"、"怒骂"、"关注"、"争鸣"和"管窥"8个栏目。在鲁迅论坛讨论区的上方有一个文字滚动条："欢迎光临鲁迅论坛！这里是一个了解鲁迅，接近鲁迅的地方。论坛以鲁迅研究为主，兼顾对社会现实的批判与思考。它自由，理性，充满思辨的色彩。"这几句话也指出了论坛的新的定位。可以说，该论坛经过多次大的变动、改版，论坛定位也从以讨论鲁迅为主转变为以讨论时政、关注社会现实问题为主的论坛。正如网民姜洋在《我所理解的鲁迅论坛》一文中所指出那样：

> 看来在鲁迅论坛真不好混，搞学术不能长篇大论，发泄不满弄不好变成了谩骂，搞鲁迅研究又成了废物。那么该怎么办？其实在我看来，很简单。到了鲁迅论坛，只要你带着良知和人性，并把你的良知和人性展露出来，就足够了。②

鲁迅论坛的大多数网民都是带着良知和人性面对鲁迅、关注现实。最明

---

① 易森：《鲁迅论坛规则》，网易·鲁迅论坛（http://www.163.com/forum.Luxun）2002—9—6。

② 姜洋：《我所理解的鲁迅论坛》，网易·鲁迅论坛（http://www.163.com/forum.Luxun）2004—9—18。

显的例子就是网易·鲁迅论坛在2004年曾发生过"贫困县里的富方丈"事件。网民"changgongyong"在2004年7月18日在鲁迅论坛发表了《贫困县里的富"方丈"——记陕西合阳县委书记张某某堕落敛财手段种种》一文,揭发国家级贫困县合阳县的县委书记张某某贪污腐败的种种劣迹,引起了鲁迅论坛网民的极大愤怒,网民群起响应,纷纷撰文声讨张某某,并和一些自称是合阳县的群众、维护张某某的人在论坛中展开激烈的辩论。据网民"changgongyong"介绍,鲁迅论坛声讨贪官张某某的行动在网上与网下都产生了重大的影响,不仅引起了境外媒体的关注,而且被多家境外网站报道。这个事件也因此引起了省委书记的关注,在省委书记的过问下,张某某最终被停职、调离。

网易·鲁迅论坛发动的这次声讨贪官的活动取得了胜利,这固然与网络舆论监督的影响力有关,但也在某种程度上体现出鲁迅论坛网民对鲁迅精神的继承与发扬。

2005年9月20日,网易公司借改版之机宣布撤销网易·鲁迅论坛,这引起了鲁迅论坛网民的极大愤怒。网易公司声明关闭鲁迅论坛的理由如下:

> 鲁迅论坛撤版主要原因:(1)合并以后版面理念与其他频道论坛等重复。(2)版面原创风气不浓,转帖风气重。(3)版面帖,学术性缺乏,纯愤青的发泄大于理性思辨。

时任版主"完颜子华"对此进行了反驳,他指出:

> 当初桃木学术了一回,结果被封杀了。何况鲁迅用今天的标准看,本就非常接近愤青,学习鲁迅,有什么错?张厅与沈坛有多少学术的东西?——除了转帖。毕竟上网的都不是什么专家,强求别人都学术起来,就是网易文化的待客之道吗?
>
> "此后如出事,全部责任由各频道编辑承担",看来看去,这是一句实话。不如干脆给闷雷或者我发些工资,让我们做这个编辑,我们好歹比较胆子大,不怕担责任。既然要办鲁迅论坛,就要有鲁迅的真的猛士的精神!说不好听,现在这模样,就有些像让我们鲁坛做＊＊,然后你们立一个大大的牌坊。

面对网民的反驳,网易公司的网管沙扬作了如下的解释:

> (1)合并后,也有其他坛存在类似问题,但均不如鲁迅论坛突出。迅坛的版面理念是跟调整后的新闻频道论坛、评论频道论坛两大版块重复。

(2)迅坛的转帖风气重……(3)迅坛目前,原创帖的大部分,缺乏有力度的、理性的思辨,整体风气偏发泄,偏极端。

沙扬最后指出,"之前文化论坛偏居一隅,只要不是惊动某高层,也算天高皇帝远,但合并后,就不再是天高皇帝远了。而且制度已经明文出台,此后如出事,全部责任由各频道编辑承担"。不过,"编辑怕丢饭碗也是实情之一,但不是什么可耻的事,而且,一旦某坛某人出问题,整个该坛可能会被关闭,该坛其他网民会因此受累失去精神家园,甚至整个文化论坛,都会受其影响"。另外,"文化论坛的网管编辑,从来都是技术部的孙子,这是客观条件所决定的。经费有限,技术部力量不够,而文化版块无法给网易带来巨大收益,能给网易带来巨大收益的,是邮箱、游戏,以及增值服务等等,他们可以不是孙子,你文化可以吗?你反映网民意见,强烈反映,你发脾气,你认为再简单的问题,人家不予理睬,你拿刀砍人家去?人家一眼瞥过去,你文化这么多年,实际都是网易在养着,赚钱不多,惹事不少,你懂不懂?"①

综观沙扬和网民关于关闭鲁迅论坛的争论,可以看出,鲁迅论坛在中文网络中已经产生了重要的影响,而网易公司为了自身的安全和商业利益,根本无法容忍容易惹事且不赚钱的鲁迅论坛的存在。但是从网易公司保留人气日渐稀少的网易·沈从文论坛和网易·张迷客厅看,最终还是因为鲁迅论坛易"惹事"。

鲁迅论坛被网易公司撤销不仅使一些关注鲁迅的网民失去了一个具有标志性的重要论坛,而且也使正处于发展阶段的鲁迅的网络传播工作遭到重创。这个事件同时也为中文网络中其他同类网站敲响了警钟。

2006年1月13日,在网民"银狐"的努力下,网易·鲁迅论坛以博客的形式在网易公司的博客中重新开张,"桃木剑"、姜洋、康康等一些网易·鲁迅论坛的老网民又重新聚集在一起,鲁迅论坛QQ群号是:5674120,口号是:"真理越辩越明,尽管这个世上没有绝对的真理。"目前加入的网民共有93人,访问总量是29043。(以上数字截至2007年5月13日)

网易·鲁迅论坛原来有8个栏目,因为网易公司现在的博客只能设置6个栏目,所以又对栏目做了调整:增加"诗文"栏目,收集优美诗歌和散文;把原来的"解构"、"言论"、"雄辩"三个栏目合并为"言论"栏目;把原来的"嬉笑"、"怒骂"栏目归并到"另类"栏目;把原来的"关注"栏目并入"反思"栏目;保留"争鸣"和"管窥"两个栏目。但是网易·鲁迅论坛博客从2007年到2009年的

---

① 以上文字引自网易·鲁迅论坛(http://www.163.com/forum.Luxun)2005-9-23。

发展一直不太明显,从博客的现状来看,虽然大体上延续了原来鲁迅论坛的风格,而且在这个博客发言的网民也大多都是原来网易·鲁迅论坛的网民,但是在人气上显得较为冷清,不仅访问者较少,而且互动的话题也很少,这可能是因为经历过被关闭的重创,一时还难以恢复元气,另外,也与鲁迅论坛博客不再像以前的鲁迅论坛那样出现在网易公司网页的比较突出的位置有关,鲁迅论坛博客只是网易公司网站中众多的博客之一,不知道这个博客地址的网民很难会发现这个博客。

网易·鲁迅论坛的曲折发展历史具有一定的典型性,在一定程度上反映出中文网络论坛的发展历史。

回顾网易·鲁迅论坛的发展历史,可以看出聚集在该论坛的喜爱鲁迅的网民虽然在弘扬鲁迅精神,但是他们对鲁迅的理解和阐释在整体上有些片面化,不够深入和全面,在突出鲁迅批判精神的同时还在很大程度上忽视了鲁迅的思想的复杂性,这种现象的出现不仅和这些网民的年龄较小有关,也和他们对鲁迅的了解程度较低有关。中文网络虽然为这些喜爱鲁迅的网民提供了一个比较容易发表自己意见和文章的平台,但是他们显然在关于鲁迅的知识储备方面还不够充分,还无法充分利用网络平台较为全面、准确地弘扬鲁迅精神。虽然这些网民对于鲁迅的理解水平还亟待提高,但是他们在网络中抒发出来的对鲁迅的喜爱之情和对鲁迅精神的弘扬都还是值得肯定和赞扬的。

另外,从网易·鲁迅论坛的发展历史也可以看出,论坛的发展不仅受到网民自身素质的影响,而且也在一定程度上受到各种外在因素的影响。比如,鲁迅论坛是网易公司设立的,而网易公司是一个商业化的上市公司,在这样的背景下,鲁迅论坛就无法按照网民的意愿发展,而必须受到网易公司所追求的商业利益的制约。

二、网易·鲁迅论坛发表的文章的量化研究

1. 网易·鲁迅论坛是中文互联网中的"鲁迅迷"虚拟社区

霍华德·瑞恩高德在《虚拟社区》一书中对"虚拟社区"作了如下的描述:"虚拟社区是一种社会性的集结,当一定数目的人在网路上从事公众讨论,经过一段时间,彼此拥有足够的情感之后,便建立起人际关系的网络。"[①]网易·

[①] 转引自吴筱玫《网路传播概论》,第161页。

鲁迅论坛(http://www.163.com/forum)是中文网络中存在时间比较长、影响比较大的一个关于鲁迅的网络论坛,经常在这个论坛活动的网民互动较多。按照瑞恩高德对虚拟社区的描述,笔者认为,网易·鲁迅论坛已经形成了一个"鲁迅迷"的虚拟社区,通过对它的研究在某种程度上可以了解中文网络中关于鲁迅的论坛特别是"鲁迅迷"聚集的虚拟社区的状况,因此本书选取这个论坛作为研究的对象。

(1)参与观察过程

笔者在2000年年末就已经关注到网易·鲁迅论坛,后来在2001年3~4月因为编辑图书,对该论坛进行了较为细致的观察,并以该论坛为研究对象撰写了3篇介绍、研究网络中的鲁迅的文章。此后,笔者虽然不经常访问该论坛,但因为要撰写网络中关于鲁迅动态的年度综述,所以仍然每隔一段时间登陆该论坛去阅读网民的文章。在2003年确定研究网络中的"鲁迅迷"虚拟社区的课题之后,笔者开始作为一个"潜伏者"认真地观察该论坛,注意网民在论坛中的互动以及由此形成的亚文化。在较为细致地观察该论坛之后,在2004年11月在该论坛张贴问卷,请"鲁迅迷"参与答卷,经过两周的时间,共收回了18份有效答卷,在阅读这些答卷之后,笔者再就答卷中的问题和网民继续联系,直到感到对答卷中的问题已经了解得比较详细为止。

(2)观察结果

通过对本论坛网民的ID名、昵称和签名档的观察,可以看出有少数的几位网民使用了与鲁迅有关的文字作为ID名、昵称和签名档,借此表达对鲁迅的喜爱与认同。例如一位叫"孤独者"的网民就是用鲁迅小说《孤独者》作为ID名,一位ID名叫"江涛涛"的网民的签名档是"鲁迅饭不能白吃,谁骂鲁迅我骂谁",这是网民对所迷作家"重制"的表现,也是表示对所迷作家认同的一种方式。

通过对网民在本论坛讨论情形的观察,可以看出本论坛主要有如下几类文章:关于鲁迅的文章,这类文章不太多,而且其中转帖的文章较多;关于时事政治类的文章,这类文章较多,一般来说,每当社会上发生一些重大事件时,网民都会密切关注并在论坛中讨论;关于历史文化类的文章;网民之间联系的文章;一些与论坛主题无关的文章,如广告、小说、诗歌等。

另外,通过对本论坛的观察,可以看出本论坛关于版聚活动的文章很少,甚至几乎没有,从中也可以看出网民之间的互动主要以线上联系为主。

2. 网易·鲁迅论坛抽样研究结果与分析——以在2004年11月发表的帖子为例

(1)鲁迅论坛讨论区资料概况

本研究将收集样本的时间限制在2004年11月1日至30日,鉴于有一些讨论主题的时间跨越几个月,本研究作了如下区分:如果一个讨论主题的多数文章在11月1日至30日,则列入研究范围;如果一个讨论主题的多数文章不在这一时间段之内,则不列入研究范围。

①文章概况

I 文章分类统计结果

本书按照文章/主题有效性、文章回应类型、文章内容性质等三方面对文章进行分类统计。

1.文章/主题有效性:(1)有效文章:与社群讨论主旨相符合者;(2)有效主题:如同一标题下之文章多为有效文章,则此主题为有效主题;若标题下全为无效文章,则列为无效主题。

2.文章回应类型:(1)独白文章:未引起响应之文章;(2)主题文章:有后续响应之文章,为讨论串之首篇文章;(3)回应文章:回应他人之文章。

3.文章内容性质:将所收录的文章按照内容性质分类,若一篇文章包括两种以上的内容性质,可以分为多种编码[①]。(笔者按:本研究因为研究对象中的内容太多,只使用一种编码,概括其主要意思)

经过初步统计,网易·鲁迅论坛在11月1日至30日共有363篇主帖文章,其中主题文章312篇,有效主题数305篇,有效文章2244篇,独白文章51篇,回应文章1929篇。列表如下:

表1 网易·鲁迅论坛发表文章概况之一

类别	原始文章数	主题文章数	有效主题数	有效主帖	有效文章数	总发言ID数	收录天数	平均每日发言人数	平均每日发表文章数
数量	2292	312	305	302	2244	229	30	7.6	76.4

通过上表可以看出,2004年11月,鲁迅论坛一共有有效主题305个,占全部主题文章数的97.8%,这个数字表明鲁迅论坛的每个主帖文章之后平均

[①] 黄皓杰:《因特网上MP3次文化之形塑:虚拟社群的观点》,载"线上网路社会研究中心·线上出版"(http://teens.theweb.org.tw/iscenter/publish)。

都有 6.4 篇有效文章回应;与论坛主旨相符合的有效主帖有 302 个,占主帖总数的 83.2%;有效文章数为 2244 篇,占全部文章数 2292 篇的 97.5%,这也充分表明鲁迅论坛本月所讨论的话题主要集中在和论坛主旨相符合的范围内。

如果排除跨月的主帖和回帖,那么 11 月的鲁迅论坛共有 352 个主题帖,1600 个回帖,帖子总数 1952 个。列表如下:

表 2　网易·鲁迅论坛发表文章概况之二

类别	原始文章数	主题文章数	有效主题数	有效主帖	有效文章数	总发言ID数	收录天数	平均每日发言人数	平均每日发表文章数
数量	1952	301	294	301	1911	224	30	7.5	65.1

从这个表格看以看出,2004 年 11 月,鲁迅论坛一共有有效主题 294 个,占全部主题文章数的 97.7%,这表明鲁迅论坛的每篇主帖文章之后平均都有 4.6 篇有效文章进行回应;与论坛主旨相符合的有效主帖有 301 个,占主帖总数的 85.5%,有效文章数为 1911 篇,占全部文章数 1952 篇的 97.9%,这也充分表明鲁迅论坛本月所讨论的话题主要集中在和论坛主旨相符合的范围内。

对比上述两个表格,可以看出两个统计的结果在大体上比较接近,除了与论坛主旨相符合的有效主帖数有所增加,主帖后面的平均回帖数有所下降外,其余的统计结果都非常接近。

为了从时间分布的角度了解鲁迅论坛在 11 月份的发表文章的情况,本研究还详细统计了每天的发言数量。

鲁迅论坛在 2004 年 11 月份每天发表的文章列表如下:

表 3　网易·鲁迅论坛在 2004 年 11 月发表文章的概况

日期	主帖	回帖	总计	备注
11月1日	9	26	35	
11月2日	16	77	93	
11月3日	15	33	48	有 1 个跨月的主帖,有 5 个回帖。
11月4日	15	114	129	有 2 个跨月的主帖,分别有 34、16 个回帖。
11月5日	12	56	68	
11月6日	13	45	58	周六
11月7日	13	125	138	周日;其中有 1 个跨月的主帖,共有 92 个回帖。

续表

日期	主帖数	回帖数	合计	备注
11月8日	5	17	22	
11月9日	6	21	27	
11月10日	7	115	122	有1个主帖是跨月的，共有67个回帖。
11月11日	10	32	42	
11月12日	19	118	137	有1个跨月的主帖，共有6个回帖。
11月13日	13	70	83	周六
11月14日	7	52	59	周日
11月15日	8	52	60	
11月16日	12	44	56	
11月17日	5	23	28	
11月18日	10	65	75	
11月19日	12	32	44	周六
11月20日	8	64	72	周日
11月21日	16	55	71	
11月22日	9	45	54	
11月23日	12	58	70	
11月24日	21	130	151	有1个跨月的主帖，共有25个回帖。
11月25日	10	57	67	
11月26日	13	99	112	周六;有1个跨月的主帖,共有18个回帖。
11月27日	16	81	97	周日;有1个跨月的主帖,共有9个回帖。
11月28日	21	61	82	
11月29日	15	90	105	有1个跨月的主帖，共有25个回帖。
11月30日	15	72	87	有1个跨月的主帖，共有32个回帖。
合计	363（含11个跨月的主帖）	1929（含329个跨月的回帖）	2292（含跨月的主帖、回帖共340个）	跨月的主帖共计11个，跨月的回帖共计329个

从上表可以看出,鲁迅论坛每天发表文章的数量不太平均,从主帖的数量来说,最少的一天只有 5 个主帖文章,而最多的一天有 21 个主帖文章,从回帖数量来说,最少的一天只有 22 个回帖,而最多的一天有 151 个回帖,如果排除跨月的回帖,那么最多的一天仍然有 131 个回帖。另外,从上表也可以看出,鲁迅论坛在周末的发帖数量与平时相比并没有明显的增加。

总的来说,鲁迅论坛平均每天有 7.6 个 ID(即网名)发表文章,平均每天发表 76.4 篇文章;如果排除跨月的主帖和回帖,那么平均每天有 7.5 个 ID 发表文章,平均每天发表 65.1 篇文章。两相比较,可以看出每天发言的 ID 数基本一致,只是平均发表的文章数有明显的下降,这主要是因为这些跨月帖子的回帖都是许多天的,并不都是在一天发表的,所以数量比较大。

II 文章响应类型

经过初步统计,2004 年 11 月鲁迅论坛共发表了 2292 篇文章,其中独白文章 51 篇,主题文章 312 篇,回应文章 1929 篇,列表如下:

表 4 网易·鲁迅论坛发表文章类型之一

文章类型	独白文章	主题文章	回应文章
数量	51	312	1929
占总文章数的比例	2.2%	13.6%	84.2%

如果排除跨月的主帖与回帖,那么 2004 年 11 月的鲁迅论坛共发表 1952 篇文章,其中独白文章 51 篇,主题文章 301 篇,回应文章 1600 篇,列表如下:

表 5 网易·鲁迅论坛发表文章类型之二

文章类型	独白文章	主题文章	回应文章
数量	51	301	1600
占总文章数的比例	2.6%	15.4%	82%

从上述统计数字可以看出,鲁迅论坛的回应文章最多,占了全部文章总数的 82%;主题文章次之,占全部文章总数的 15.4%;独白文章最少,仅占全部文章总数的 2.6%,这充分说明鲁迅论坛的回应、讨论的文章非常多,互动较多,平均每个主题文章都有 4.6 篇文章回应。

III 文章内容性质

在对鲁迅论坛进行观察之后,可以把在鲁迅论坛发表的文章分为:"谈论鲁迅的文章"、"谈论政治、时事的文章"、"谈论思想、哲学的文章"、"谈论历史、文化的文章"、"网民之间联系的文章"、"其他"等六大类。经过初步统计,鲁迅论坛在2004年11月份共计有2292篇文章,其中主帖有363个,回帖有1929个;如果排除跨月的主帖和回帖,那么还有1962篇文章,其中主帖352个,回帖1610个。这些文章按照主题性质进行分类,列表如下:

表6 网易·鲁迅论坛发表文章类型之三

文章主题性质	数量	占全部文章数的比例	备注	数量	比例
谈论鲁迅的文章	24个主帖,109个回帖	5.8%	含3个跨月的主帖,分别有5、18、9个回帖。	21个主帖,77个回帖。	5%
谈论政治、时事的文章	106个主帖,561个回帖	29.1%	含1个跨月的主帖,32个回帖。	105个主帖,529个回帖。	32.3%
谈论思想、哲学的文章	37个主帖,293个回帖	14.4%	含5个跨月的主帖,分别有34、16、67、6、25个回帖。	32个主帖,145个回帖。	9%
谈论历史、文化的文章	64个主帖,329个回帖	17.1%			20%
网民之间联系的文章	23个主帖,101回帖	5.4%	含1个跨月的主帖,25个回帖。	22个主帖,76个回帖。	4%
其他	109个主帖,536个回帖	28.1%	含1个跨月的主帖,92个回帖。	108个主帖,444个回帖。	28.6%
合计	363个主帖,1929个回帖		11个跨月的主帖,329个回帖。	352个主帖,1600个回帖。	
转帖的关于鲁迅的文章	20个主帖				
转帖的其他类文章	114个主帖				

从上表可以看出,鲁迅论坛中"谈论鲁迅的文章"并不多,仅占全部文章的5.8%,如果排除跨月的主帖、回帖,谈论鲁迅的文章则仅占5%;而"谈论政治、时事的文章"在各类文章中的数量最多,占全部文章总数的29.1%,如果排除跨月的主帖、回帖,"谈论政治、时事的文章"所占的比例达到32.3%,约占全部文章的1/3,这充分表明鲁迅论坛比较重视时事、政治问题。此外,"谈论思想、哲学的文章"和"谈论历史、文化的文章"分别占全部文章总数的14.4%和17.1%,两者相加约占全部文章的1/3;如果排除跨月的主帖、回帖,这两类文章所占的比例分别为9%和20%,仍然接近全部文章的1/3,这也表明鲁迅论坛中谈论学术的文章所占的比例比较高。需要指出的是,鲁迅论坛中无法归入上述几类中的文章被统一放在"其他"类,这类的文章数量也较多,所占全部文章总数的比例高达28.1%,不过这类文章比较杂,包含了各种广告、网民的文学创作、转帖的一些新闻、网民的科学研究文章等,总的来说是一些提供资讯类的文章。另外,这个统计也显示鲁迅论坛网民之间的联系不太多,只占全部文章的5.4%,如果排除跨月的主帖、回帖,则只占全部文章的4%。

IV 各类型成员发表文章内容性质

本书把在一个月之内发言或发表文章在15篇以上的称为"高度参与者",把发表文章在5～15篇之间的称为"中度参与者",把发表文章数在5篇以下的称为"低度参与者"。经过初步统计,鲁迅论坛在2004年11月1日—30日共有229个ID发表文章,其中有28个ID是"高度参与者",有33个ID是"中度参与者",有168个ID是"低度参与者"。具体分析这三类参与者发表文章的种类,可以看出"谈论鲁迅的文章"类有5个ID是"高度参与者",有3个ID是"中度参与者",有7个ID是"低度参与者";"谈论政治、时事的文章"类有20个ID是"高度参与者",有14个ID是"中度参与者",有20个ID是"低度参与者";"谈论思想、哲学的文章"类有7个ID是"高度参与者",有8个ID是"中度参与者",有4个ID是"低度参与者";"谈论历史、文化的文章"类有15个ID是"高度参与者",有6个ID是"中度参与者",有10个ID是"低度参与者";"网民之间联系的文章"类有12个ID是"高度参与者",有2个ID是"中度参与者",有5个ID是"低度参与者";"其他"类有20个ID是"高度参与者",有7个ID是"中度参与者",有22个ID是"低度参与者"。列表如下:

表 7　网易·鲁迅论坛各类成员发表文章类型概况

类别	高度参与者（发言15次以上）	比例	中度参与者（发言次数在5~15次之间）	比例	低度参与者（发言次数低于5次）	比例
谈论鲁迅的文章	5	6.33%	3	7.5%	7	10.29%
谈论政治、时事的文章	20	25.32%	14	35%	20	29.42%
谈论思想、哲学的文章	7	9.72%	8	20%	4	5.88%
谈论历史、文化的文章	15	18.98%	6	15%	10	14.71%
网民之间联系的文章	12	15.19%	2	5%	5	7.35%
其他	20	25.32%	7	17.5%	22	32.35%
合计	79		40		68	

　　从上表可以看出，"高度参与者"发表文章最多的是"谈论政治、时事的文章"和"其他"类文章，"中度参与者"发表文章最多的是"谈论政治、时事的文章"，"低度参与者"发表文章最多的是"其他"类文章，其次是"谈论政治、时事的文章"，总的来说，鲁迅论坛中的"谈论政治、时事的文章"和"其他"类的文章排在第一和第二位，因为"其他"类的文章包括的内容比较广泛、芜杂，所以，也可以说，鲁迅论坛的"谈论政治、时事的文章"占主要地位，在一定程度上显示出鲁迅论坛是一个谈论时事、政治为主的论坛。另外，"谈论思想、哲学的文章"和"谈论历史、文化的文章"，虽然所占比例不太突出，但是两者相加之后也占鲁迅论坛发表文章ID总数的较大比例，这也从一个侧面反映出在鲁迅论坛中关于学术的文章也占有较大的比例。需要指出的是，相对而言，无论是"高度参与者"，还是"中度参与者"和"低度参与者"，"谈论鲁迅的文章"在数量上都不多，在一定程度上少于其他类文章，这也从一个方面表明，鲁迅论坛中"谈论鲁迅的文章"在数量上比较少，不仅远远低于"谈论政治、时事的文章"，而且

也低于"其他"类文章和"谈论历史、文化的文章"。

另外,这个表格也显示出,"高度参与者"发表的"网民之间联系的文章"比较多,这在一定程度上显示出"高度参与者"在"鲁迅论坛"上比较活跃。

②论坛成员沟通情况

本书通过对在鲁迅论坛活动的网民的言辞行动分析和角色类型划分来分析鲁迅论坛成员的沟通情况。黄皓杰指出:

> 言辞行动分析关心的是人们在"言辞中做了什么",根据 Searle 的说法,某些言辞的意义是在做一个"行动",或是展现某种关系(Searle,转引自陈弘儒)。同时一个完整的言词行动需包含命题要素(Propostitional componet)及意思要素(Illocutionart componet)……Searle 同时也将 Austin 所提出的五种实践言行(Performatives)重做区分,以判别言辞行动的内涵,使其具备基础原则,其类别如下:(1) Representative/Assertives(再现/断言),发言者断言、担保其命题内容为真;(2) Directives(指示),发言者希望听者去进行某种行动,或期望其未来达到某种状态;(3) Commissive(承诺),发言者承诺、担保外来的行动,并出于其企图;(4) Expressives(表达),发言者表达其心理状态,特别是感情方面;(5) Declarations(宣称),发言者创造一个命题,并直接改变了某事。①

杨堤雅按照虚拟社区中的成员在参与程度、互动程度、言辞语气、文章类型等方面的不同,将成员分为"成员领袖"、"意见呼应者"、"自我揭露者"、"经验意见分享者"、"信息询问者"、"浏览者"、"产品推广者"、"干扰者"等八种类型:

> (1)"成员领袖":受到成员的敬重与信赖,互动与参与程度高,对虚拟社区有很大的贡献;(2)"意见呼应者":常对其他成员的意见或经验表示认同与追随,期望能加强自己在社区内的社会关系;(3)"自我揭露者":将虚拟社区当作心灵寄托的地方,常发表情绪性的文章;(4)"经验意见分享者":热心提供自己的意见,或分享个人经验,期望对他人有所帮助;(5)"信息询问者":将虚拟社区视为询问问题或寻找产品信息的场所,只在遇到问题或有购物的需求时才光临社区,在社区内的参与程度偏低;(6)"浏览者":在社区里被动地搜寻信息,属于沉默的一群,但有成为其他角色的

---

① 黄皓杰:《因特网上 MP3 次文化之形塑:虚拟社群的观点》,载"线上网路社会研究中心·线上出版",http://teens.theweb.org.tw/iscenter/publish。

潜力；(7)"产品推广者"：在社区里进行产品的买卖或推广，可能是公司的销售人员，也可能是售卖二手商品者；(8)"干扰者"：在社区里询问或发表与讨论主题无关的文章，而造成其他成员阅读上的困扰。单一成员可能兼具两种以上的角色，也可能依时间的改变转换角色类型。①

本书拟选取鲁迅论坛的两个讨论主题进行分析，以了解鲁迅论坛网民之间的沟通情况，具体选择标准是有"高度参与者"参加的而且回帖最多的讨论主题，另外，为了更准确地研究论坛网民之间的沟通情况，本研究选择的讨论主题限制在2004年11月在鲁迅论坛发表，而且在本研究进行期间不是跨月的讨论主题。鲁迅论坛共有28位ID是"高度参与者"，经过初步统计，选取了11月20日的《假如台海战争爆发》(有39个回帖)和11月21日的《假如中国有了众议院》(有41个回帖)两个讨论主题作为研究对象。

为了区分各位发言ID，本研究以"A"字母代表鲁迅论坛，以A1、A2代表讨论主题一、二，以"H"、"M"、"L"字母分别代表"高度参与者"、"中度参与者"和"低度参与者"，按照发言的先后顺序以阿拉伯数字标号ID，以代表不同的ID。

Ⅰ 讨论串A1概况：

经过初步统计，鲁迅论坛在2004年11月20日发表的《假如台海战争爆发》一文共有39个回帖，参加讨论的共有10个ID，其中有8个ID是鲁迅论坛本月的"高度参与者"，有1个ID是鲁迅论坛本月的"中度参与者"，有1个ID是鲁迅论坛本月的"低度参与者"。在发言者当中，发言次数最多的ID是主帖的作者，共发言17次，发言次数仅有1次的ID有4个。列表如下：

表8　网易·鲁迅论坛讨论串A1中的ID发表文章概况

编号	A1H1	A1H2	A1H3	A1H4	A1H5	A1H6	A1H7	A1M8	A1L9	A1H10	合计
发言次数	17	2	8	1	5	2	1	2	1	1	40

ⅰ 讨论串A1对话分析：

本讨论的主题是"假如台海爆发战争"，这是一个关于时事类的话题，也是当时的社会热点问题，发言者集中在A1H1、A1H3和A1H5这三个ID，他们

---

① 杨堤雅：《网际网络虚拟社群成员之角色与沟通互动之探讨》，转引自李静宜、郭宣靆《虚拟社区与虚拟文化》，载南华大学社会学研究所《E－Soc Journal》第26期(http://www.nhu.edu.tw/)。

的发言次数 30 次,占全部发言总数的 75%。

ii 讨论串 A1 角色分析:

本讨论主题实际上共有 10 个 ID 参与发言,共有 40 篇文章;其中 A1H1 发言 17 次,A1H3 发言 8 次,A1H5 发言 5 次,A1H2、A1H6 和 A1M8 发言 2 次,其余的 ID 发言都只有 1 次。

A1H1:是本讨论话题的提出者,扮演了"经验意见分享者"的角色,共有 17 次发言,其言辞类别分别是 Representative/Assertives(再现/断言)、Representative/Assertives(再现/断言)、Declarations(宣称)、Representative/Assertives(再现/断言)、Representative/Assertives(再现/断言)、Expressives(表达)、Expressives(表达)、Directives(指示)、Directives(指示)、Directives(指示)、Directives(指示)、Expressives(表达)、Expressives(表达)、Declarations(宣称)、Representative/Assertives(再现/断言)、Representative/Assertives(再现/断言)、Directives(指示)。

A1H2:是"成员领袖",也是版主之一,有 2 次发言,其言辞类别均是 Representative/Assertives(再现/断言)。

A1H3:是"经验意见分享者",有 8 次发言,其言辞类别分别是:Representative/Assertives(再现/断言)、Directives(指示)、Expressives(表达)、Declarations(宣称)、Directives(指示)、Expressives(表达)、Directives(指示)、Expressives(表达)。

A1H4:是"意见呼应者",有 1 次发言,其言辞类别是 Representative/Assertives(再现/断言)。

A1H5:是"干扰者",有 5 次发言,其言辞类别分别是:Expressives(表达)、Expressives(表达)、Directives(指示)、Representative/Assertives(再现/断言)、Representative/Assertives(再现/断言)。

A1H6:是"经验意见分享者",有 2 次发言,其言辞类别是:Directives(指示)、Declarations(宣称)。

A1H7:是"经验意见分享者",有 1 次发言,其言辞类别是 Representative/Assertives(再现/断言)。

A1M8:是"经验意见分享者",有 2 次发言,其言辞类别是 Expressives(表达)、Representative/Assertives(再现/断言)。

A1L9:是"意见呼应者",有 1 次发言,其言辞类别是 Representative/Assertives(再现/断言)。

A1H10:是"经验意见分享者",有 1 次发言,其言辞类别是 Representative/

Assertives(再现/断言)。

经过初步统计,在本讨论主题中,共有 16 个 Representative/Assertives(再现/断言)类发言,10 个 Directives(指示)类发言,10 个 Expressives(表达)类发言,4 个 Declarations(宣称)类发言,Commissive(承诺)类发言则没有。列表如下:

表9 网易·鲁迅论坛讨论串 A1 中的 ID 发言类型概况

编号	Representative/Assertives（再现/断言）	Directives（指示）	Commissive（承诺）	Expressives（表达）	Declarations（宣称）
A1H1	6	5		4	2
A1H2	2				
A1H3	1	3		3	1
A1H4	1				
A1H5	2	1		2	
A1H6		1			1
A1H7	1				
A1M8	1			1	
A1L9	1				
A1H10	1				
合计	16	10	0	10	4

从上表可以看出,本讨论主题的 Representative/Assertives(再现/断言)类发言比较多,共有 16 个,占到全部发言的 40%,在 10 个发言的 ID 中也有 9 个 ID 使用了这种类型的发言方式,这表明参加本讨论主题的 ID 较多地使用 Representative/Assertives(再现/断言)类文章进行论争,这一方面是因为这类文章能直接、有力地体现论者的观点和立场,亚金斯与布瑞雪(Adkins & Brashers)指出,电脑中介沟通时,语言的强度对彼此的形象有很大的影响,参与者若采用强势语言(语气肯定,用字绝对),会让人感觉更值得信赖,更具有吸引力与说服力;若参与者采用弱势语言(语气犹疑,用字和缓),则让人有较高的不确定感①。另一方面可能是因为受到网络论争的限制,不方便使用长篇大论的文章进行论战,论者必须在较短的文章中充分表达出自己的观点,因此也倾向于使用这类文章进行发言。

---

① 转引自吴筱玫《网路传播概论》,第 93 页。

II 讨论串 A2 概况：

经过初步统计，鲁迅论坛在 11 月 21 日发表的《假如中国有了众议院》一文，共有 41 个回帖，参加讨论的共有 12 个 ID，其中有 10 个 ID 是鲁迅论坛本月的"高度参与者"，有 1 个 ID 是鲁迅论坛本月的"中度参与者"，有 1 个 ID 是鲁迅论坛本月的"低度参与者"。在发言者当中，发言次数最多的 ID 也是主帖的作者，一共发言 10 次，发言次数仅有 1 次的 ID 有 6 个。另外，通过观察，可以看出 A2H1 和 A2H9 实际上是一个 ID（他们的签名档完全一样），所以，主帖作者的发言次数一共有 17 次。列表如下：

表 10　网易·鲁迅论坛讨论串 A2 中的 ID 发表文章概况

ID编号	A2H1	A2H2	A2H3	A2H4	A2H5	A2H6	A2H7	A2M8	A2H9	A2L10	A2H11	A2H12	合计
发言次数	10	1	6	5	5	1	3	1	7	1	1	1	42

i 讨论串 A2 对话分析：

本讨论的主题是"假如中国有了众议院"，这是一个关于政治类的话题，也是网民比较关注的中国的民主体制问题之一，发言者集中在 A2H1（A2H9）、A2H3、A2H4 和 A2H5 这 4 个 ID，他们的发言次数一共有 33 次，占全部发言次数的 78.57%。

ii 讨论串 A2 角色分析：

本讨论主题实际上共有 11 个 ID（有 2 个 ID 实为同一个）参与发言，共有 42 篇文章；其中 A2H1（A2H9）发言 17 次，A2H3 发言 6 次，A2H4 和 A2H5 各发言 5 次，A2H7 发言 3 次，其余的 ID 发言都只有 1 次。

A2H1（A2H9）：是"经验意见分享者"，提出了引发本次讨论的问题，有 10 次发言，其言辞类别分别是：Representative/Assertives（再现/断言）、Directives（指示）、Representative/Assertives（再现/断言）、Representative/Assertives（再现/断言）、Directives（指示）、Declarations（宣称）、Expressives（表达）、Directives（指示）、Declarations（宣称）、Representative/Assertives（再现/断言）。

A2H9：是 A2H1 的另一个 ID，有 7 次发言，其言辞类别分别是：Representative/Assertives（再现/断言）、Directives（指示）、Declarations（宣称）、Representative/Assertives（再现/断言）、Expressives（表达）、Representative/Assertives（再现/断言）、Expressives（表达）。

A2H2：是"经验意见分享者"，有 1 次发言，其言辞类别是 Representative/

Assertives（再现/断言）。

A2H3：是"经验意见分享者"，有 6 次发言，其言辞类别分别是：Directives（指示）、Representative/Assertives（再现/断言）、Declarations（宣称）、Representative/Assertives（再现/断言）、Representative/Assertives（再现/断言）和 Representative/Assertives（再现/断言）。

A2H4：是"经验意见分享者"，有 5 次发言，其言辞类别分别是：Representative/Assertives（再现/断言）、Expressives（表达）、Representative/Assertives（再现/断言）、Expressives（表达）、Directives（指示）。

A2H5：是"经验意见分享者"，有 5 次发言，其言辞类别分别是：Expressives（表达）、Declarations（宣称）、Representative/Assertives（再现/断言）、Directives（指示）、Representative/Assertives（再现/断言）。

A2H6：是"经验意见分享者"，有 1 次发言。其言辞类别是 Representative/Assertives（再现/断言）。

A2H7：是"经验意见分享者"，有 3 次发言，其言辞类别是 Declarations（宣称）、Representative/Assertives（再现/断言）和 Directives（指示）。

A2M8：是"干扰者"，有 1 次发言，发言要为本次论争画上一个句号，其言辞类别是 Declarations（宣称）。

A2L10：是"经验意见分享者"，有 1 次发言，其言辞类别是 Directives（指示）。

A2H11：是"经验意见分享者"，有 1 次发言，其言辞类别是 Representative/Assertives（再现/断言）。

A2H12：是"经验意见分享者"，有 1 次发言，其言辞类别是 Expressives（表达）。

经过初步统计，在本讨论主题中，共有 19 个 Representative/Assertives（再现/断言）类发言，有 9 个 Directives（指示）类发言，有 7 个 Expressives（表达）类发言，有 7 个 Declarations（宣称）类发言，Commissive（承诺）类发言则没有。列表如下：

表 11　网易·鲁迅论坛讨论串 A2 中的 ID 发言类型概况

编号	Representative/Assertives（再现/断言）	Directives（指示）	Commissive（承诺）	Expressives（表达）	Declarations（宣称）
A2H1	4	3		1	2
A2H2	1				
A2H3	4	1			1
A2H4	2	1		2	

续表

A2H5	2	1	1	1
A2H6	1			
A2H7	1			1
A2M8				1
A2H9	3	1	2	1
A2L10		1		
A2H11	1			
A2H12			1	
合计	19	9	0	7	7

从上表可以看出,本讨论主题的 Representative/Assertives(再现/断言)类发言比较多,共有 19 个,几乎占到了全部发言的一半,在 12 个发言的 ID 中也有 9 个 ID 使用了这种类型的发言方式,这也从一个方面表明参加本讨论主题的 ID 较多的使用 Representative/Assertives(再现/断言)类文章进行论争,具体原因类似于讨论串 1 的分析结果。

3. 小结

(1)网络"鲁迅迷"亚文化的内涵:感时忧国的精神。在当代中国的现实语境下,网络的兴起为这些被一些学者称为"沉默的大多数"的普通民众提供了一个相对来说比较容易发表自己观点并交流彼此看法的机会,于是,一些敬仰鲁迅的网民便利用网易公司提供的鲁迅论坛讨论关于鲁迅的话题和关于时事、政治的话题,经过一定时间的互动之后,网民之间也逐渐形成了一定的关系,有的甚至成了知心的朋友(参见下文关于鲁迅论坛的访谈结果),这样便形成了网络"鲁迅迷"的虚拟社区。

通过对鲁迅论坛的观察,可以看出经过多年的发展,论坛的定位没有多大的变化,但是论坛的内容有所变化:鲁迅论坛建立之初的目的是"给所有喜欢或不喜欢先生的人一个说话的场所——因为,即使是在 21 世纪的今天,先生也是不可回避的";而现在的鲁迅论坛的风格正如论坛讨论区上方的滚动文字条所表明的那样,"这里是一个了解鲁迅,接近鲁迅的地方。论坛以鲁迅研究为主,兼顾对社会现实的批判与思考。它自由,理性,充满思辨的色彩"。通过对论坛在 2004 年 11 月份发表的文章进行统计分析,也可以看出"谈论政治、时事的文章"在现在的鲁迅论坛中占有主要地位,这在一定程度上显示出现在的鲁迅论坛是一个谈论时事、政治为主的论坛。

在抽样分析了网易·鲁迅论坛在 2004 年 11 月的发帖情况和网民互动情况之后,本研究从上述的研究结果中发现,在此论坛活动的网民不仅比较认同鲁迅,而且比较关注社会现实问题,喜欢对一些时政问题发表自己的看法。从整体上来说,这些网民都在较大的程度上受到了鲁迅精神的影响,比较富有忧国忧民的精神。需要指出的是,网民也经常发表一些谈论学术问题的文章,比较关注一些有关思想、哲学类和历史、文化类的话题,这也在一定程度上受到了鲁迅学术成就的影响。但是相对来说,论坛的主流仍然是讨论时事政治问题的文章,所以本研究也因此把"网络鲁迅迷"虚拟社区的亚文化内涵概括为感时忧国的精神。

(2)网络"鲁迅迷"的互动情况比较复杂。通过抽样分析鲁迅论坛在 2004 年 11 月所发表的文章,可以看出,网民本月所讨论的话题主要集中在和论坛主旨相符合的范围内;网民所发表的文章以回应类文章为主;网民发表文章的数量与发表的时间之间相对来说没有明显的规律;网民发表的文章以"谈论政治、时事的文章"为主;网民谈论鲁迅的话题在数量上相对来说比较少;"高度参与者"在鲁迅论坛上比较活跃;参加讨论的 ID 较多地使用 Representative/Assertives(再现/断言)类语言进行论争。

在网络"鲁迅迷"虚拟社区中有"高度参与者"、"中度参与者"、"低度参与者"三种角色模式:"高度参与者"和"中度参与者"发表文章最多的都是"谈论政治、时事的文章";"低度参与者"发表文章最多的是"其他"类文章,其次是"谈论政治、时事的文章"。鉴于现在的鲁迅论坛是一个以谈论时事、政治为主的论坛,相对来说,"低度参与者"在发表文章方面对论坛的贡献较小。

杨堤雅根据虚拟社区中的成员在参与程度、互动程度、言辞语气、文章类型等方面的不同,将成员分为八种类型。对照杨堤雅的划分标准,通过对鲁迅论坛在 2004 年 11 月两个回应文章最多的讨论串的分析,本研究发现网络"鲁迅迷"虚拟社区中有"成员领袖"、"意见呼应者"、"经验意见分享者"和"干扰者"等四种类型的成员,这几类成员对虚拟社区的贡献与认同也有所不同,具体分析如下:

1"成员领袖":受到成员的敬重与信赖,互动与参与程度高,对虚拟社区有很大的贡献;例如,讨论串 A1 中的 A1H2 是本论坛的版主,也是本论坛的"成员领袖",得到多数网民的支持与尊重,但是,在本次论争中,他的观点却遭到了 A1H1 的否定:"是个善良人,但很迂腐。"

II"意见呼应者"：常对其他成员的意见或经验表示认同与追随，期望能加强自己在社区内的社会关系；例如，讨论串 A1 中的 A1H4 就是"意见呼应者"，他赞同 A1H1 的观点。

　　III"经验意见分享者"：热心提供自己的意见，或分享个人经验，期望对他人有所帮助；例如，讨论串 A1 中的 A1H10 就是"经验意见分享者"，他希望论争双方不要纠缠于"战"与"不战"的观点。

　　IV"干扰者"：在社区里询问或发表与讨论主题无关的文章，而造成其他成员阅读上的困扰；例如，讨论串 A2 中的 A2M8 就是"干扰者"，他在发言中表示要为本次论争画上一个句号，干扰论争的进行。

　　从上述分析结果可以看出，"经验意见分享者"对本虚拟社区的贡献比较大，通过积极的参与讨论的方式贡献自己的智慧，与网民分享自己的观点，从而促进网民之间的思想交流，并在一定程度上促进了网民对本社区的参与和认同。而"干扰者"对社区的贡献最小，通过发表一些与讨论无关的文章来干扰网民之间的正常讨论，在一定程度上妨碍了网民对本社区的参与和认同。另外，从上述研究结果也可以看出，网民之间在言论上是平等的，在观点不一致的情况下，一些网民也可能批评"成员领袖"，而非认同"成员领袖"的观点。

　　（3）网民发表文章具有一定的策略。鲁迅论坛建立的目的是"给所有喜欢或不喜欢先生的人一个说话的场所"，现在的风格是"以鲁迅研究为主，兼顾对社会现实的批判与思考"。目前所有的中文网站和 BBS 都建立了自动过滤系统，如果文章中含有一些所谓的"敏感"、"不雅"或广告性的语言将会被网络系统拒绝甚至删除，从而不可能在论坛中发表出来。例如，网易公司的自动过滤系统在遇到一些词语时会提示"您提交的文章中含有不文明用语，或者广告文字，敏感字眼。为了我们的论坛能有个安静的环境，请重新发表！"鉴于现在的鲁迅论坛是一个讨论时事、政治为主的论坛，而在此活动的网民又多少都受到鲁迅精神的影响，喜欢对现实问题发表意见，批判社会上的一些丑恶现象，所以，一些网民为了追求能在论坛中较为自由地讨论一些时事、政治话题，或许也是受到了鲁迅当年在发表文章时采取的"钻网术"的启发，就运用自己的智慧采用游击战术突破网络过滤系统。

　　虽然网民凭借一些技巧可以突破中文网络的过滤系统，但是，网络公司还有专门的网管负责审查发表在论坛中的文章，所以，一些带有敏感、不雅、广告词汇的文章虽然可以在论坛中发表出来，但是常常会在发表后不久就被网管删除。在这种情况下，网民也只好采取车轮战术，把文章改换一个题目再次或多次发表出来，希望最终能避开网管的监视，但在大多数的情况下，一些违禁的文章早晚都会被版主和网管删除,只有少数的一些文章会成功地躲过各种监管。

值得一提的是,虽然论坛的网民中还可以大致划分为资深网民和新来的网民这两个不同的阶层,前者一般都是后者的求助对象,但是资深网民的经验和知识却是共享的。例如,当一些网民遇到在本论坛发表不了帖子的问题时,论坛中的一些资深网民一般都会很热情地提供帮助,协助他们成功地发表文章。有的资深网民还把一些"敏感"词汇收集起来与网民共享,建议一些不熟悉"敏感"词汇的新来的网民在发表文章之前自己先检查一遍,从而可以在论坛上顺利地发表文章。另外,一些资深网民还在论坛中交流突破封锁的技巧,相关的文章被版主收集起来,归纳成"论坛发帖注意事项"置放在讨论区的上方,供广大网民,特别是新来的网民参阅、学习。总之,本论坛的网民通过经验分享的方式已经在一定程度上突破了中文网络的过滤机制,从而使得本论坛对一些时事政治问题的讨论比较自由,由此也逐渐形成了本论坛的次文化。

(4)鲁迅论坛面临着生存的危机。网络"鲁迅迷"虚拟社区的出现在一定程度上显示出了鲁迅在当代中国的生命力,聚集在鲁迅论坛的大多数网民都在一定程度上受到了鲁迅精神的影响,在鲁迅研究越来越走向边缘化、学院化的背景下,富有民间色彩的网络鲁迅评论的兴起,无疑会对鲁迅的传播产生一定的影响,也可能会在不远的将来对日渐冷落的鲁迅研究起到一定的刺激作用。正如一位网民所说的那样,"与其写鲁迅,不如像鲁迅那样写"(参见下文中的访谈结果),于是鲁迅论坛逐渐从一个讨论鲁迅的论坛变成为一个以讨论时事、政治为主的论坛。但是,现在的中文网络并不是一个完全自由的虚拟空间,在这种情况下,网民和中文网络过滤机制就不可避免地发生了冲突:网民不断地运用游击战术寻找网络过滤机制的漏洞,而有关方面也不断地加强对中文网络的管理。例如,在2004年8月,网络公司突然关闭了版主"挑木剑"的ID并删除了其发表在论坛中的全部文章(相当于宣判了他在虚拟世界中的死刑)。在这样的背景下,以讨论时事、政治论坛为主的鲁迅论坛如何在现有的网络管理政策许可的范围内生存与发展将是一个必须面对的问题,鲁迅论坛也因此将面临严峻的生存挑战。事实上,在本书对网易·鲁迅论坛抽样研究完成不久,鲁迅论坛就被网易公司借改版之机关闭。

三、网易·鲁迅论坛网民的民族志研究

笔者从2001年3月以来,一直密切关注中文网络中关于鲁迅的评论动态,并和一些版主、网民建立了联系,也和一些网民见面访谈。从 2003 年开始有意识地选择网易·鲁迅论坛作为深入观察、研究的对象,一直关注该论坛的发展变化。

为了配合参与观察方法的使用,本研究还选择了一些"鲁迅迷"进行问卷调查与深入访谈。在设计深入访谈的大纲时,参考了南希·凯·贝姆和邵琮淳等国内外研究者的深入访谈大纲,吸收其精华,并结合"鲁迅迷"研究的实际作了相应的调整。鉴于这些"鲁迅迷"的居住地非常分散,本研究采用在网易·鲁迅论坛张贴深入访谈大纲的方式,征集"鲁迅迷"来参与回答笔者的问卷,在收到一些"鲁迅迷"寄回的答卷之后,笔者会视答卷中出现的一些情况再就答卷中的问题以及笔者进一步想了解的问题通过电子邮件和这些"鲁迅迷"继续联系,直到笔者认为已经大致了解清楚自己的问题为止。

1. 网易·鲁迅论坛网民的访谈结果

笔者在 2004 年的 11 月 22 日在网易·鲁迅论坛张贴了《互联网上的"鲁迅迷"虚拟社区研究》问卷,征求版主的意见并征集参与调查的网民,另外还通过在网上留言的方式邀请一些网民参与调查,经过版主的大力支持和一些网民的热情帮助,笔者共征集到 20 份答卷,参与答卷的网民不仅有在鲁迅论坛比较活跃的多位版主,而且也有几位很少发言甚至几乎不发言的潜水者;不仅有在鲁迅论坛活动过四五年的资深网民,而且也有近期才加入鲁迅论坛的新网民;不仅有长期在鲁迅论坛活动的网民,而且也有曾经在鲁迅论坛活动,一度离开,现在又回来的网民;不仅有"鲁迅迷",而且也有只承认自己喜欢鲁迅但是否认自己是"鲁迅迷"的网民。因此,本次调查比较有代表性,参与本次调查的网民可以较为全面地代表在鲁迅论坛活动的几类网民。

①网民的人口学特征呈现出多元化。

参与答卷的 20 位网民中,男性有 16 人,女性有 4 人,这也从一个方面反映出男性在鲁迅论坛活动的网民中占有绝大多数;年龄段在 20~30 岁的有 6 人,在 30~40 岁年龄段的有 10 人,在 40~50 岁年龄段的有 2 人,在 50~60 岁年龄段的有 2 人,从中可以看出在鲁迅论坛活动的网民年龄相对来说较大,甚至有 2 位参与答卷的网民的年龄在 50~60 岁年龄段;受教育程度为大专毕业的有 7 人,本科毕业的有 10 人,硕士毕业的有 2 人,博士毕业的有 1 人,从中可以看出在鲁迅论坛活动的网民的受教育程度普遍较高;职业为教师的有 5 人(其中中学教师 2 人,大学教师 3 人),职业为商人的有 2 人,职业为银行职员的有 1 人(兼女士内衣店主),职业为医务工作者的为 2 人(其中 1 人是医师兼经理),职业为电子制造业的有 3 人,职业为从事工程技术的 1 人,职业为编辑的 1 人,职业为从事广告的 1 人,无职业或自由职业者有 4 人(含自由撰稿者 2 人),从中可以看出在鲁迅论坛活动的网民的职业比较多元化;网龄为 1~2 年(含 2 年,下同)的 2 人,2~3 年的 6 人,3~4 年的 4 人,4~5 年的 5 人,5~6 年的有 1 人,6~7 年的 1 人,另有自称网龄"很久很久",无法确认的 1 人,从中可以看出在鲁迅论坛活动的网民的网龄相对来说普遍较长。

②网民对论坛的涉入度相对较高。

关于知道网易·鲁迅论坛的时间,在 2000 年及此前就已经知道鲁迅论坛的有 5 人(一位网民自称知道鲁迅论坛已经有 6 年了,这应当是在 1998 年鲁迅论坛创建的时候就知道了),在 2001 年知道鲁迅论坛的有 3 人,在 2002 年知道鲁迅论坛的有 4 人,在 2003 年知道鲁迅论坛的有 3 人,在 2004 年知道鲁迅论坛的有 3 人,另外有两位网民中一位称在"第一次刚刚上网时"就知道鲁迅论坛(10 号答卷),一位称在"学会上网就来此"(11 号答卷),经过查询这两位网民的注册资料,可以确认 10 号答卷网民的注册时间在 2001 年,11 号答案网民的注册时间在 2002 年。从中可以看出在鲁迅论坛活动的网民对鲁迅论坛的了解时间有长有短,既有在鲁迅论坛活动 4~5 年的资深网民,也有新近加入鲁迅论坛的网民。

关于访问鲁迅论坛的频率,从访谈结果可以看出,在鲁迅论坛活动的网民访问鲁迅论坛的频率从整体上来说还是较为频繁的,有 9 位网民用"只要上了网就来一下鲁坛"或相似的语言表达访问鲁迅论坛的次数,例如,1 位网民表示:"不可一日无此坛"(3 号答卷);1 位网民表示:"有一阵子鲁迅论坛就是上网的目的,现在的浏览则已成一种习惯"(18 号答卷);1 位网民表示:"差不多只上鲁迅论坛,浏览已成一种习惯"(19 号答卷);有 3 位网民表示"忙的时候不大来,不忙的时候经常来"(20 号答卷);有 3 位网民表示每隔 2~3 天访问一次(8 号答卷)。但是也有少数网民访问鲁迅论坛的频率较低,例如,有 1 位网民表示"登陆频率不均匀"(10 号答卷);有 1 位网民表示"多久没有定数"(12 号答卷)。此外,还有 1 位网民表示从 2000 年开始就在鲁迅论坛活动,已经"三年有余"(13 号答卷),但没有明确指出访问频率;有 1 位网民表示"20 天左右"访问一次(15 号答卷);有 1 位网民表示,最近才知道"鲁迅论坛"(17 号答卷)。从访谈结果也可以发现网民访问本论坛的频率也有一个变化过程,例如,有的网民表示"多久没有定数,最近每天都来"(12 号答卷);有的网民表示"有时很频繁,有时偶尔来看一下,但一直都关注着"(14 号答卷)。

关于是否离开过鲁迅论坛的问题,有 11 位网民表示经常访问鲁迅论坛,没有离开过,有9位网民因各种原因曾经一度离开过鲁迅论坛。从访谈结果可以看出网民离开鲁迅论坛的原因主要有如下几类:①时间方面的原因,例如,有4位网民是因为工作的原因或时间紧张而短期离开过,有2位网民是因为一段时间没有上网而短期离开过,有1位网民是因病而离开过一段时间。②论坛变动方面的原因,例如,有1位表示选择离开是因为"熟悉的朋友集体撤离",有1位网民表示之所以离开是因为"网管删帖太随意"。另外,还有几位没有离开过鲁迅论坛的网民表示如下的原因也会导致他们离开鲁迅论坛:"如果离开,可能是因为该论坛已经变得没有鲁迅味了"(1号答卷);"如果离开,就是因为这坛子没有原来的味道了"(7号答卷);"如果离开,大概会是因为这里的话题变得没有意思"(17号答卷);"如果离开,定是言论不再自由"(6号答卷)。从上述访谈结果可以看出在鲁迅论坛活动的一些网民对鲁迅论坛的关注程度和涉入程度普遍较高,即使在因为某种原因而短暂离开一段时间后还会回来。另外,有几位网民表示即使离开也会牵挂本论坛:例如,有的网民表示"离家不便一魂牵梦萦"(3号答卷),从中也可以看出一些在鲁迅论坛活动的网民对本论坛的认同度非常高。

关于为何不在鲁迅论坛发言的问题,有10位网民表示自己不是论坛的潜水员(按:指在论坛中只看帖子不发言的网民),其余的10位网民表示自己是潜水员或者一度是潜水员。在谈到自己不发言的原因,有2位网民表示"潜水与时间、心态和对一些问题的疑惑有关"(18号答卷、19号答卷);有3位网民表示是因为时间太忙的关系(5号答卷、14号答卷、16号答卷);有2位网民表示是因为还没有考虑清楚(17号答卷、20号答卷);有2位网民表示是因为"插不上话"(8号答卷)、"说多了怕露怯"(15号答卷);还有1位网民表示"现在潜水只是不想离开"(13号答卷)。从上述访谈结果可以看出,在鲁迅论坛潜水的网民选择潜水的原因较为多样,除了与时间、心态及对一些问题的疑惑有关,还与论坛的变动有关,例如13号答卷网民和一些熟悉的网民在2002年因故集体撤离鲁迅论坛,现在经常回来,但是不发言。笔者熟悉的一位资深网民也因为不满网管的过于严格的管理而选择了潜水,但是仍然不愿意离开论坛。

关于在鲁迅论坛使用几个ID的问题,有14位网民表示只有一个(含一位表示目前只使用一个ID的网民);有5位网民表示有2个ID,其中有4位网民表示虽然有2个ID但是基本上在鲁迅论坛只使用一个,另外一位网民表示因为"在研究生毕业后,工作环境和网络环境产生了一些变化,和我过去在网上的活动方式有比较大的差距,不能保持ID的连续性和一致性,所以我使用了第二个ID,并且采取了完全不同的风格"(9号答卷);有一位网民表示有多个

ID。从上述访谈结果可以看出,在鲁迅论坛活动的网民大多数都使用一个ID,这也从一个方面反映出在鲁迅论坛活动的网民的ID相对其他论坛来说比较稳定,变化较小,可以比较容易辨认。

③网民之间的互动较多。

关于是否参加过鲁迅论坛的版聚,有19位网民表示没有参加过,因此无从谈起有何收获,其中有两位网民表示很向往参加版聚,但也有一位网民对举行版聚活动持反对态度,认为"本论坛是个自由的地方,每个人都是独立的,反对帮派、山头。如果说有'聚',那么我们每天都会在论坛的版上聚"(12号答卷)。有一位网民表示他和另一位网民在广州见过面,但也只限于两人,称不上是版聚,不过这次见面对他来说是"收获一个具体的朋友"(19号答卷)。值得注意的是,有一位网民表示自己"比较低调"(8号答卷),言下之意就是不太爱参加此类活动,而另外一位网民则表示有过版聊,收获是"交流观点"。从上述访谈结果可以看出,"鲁迅论坛"网民之间的版聚活动较少。

关于是否参加过本论坛的论争,有4位网民表示没有参加过(这4位网民有3人为女性,其中一位网民是刚刚访问鲁迅论坛,一位只访问过几次鲁迅论坛,一位是本论坛的潜水者,总之都是论坛的"低度参与者");有16位网民表示参与过鲁迅论坛的论争。在表示参与过鲁迅论坛论争的网民中有6位网民明确表示参加过几次论争,有6位网民表示参加过很多次的论争:例如,一位网民表示"参加的大概是最多了。记不清多少次了"(2号答卷);一位网民表示"几乎参加了这三年所有论争"(7号答卷);一位网民表示"经常参加,见啥争啥"(10号答卷);有两位网民表示"参加过,很多次"(12号答卷、20号答卷);一位网民表示"打了不少嘴架,记不清几次"(13号答卷)。从中可以看出在鲁迅论坛活动的网民中有较多的网民参与过论争,这也从一个方面反映出鲁迅论坛的论争较多。关于从论争中获得最大收获的问题,在参与过论争的16位网民中除了有1位网民表示"没收获"(19号答卷),有1位网民没有明确回答这个问题外(9号答卷),其余的14位网民都表示有收获。例如,有4位网民表示通过论争锻炼了自己的思维能力(7号答卷、14号答卷、16号答卷、20号答卷);有3位网民表示通过论争结交了不少的朋友(10号答卷、11号答卷、13号答卷);有2位网民表示通过论争开阔了视野(12号答卷、18号答卷);有2位网民表示通过论争发现还需要提高自身学术水平(3号答卷、4号答卷);有1位是某高校现代文学教师的网民表示通过论争对网上的讨论有了新的认识:"改变了向来瞧不起网上论争的看法"(5号答卷);有1位网民表示通过论争改变了性格:"渐渐变得冷静和宽容"(2号答卷)。值得一提的是,

1位没有参与过论争的网民表示通过参观别的网民之间的论争也有"学会了冷静和宽容"的收获(1号答卷)。另外,有1位网民对论坛中的讨论环境现状表示不满:"如果有＊＊帮忙,歪理派也可能占据坛面上风"(6号答卷)。从上述访谈结果可以看出,参加过鲁迅论坛论争的网民多数人通过论争在知识方面、思维能力方面都有了不同程度的收获,一些网民在性格方面也有所变化,这也从一个方面反映出鲁迅论坛网民之间的论争多数还是有价值有意义的。

关于和论坛中的哪些网民熟悉的问题,有4位网民表示在鲁迅论坛中没有熟悉的网民(含一位最近才开始访问鲁迅论坛的网民)(4号答卷、14号答卷、15号答卷、17号答卷);有1位网民认为这是隐私,没有回答(8号答卷);有1位网民表示"因为近来忙没有怎么联系论友"(16号答卷);有1位网民表示只有1个熟悉的朋友(1号答卷);有13位网民表示在鲁迅论坛有很多熟悉的网民。从上述统计结果可以看出,在鲁迅论坛活动的网民有多数人已经在本论坛中结识了熟悉的网民。关于和熟悉的网民在线上是否会打招呼、聊天的问题,有4位网民表示会打招呼或偶尔打招呼(1号答卷、2号答卷、6号答卷、13号答卷);有7位网民表示不会打招呼;有3位网民表示曾经和熟悉的网民在网上聊过天(1号答卷、2号答卷、7号答卷);有7位网民表示和熟悉的网民在线下联系过,并可能或已经成为现实中的朋友(1号答卷、2号答卷、3号答卷、10号答卷、12号答卷、13号答卷、19号答卷),其中有1位网民还表示"(在)线下很多成为生活中非常重要的朋友,无论天南与海北"(13号答卷),另外还有1位网民在鲁迅论坛上结交到了相知的朋友,表示"与桃木剑相知"(3号答卷)。有8位网民表示在线下没有联系,但是其中1位网民表示"虽没有线下联系,却感觉有那么几个真实的朋友"(18号答卷)。从上述访谈结果可以看出,在鲁迅论坛活动的网民中有的网民和熟悉的网民之间不仅有线上的联系而且也把线上的关系带进现实生活中,成为现实社会中的朋友;有的和熟悉的网民之间的联系仅限于线上,但是有1位没有在线下和熟悉网民联系过的网民也表示有"几个真实的朋友"。需要指出的是,有两位网民表示自己很熟悉一些网民,但无法确认这些网民是否也熟悉自己,例如,一位网民表示"对常在坛里混的都挺熟,几位版主最熟,但别人对偶(我)就不知道了"(6号答卷);一位网民表示"自认为和谪仙人(倏迟)、孤独者(leig5)、姜洋(姜洋的道)、范美忠、李老二、泪眼看人、看不见我、晓风残月等人比较熟悉,或者说我比较熟悉他们的名字和文章,但是他们可能并不对我感到熟悉"(9号答卷)。这也从一个方面反映出网民之间的熟悉程度存在着不对等的现象,在通常的情况下,多数的网民表示熟悉在论坛中较为活跃的网民。

关于在参加过本论坛的讨论、版聚,与网民互动交流之后,是否会增加对鲁迅的喜爱、会更加认同自己是"鲁迅迷"的问题,有一些网民做出了否定或不肯定的回答,例如,有3位网民表示没有什么影响:其中有一位网民指出自己"对鲁迅的看法,只会由于自己阅历的增长和思考的深入而有所变化"(17号答卷);有一位网民指出"说实在的,这些讨论和互动交流什么的对我关于鲁迅的看法没有什么影响"(20号答卷)。有两位网民认为网上讨论的水平不高,因此对网民之间的交流会增加对鲁迅的喜爱持质疑态度,其中一位网民指出:"'鲁迅迷'(且这样说)之所以成为'鲁迅迷',应当是基于他自己对于鲁迅的理解,以及对鲁迅之思想于当今社会中的作用的认识。如果因为赶潮流,或者因为喜爱鲁迅能交到很多朋友、有意思,而喜爱鲁迅本人,那是假迷,不是真迷。而如果认为讨论、交流之类的活动能增添人们对鲁迅的理解进而更加喜爱鲁迅,显然,这取决于讨论的水平和深刻程度、说服力。这就涉及一个对交流的评估的环节,并不是所有的交流都能做到这一点"(2号答卷);另一位网民则表示"有待后观"(13号答卷),其余的网民都对这个问题做出了肯定的回答,例如,一位网民表示"互动活动应该会促进大家对鲁迅言论的理解和领悟"(1号答卷);一位网民表示"我觉得参加的话,大家一起交流,会给我很多启发,弥补不足"(4号答卷);一位网民表示"和网民的交流,开拓了眼界,丰富了知识,深入了对鲁迅的认识!"(11号答卷)另外还有一位网民提到了自己在鲁迅论坛上结识的朋友:"LEIG5兄临走时一句真诚的'感谢鲁迅使你我相识',就足以增加认同感"(18号答卷)。此外还有4位网民没有回答这个问题(其中有一位网民没有直接回答)。从上述访谈结果可以看出,在参加答卷的网民中,有半数人认为通过在论坛的讨论可以增加对鲁迅的喜爱,其中一些网民还指出通过讨论可以丰富关于鲁迅的知识,另外还有网民通过论争建立了友谊;此外也有5位网民对此持否定或质疑的态度,值得注意的是,一些网民指出人们是否会增加对鲁迅的理解与喜爱取决于网上讨论的质量,言下之意就是只有高水平的讨论才会增加对鲁迅的理解。

④网民对论坛的评价较好。

关于鲁迅论坛带给网民的感觉问题,除了一位网民没有回答,一位网民没有正面回答之外(2号答卷),其余的网民大多给予高度评价。有4位网民认为鲁迅论坛比较自由:例如,1位网民表示"觉得总算有一个相对自由的空间"(4号答卷);1位网民表示"好帖不会被删,真中国少有的宝坛"(6号答卷);1位网民表示"自由平等,清规戒律少"(7号答卷);1位网民表示"是个比较言论自由思想进步的论坛,对发扬鲁迅精神大有帮助"(16号答卷);1位网民表示

"'网易·鲁迅论坛'是个宽容而又有自己特色的论坛……海纳百川,有容乃大"(12号答卷)。有5位网民认为鲁迅论坛比较关注现实,敢于讲真话:例如,1位网民认为论坛"比较激进"(8号答卷);1位网民表示"最近的感觉是,有点鲁迅精神,说真话,敢争论,比较务实"(10号答卷);1位网民认为"关心国事,追求真理,是这里最大的特点"(11号答卷);1位网民指出论坛"有强烈的社会关怀色彩,网民大多是有正义感,责任感的朋友"(14号答卷);1位网民认为论坛的风格是"热血"(18号答卷)。有3位网民表示鲁迅论坛给他们带来了惊喜:例如,1位网民表示"一个字——爽!"(1号答卷);1位网民表示"相见恨晚"(3号答卷);1位网民表示"有一些惊喜。没想到还有这么多人关注鲁迅"(17号答卷)。有2位网民对鲁迅论坛的评价是一般:例如,1位网民表示"有一个地方可以谈自己感兴趣的话题,而且还有别人听。或者反过来别人谈,我可以听"(9号答卷);另一位网民表示"还行"(5号答卷)。此外还有3位网民对鲁迅论坛评价不高:例如,1位网民表现出他对现实的迷茫:"崇拜的是一个时代的精神,然而现时的精神在哪里?"(13号答卷);1位网民表示对鲁迅论坛现状不满:"感觉很杂,什么样的人都有"(20号答卷);1位网民对鲁迅论坛中出现的一些攻击、诬蔑鲁迅的文章表示强烈不满:指出"污蔑鲁讯(迅)是主要特点"(19号答卷)。从上述访谈结果可以看出,在鲁迅论坛活动的大多数网民认为鲁迅论坛比较自由、比较关注现实,这在某种程度上显示出他们对鲁迅论坛的认同度较高,但也有少数几位网民对鲁迅论坛的现状表示不满,认同度较低。

关于鲁迅论坛是否有变化的问题,有两位网民表示不清楚,其中有一位网民是因为最近才开始访问鲁迅论坛(15号答卷),另一位是刚刚知道鲁迅论坛(17号答卷);有两位网民表示没感到变化:其中一位表示"来这里不久,没感到变化"(4号答卷),另一位表示"一直比较稳定,自由没变"(6号答卷);其余的16位网民都表示鲁迅论坛有变化。其中有5位网民提到了鲁迅论坛的版头发生了变化以及版主的更换;其余的网民提到了论坛内容或风格方面的变化:有5位网民提到鲁迅论坛现在比较关注现实社会,例如,一位网民指出"最大的变化是谈论的话题不断拓展,从最开始的比较集(中)于鲁迅,到现在的社会生活,文化领域等各个方面"(7号答卷);一位网民认为"最大的变化,从学术性的探讨,到理论越来越贴近现实"(11号答卷);一位网民认为"探讨的问题越来越广泛,也越来越深入"(14号答卷);一位网民指出"更关注时政"(18号答卷);一位网民认为"以前谈鲁迅多一点,好像现在鲁迅没有什么谈的了,关注时事多一点现在"(20号答卷)。有一位网民提到鲁迅论坛在资料方面有了进步:"增加了一些资料性的东西"(5号答卷)。有两位网民认为鲁迅论坛比以前更自由了:例如,一位网民指出"变化就是越来越激进"(8号答卷);一位网民指出"变得活跃了。如果不是自己的帖子在另外一个论坛里遭到毁灭性删除,现在那些帖子,就能到鲁迅论坛来,大快朵颐了"(10号答卷)。有3位网民对鲁迅论坛的变化提出了批评:例如,一位网民指出"最大的变化就是文章水平急剧下降。不忍卒读。有真才实学,有精神风骨,有科学精神的少了;胡编乱造,信口胡言,妖言惑众,人云亦云的多了"(9号答卷);一位网民认为论坛现在"退步"了(19号答卷);一位网民指出"变得陌生了,已经不是真正的参与者了。不过事物的静态是暂时的,变化是永恒的,以不变的心迎接常变的事物就会不适应。或许是铜(筒)子们,包括我,变了!"(13号答卷)从上述访谈结果可以看出,在鲁迅论坛活动的大多数网民认为鲁迅论坛有变化,其中有7位网民认为鲁迅论坛的变化是正面的、积极的;有3位网民认为鲁迅论坛的变化是负面的,值得注意的是,这3位网民都是在鲁迅论坛活动多年的资深网民,经历过鲁迅论坛发展的最好时期,所以才认为现在的鲁迅论坛变得不如以前了。

关于对鲁迅论坛是否有一种归属感的问题,有9位网民表示没有归属感,其中有2位网民甚至强调不要归属感,例如,一位网民表示"不要这个归属感,而是应该使我们更独立一些"(2号答卷);一位网民表示"归属谈不上,鲁迅论坛不鼓励有什么归属感,这是个自由的地方"(12号答卷)。有一位网民表示"在这个世界上,似乎很难找到归属感"(5号答卷)。其余的11位网民大致表示了肯定态度。例如,一位网民认为论坛是"港湾俱乐部"(3号答卷);一位网民表示"当偶(我)在其他论坛都被删号,只有这块根据地啦,这还说什么"(6号答卷);一位网民表示"不过确实有一种归属感,如果有时间我会经常来"(20号答卷)。值得注意的是,有几位网民表示对鲁迅论坛的归属感有一个变化过程,随着时间的变化,归属感越来越少,例如,一位网民表示"应该说,初到鲁迅论坛,是有某种归属感的,可能也和当时的特殊环境有关,但是现在就很少有了"(9号答卷);一位网民表示"曾经有。曾经象(像)一家人!或许是年龄性别爱好的差异,应该对归属感的诠释是不同的"(13号答卷)。关于是否在鲁迅论坛感到温暖的问题,有5位网民表示在鲁迅论坛感到了温暖:例如,一位网民表示"会感到温暖,来这里的人大多数很真诚,很有学问,热心"(4号答卷);一位网民表示"这里有很多朋友和感兴趣的话题,所以感觉很温暖"(7号答卷);一位网民表示"目前有温暖的感觉"(10号答卷);一位网民表示"有朋友和同路人的地方自然会感到些温暖"(18号答卷)。需要指出的是,感到温暖的网民更多强调在鲁迅论坛中有朋友或同路人,这也表明鲁迅论坛在一定程度上为散居在全国各地的广大"鲁迅迷"提供了一个交流的平台。另外,有4位网民表示没有在鲁迅论坛感到温暖:例如,一位网民表示"至于温暖,好像没有感到,这里一直就是一个唇枪舌剑的地方"(9号答卷);一位网民表示"我在鲁迅论坛感受的不是温暖,而是'冷'"(12号答卷);一位网民表示"不"(19号答卷);一位网民表示"温暖?谈不上吧"(20号答卷),从上述访谈结果可以看出,那些表示没有在鲁迅论坛感到温暖的网民较多地强调鲁迅论坛的论争比较激烈。其余的网民没有明确回答这个问题。

关于在鲁迅论坛获得的最大收获,有4位网民认为是自己思维能力的提高,例如,一位网民认为最大的收获是"思索和启发"(1号答卷);一位网民认为最大的收获是"网民之间的交锋、脑力振荡"(2号答卷);一位网民认为最大的收获是"启蒙,不盲从"(4号答卷);一位网民认为最大的收获是"思考能力有点增加"(20号答卷)。有3位网民提到可以了解网民的心态和对鲁迅的看法,例如,一位网民认为最大的收获是"可以了解一些人们对鲁迅的看法"(5号答卷);一位网民认为最大的收获是"了解了当代部分网民的情绪心态"(14号答卷);一位网民认为最大的收获是"看到了一个新兴群体——网民——对鲁迅的看法,至少是部分看法"(17号答卷)。有6位网民提到在鲁迅论坛收获了知识,例如,一位网民认为最大的收获是"多见少怪胜读十年书"(3号答卷);一位网民认为最大的收获是"一些历史和哲学知识"(7号答卷);一位网民认为最大的收获是"知道很多事情,比如西部山区有多困难等等"(8号答卷);一位网民认为最大的收获是"收集信息,锻炼语言能力"(10号答卷);一位网民认为最大的收获是"可以得到很多别处无法取得的思想和知识,是不可代替的"(16号答卷);一位网民认为最大的收获是"早期看到读到了许多有真知灼见的文章。现在虽然少了,但是偶尔也可一见"(9号答卷)。有4位网民提到最大的收获是增加了自己对世界的认识,例如,一位网民认为最大的收获是"从书斋中走向求证现实的是非"(11号答卷);一位网民认为最大的收获是"对我们这个世界有了更深入的认识"(12号答卷);一位网民认为最大的收获是"引导我去了解西方何以强盛"(18号答卷);一位网民认为最大的收获是"逆反美国"(19号答卷)。此外有3位网民的最大收获有点特别,例如,一位网民表示最大的收获是发现"在本国竟然还有一群天使"(6号答卷),这充分表现出他对鲁迅论坛网民的高度认同与评价;一位网民表示最大的收获是"成就了故事,喜欢编故事的人"(13号答卷),因为这位网民曾经以鲁迅和朱安为人物创作了一篇虚构的爱情故事并在论坛中获得良好的反响;一位网民表示最大的收获是感到本论坛"挺好玩儿的"（15号答卷），因为这位网民对本论坛热闹的论争表现出一定的兴趣。从上述访谈结果可以看出，有的网民表示通过网上论争提高了自己思考问题的能力，有的网民表示通过鲁迅论坛了解到多方面的知识，总之，参与答卷的网民都认为自己在鲁迅论坛有了不同程度的收获。

关于网管或版主对论坛的管理（例如更换版主、发起征文、删帖、封ID等）是否会影响到自己对论坛及鲁迅本人的喜爱问题，有10位网民表示或多或少会影响到自己对论坛的喜爱，但其中有6位网民明确表示这不会影响到自己对鲁迅的喜爱：例如，有一位网民指出"论坛的任何事情都会影响我对这（个）论坛的感受"（7号答卷）；有一位网民指出"现代社会，管理水平是最重要的考察指标之一，如果管理水平太差，论坛有名无实，我会用脚投票，我认为在谪仙人不担任斑竹（版主）之后，论坛水平江河日下"（7号答卷）。另外有两位担任版主的网民对版主管理论坛的行为做出了解释，例如，一位版主指出"迅坛之所以可爱，并不是因为'迅坛'这个架子如何地值得爱，要是没有一群热血的有水平的网民，他根本无法令人喜爱！网管或版主对论坛的管理也当从发展与保护网民、保障网民们平等发言权利的角度出发。凡违背此角度的，自然会影响网民们的情绪"（2号答卷）；一位版主指出"斑竹（版主）和网管有删帖的权利，这样有利于保证论坛的正常运转，斑竹（版主）没有封ID、IP的权限，网管有这个权利"（12号答卷）。有9位网民表示版主对论坛的管理活动不会影响自己，但其中有一位网民还特别对版主的删帖行为表示了不同的看法："不过希望斑竹（版主）不要删帖。论坛只是发表言论的地方，没必要因为自己不喜欢就将别人的帖子删掉。若有人发表了荒谬的言论，有损的是发帖人，而不是论坛"（5号答卷）。有两位网民对版主的删帖行为表示理解，例如，一位网民指出"斑竹（版主）的作为，是为了鲁迅论坛的更好发展，不会影响对鲁迅和论坛的喜（爱）"（11号答卷）；一位网民指出"因为论坛的管理有时的决定也是迫不得已的"（14号答卷）。有一位网民表示因为"论坛是个载体，它所能承载的只是一种形式，而喜爱或者崇拜不是一个形式"（13号答卷），所以网管或版主对论坛的管理不会影响自己对鲁迅的喜爱。有一位网民表示"可能还没有影响到我的缘故"（20号答卷），言下之意就是，如果网管或版主对论坛的管理影响到他，就会影响自己对鲁迅的喜爱。有一位网民表示"跟我没关系"（15号答卷）。此外还有一位网民没有回答这个问题。从上述访谈结果可以看出，参与答卷的网民中认为网管或版主对论坛的管理（例如更换版主、发起征文、删帖、封ID等）会影响到自己和不会影响到自己的几乎都各占一半，不过许多参与答卷的网民都表示这些活动不会影响到自己对鲁迅本人的喜爱。值得注意的是,有两位担任版主的网民在答卷中对管理论坛的行为进行了解释,另外,有两位网民对版主的管理活动表示理解。这也从一个方面反映出国家对网络论坛的管理政策、网络公司的论坛管理者、版主和网民之间复杂的权力关系。版主需要协调好国家管理网络论坛的政策及网络公司的论坛管理者和广大网民之间的权力关系,在国家政策和网络公司允许的范围内尽可能地争取并保障广大网民的发言自由与权利,同时也要确保论坛不会因为触及国家及网络公司的政策禁区而被封闭。

⑤网民对鲁迅的认识与评价在总体上较为理性。

关于您认为一般社会大众对鲁迅的印象的问题,有5位网民直接提到了鲁迅"会骂人",例如,一位网民指出大众认为鲁迅"骂人无敌"(3号答卷);一位网民指出大众认为鲁迅"爱骂人"(7号答卷);一位网民指出大众认为鲁迅"很会骂人"(12号答卷);一位网民指出大众认为鲁迅"会骂人"(14号答卷);一位网民指出大众认为鲁迅"好骂人"(20号答卷)。有3位网民提到鲁迅"横眉冷对",例如,一位网民指出大众评价鲁迅"横眉冷对,鸡蛋里挑骨头,不近人情"(1号答卷);一位网民指出大众评价鲁迅"横眉冷对、孤独、斗士、尖刻"(4号答卷);一位网民指出大众评价鲁迅"横眉冷对,爱骂人,文采差,思想好,不近人情,生活困苦"(7号答卷)。有4位网民提到鲁迅的形象就是中小学教科书所塑造的那种形象,例如,一位网民指出"一般社会大众对鲁迅的看法和印象通常是教科书上告诉他们的那些东西,文学大师呀,敢说敢挑战呀"(10号答卷);一位网民指出大众评价鲁迅是"教科书的铁面孔"(13号答卷);一位网民指出大众"可能对他有点逆反心理。因为中小学课本选了很多鲁迅作品,这些作品本来是中国文学和思想的瑰宝,却被应试教育扭曲成了一堆枯燥的文字"(17号答卷);一位网民指出"中学教科书中的晦涩难懂和80、90年代所谓的巨匠回归引起的偏执印象"(18号答卷),这些访谈结果也从一个方面反映出网民对教科书中关于鲁迅的解读产生抵触心理。有两位网民认为大众对鲁迅的评价比较高。例如,一位网民指出大众认为鲁迅是"真正的知识分子,言辞太尖锐"(6号答卷);一位网民指出大众认为"鲁迅是一种斗争精神和象征"(8号答卷)。有6位网民对大众关于鲁迅的认识评价不高,例如,一位网民指出大众中的"一些人非常喜欢,一些人却很反感"(5号答卷);一位网民指出大众对鲁迅的评价比较"极端,要不就捧,要不就骂,无知"(15号答卷);一位网民指出"一般的大众,多是仰视名声而已"(11号答卷);一位网民指出"一般社会大众对鲁迅没看法也没印象"(9号答卷);一位网民指出大众"认为过时,代表前社会意识"（16号答卷）；一位网民指出大众认为"无所师从，众误难变"（19号答卷）；另外有一位网民表示自己也是大众，他对鲁迅的评价是："他是一把锲而不舍、不断尽自己的能力在开掘的刀，对中国是有益的"（2号答卷）。从上述访谈结果可以看出，参与答卷的绝大多数网民都认为社会大众对鲁迅的印象不太好，主要原因可能是受到教科书等因素的影响。

关于社会上对鲁迅的负面评价是否会影响网民对鲁迅的喜爱的问题，参与答卷的20位网民均表示社会上对鲁迅的负面评价并不会影响自己对鲁迅的喜爱。例如，有一位网民强调自己"对他的感觉是欣赏，欣赏需建立在理解的层次上，这与喜爱似乎略有不同，因为喜爱可以有各种原因，譬如人品、譬如性格、譬如经历、身份等等"（2号答卷）；有两位网民表示"人无完人"（8号答卷）、"人都有缺点，鲁迅也有短处"（10号答卷）。有两位网民表示关于鲁迅的负面评价会引起自己的思索，例如，一位网民指出"一些学者和文学评论家对鲁迅的批评会引起我的思索，但不会动摇我对他的喜爱"（14号答卷）；一位网民指出"那更能让我理解鲁迅是个人，不是神！"（11号答卷）有一位网民表示自己还要据理反驳这些关于鲁迅的负面评价（16号答卷）。从上述访谈结果可以看出，参与答卷的网民都表示社会上关于鲁迅的负面评价不会影响自己对鲁迅的喜爱，甚至有网民还要据理反驳，这从一定程度上反映出在鲁迅论坛活动的喜爱鲁迅的网民比较富有理性，对鲁迅的认识也比较深入。

关于对鲁迅的评价与认识的问题，除了一位网民表示"不大认识，不敢评价"（19号答卷），一位网民没有直接评价之外（13号答卷），其余的18位网民都谈了自己对鲁迅的认识与评价。有3位网民从性格的角度谈论自己对鲁迅的认识，例如，一位网民认为鲁迅应该算"战神，文化界的战神"（8号答卷）；一位网民表示自己"所理解的鲁迅，在性格上的突出特点就是敢于迎接挑战，敢于担负责任。这种挑战是关系到民族生死存亡的挑战，这种责任是做中国脊梁的责任"（12号答卷）；一位网民认为"鲁迅很真实很幽默"（20号答卷）。有4位网民从鲁迅的思想的角度来谈对鲁迅的认识，例如，一位网民认为"鲁迅是民族之镜，民族之医，假恶丑之天敌。鲁迅是准圣，是取法之（于）上，可仰行而不止。鲁迅速朽，民族新生；鲁迅不朽，民族有救"（3号答卷）；一位网民认为"鲁迅是我们的思想启蒙家，批判中华民族的劣根性尖锐、激烈、不留情面。他对民众还是有宽容的一面"（4号答卷）；一位网民认为"鲁迅的思想性深刻性，远远高于其文学价值。他揭示了中国人几千年以来的真性情所在。也可以说，每个人身上都有阿Q的影子。这是一种悲壮的民族和人性的缺陷，不走出这个泥潭，未来是黯淡的。正视自己的丑陋，是伟大的自嘲！至今，没有人超过他的认识"(11号答卷);一位网民认为"鲁迅先生可以用三个词表达:反封建/反独裁/反迷信"(16号答卷);一位网民指出"鲁迅率先做的,就是质问'从来如此,便对么?'(《狂人日记》)从此开始了对中国积弱的解剖。笛卡儿寻求的是一件确切无疑的事以探索真理,而鲁迅终其一生在黑暗中寻找那个能翘(撬)动中国的可靠支点"(18号答卷)。有7位网民从整体的角度评价鲁迅,例如,一位网民认为"鲁迅是'伟人'——伟大的'人'"(5号答卷);一位网民认为鲁迅是"中国现代最伟大的文学天才,杰出的思想家,最坚定的自由民间知识分子"(7号答卷);一位网民认为"鲁迅是个有良知,学识丰富,敢于表达的人,他接受西方文化,他深知中国和西方在人文上的差距,他痛心疾首,疾恶如仇,是个人格魅力很不错的人"(10号答卷);一位网民认为鲁迅是"人道主义者,个人主义者,永远站在人民一边,却又不迎合庸众"(14号答卷);一位网民评价鲁迅"三个字:'民族魂'。中华民族的伟大,就在于能产生鲁迅这样的人。对中华民族的认识,至今无人超过鲁迅。鲁迅不是没有缺点,但他是真正的伟人"(17号答卷);一位网民认为鲁迅就是"虽然不相信希望却为别人制造希望,虽然知道现实的残酷去(却)不会把最残酷的一面说给别人听"这样的人(15号答卷);另外有两位网民表达了相似的评价:"第一句,鲁迅先生敢于自揭我们中国人的疮疤,了不起。第二句,有鲁迅的时代,可怜;没有鲁迅的时代,可悲!"(1号答卷、2号答卷);有两位网民对鲁迅从事杂文创作的行为进行了高度评价,例如,一位网民指出"虽然我欣赏他的文学才华,但我还是首先把重点放在他的社会批判和民族的关怀方面"(9号答卷);一位网民指出"文字精炼如铸,述景文字一级棒,可惜国家政治腐恶(败),竟用毕生精力去写杂文。那种令人绝望的社会,真正为国民操心的文人还能做什么"(6号答卷)。从上述访谈结果可以看出,在鲁迅论坛活动的网民对鲁迅的认识与评价呈现多元化色彩,既有从性格角度对鲁迅做出的评价也有从整体角度对鲁迅做出的评价,既有从思想角度对鲁迅做出的评价也有从创作角度对鲁迅做出的评价,需要指出的是,参与答卷的网民对鲁迅的认识与评价都是正面的,这也从一个方面说明在鲁迅论坛活动的大多数网民对鲁迅了解比较多,认识也比较深刻。

关于如何看待鲁迅论坛制作的纪念鲁迅诞辰120周年的专辑"大家都来吃鲁迅"的问题,有11位网民表示没有看过或暂时无法看到,所以无法评论,有9位网民曾经看过这个专辑,其中有7位网民发表了不同的看法:有5位网民从正面评价这个专辑,例如,一位网民评价是"挺好的"(8号答卷);一位网民的评价是"不坏,炒作的也不坏。斜阳西楼和沉默的沙的《嫁给鲁迅》系列尤其不坏"(9号答卷);一位网民的评价是"纪念鲁迅,更多的是为了将来!吃鲁迅,是认为有价值"(11号答卷);一位网民的评价是"客观上起到了宣传(这个词不怎么好听,改做推广吧)鲁迅的作用"(14号答卷);一位网民的评价是"对喜欢鲁迅和研究鲁迅的人来说是非常得(的)"(16号答卷)。有两位网民对此专辑提出了批评,例如,一位网民表示"反对这个活动,并认为咆哮'呐喊着作秀'完全是脑袋秀豆(锈透)了。吃鲁迅有什么意思,要消化鲁迅,吸收鲁迅。我经常对一些朋友说,与其写鲁迅,不如象(像)鲁迅那样写"(12号答卷);一位网民表示"本身也参与《网络鲁迅》其中,120周年于喜爱者是个纪念缅怀,但是于商业是个抄(炒)作"(13号答卷)。从上述访谈结果可以看出,观看过这个专辑的网民对这个专辑的另类的、富有网络文化色彩的风格表示了较多的认同与接受。另外,从上述访谈结果也可以看出,在鲁迅论坛活动的一些网民虽然都喜爱鲁迅,但是彼此之间的观点不太一致,甚至达到了尖锐对立的程度,例如,9号答卷网民和12号答卷网民都是鲁迅论坛的比较活跃的资深网民,甚至可以说是元老级的网民,但是他们对鲁迅论坛的首任版主,同时也是网易文化频道现任主编的"咆哮"制作"大家都来吃鲁迅"专辑给出了截然不同的评价。需要强调的是,12号答卷网民反对的只是网易文化频道现任主编"咆哮"制作的纪念鲁迅专辑的另类风格,而13号答卷网民则更明确地反对网易公司炒作鲁迅的商业行为,反对商业力量对鲁迅的利用。

关于如何看待网络中攻击鲁迅言论的问题,有5位网民表示"只要说得符合事实,有理,尽可宽容对待"(1号答卷、2号答卷、4号答卷、6号答卷、7号答卷)。有7位网民认为这些言论很无知;例如,一位网民表示"无知者无畏,跟这些人一般见识是浪费时间"(5号答卷);一位网民指出"那些言论实在拙劣,漏洞百出,而且要麽(么)陈旧至极,要麽(么)可笑至极,我有时不得不对能够重复那些言论和相信那些言论的人物感到钦佩,因为这没有极端的偏执与无知是无法做到的"(9号答卷);一位网民表示"拿无知当个性,才看过几本书啊"(15号答卷);一位网民指出"这些言论很无知,也很愚蠢"(20号答卷);一位网民指出"第一,言论自由;第二,他们没有读懂鲁迅"(17号答卷);一位网民指出"大部分人是没有全面了解鲁迅,小部分人是故意歪曲事实"(16号答卷);一位网民指出"拿来攻击别人的话是其本身卑下"(13号答卷)。有3位网民表示这些攻击鲁迅的言论还有一些作用,例如,一位网民表示"有些言论,是在说明事实。攻击的结果,是回归了一个真实的鲁迅,并不能影响我对他的喜爱"(11号答卷);一位网民表示"觉得对鲁迅的攻击,大多是要把他从虚设的神位上摔下来。而我可能因较晚接近鲁迅,从未将之摆上神坛,我的崇敬与他们无关"(18号答卷);一位网民指出"大多数网民非理性,或者攻击的是教科书中意识形态化的鲁迅,这与真正的鲁迅无关"(14号答卷)。有两位网民认为攻击鲁迅的现象很正常:例如,一位网民表示"攻击很正常,不攻击才反常"(12号答卷);一位网民表示"斗争是有来有往的,来而不往非礼也,攻击就攻击,只要他有种攻击得下来"(10号答卷)。有两位网民表示鲁迅无需保卫,要捍卫别人说话的权利,例如,一位网民表示"鲁迅无须'誓死保卫',苍蝇嗡叫自是难免,蝇矢(屎)当然须拂拭"(3号答卷);一位网民表示"每个人有自己的观点,而且,我要誓死捍卫别人说话的权利"(8号答卷)。有一位网民对攻击鲁迅的现象表示了不同的看法,认为"鲁迅并不是被攻击,而是被利用。利该用,利可用。我只觉得太多利用者不配,玷污了这利"(19号答卷)。从上述访谈结果可以看出,参与答卷的多数网民对待网络中攻击鲁迅的现象呈现出两种鲜明不同的态度:一些网民比较理性,不仅表示要"宽容对待",要"捍卫别人说话的权利",而且也有几位网民表示攻击鲁迅的言论在客观中还有正面的作用,攻击的结果也可能是"回归了一个真实的鲁迅";而另外一些网民则比较感性,认为网络中攻击鲁迅的言论显得很无知。

⑥网民对"鲁迅迷"称呼的认同度不高。

关于是否赞同"鲁迅迷"的称呼的问题,有两位网民表示这个称呼贴切,有两位网民表示"似乎不太贴切",有7位网民表示不贴切,有5位网民表示自己不是"鲁迅迷"或表示不崇拜任何人,有一位网民表示自己崇拜鲁迅,有一位网民表示自己对称呼不在乎,有两位网民没有直接回答这个问题。从上述访谈结果中可以看出,虽然聚集在以"鲁迅"为名的论坛中,但是参与答卷的多数网民都不太认同"鲁迅迷"的称呼,其原因也比较复杂。笔者在和一位资深网民见面时特地向他提到这个问题,他表示是在大学时代开始对鲁迅产生兴趣,在有了一定的社会阅历之后,自己成了鲁迅的追随者,但也不认同"鲁迅迷"的称呼;一位担任过鲁迅论坛版主的网民表示"鲁迅迷"是一个有点莫名其妙的称呼。虽然对照约翰·费斯克关于"迷"的定义,这些网民在某种程度上都可以称为"鲁迅迷",但是他们对于"迷"的称呼多少都有一点排斥心理。关于"鲁迅迷"的特点,从访谈结果可以看出网民归纳的主要有如下几类:①爱憎分明:例如,有两位网民认为"鲁迅迷"最明显的特点是爱憎分明和富有爱心(1号答卷、4号答卷);一位网民认为"鲁迅迷"最明显的特点是爱憎分明和富有爱心,还有就是他们习惯于用自己的爱憎对社会现实进行挑刺(2号答卷);一位网民认为"鲁迅迷"最明显的特点是爱憎一样热烈(3号答卷)。②关心现实问题:例如,一位网民认为"鲁迅迷"的最大特点是执著于现实,有思想(5号答卷);一位网民认为"鲁坛(迅)迷"会和鲁迅一样最关心国事(6号答卷);一位网民认为"鲁迅迷"的最重要的特点在于对社会的思考和参与,或者说入世(9号答卷);一位网民认为"鲁迅迷"中有一部分是有强烈的社会关怀倾向的(14号答卷)。③理性思考,例如,有两位网民认为"鲁迅迷"的特点是理性思考,不苟同(18号答卷、19号答卷)。有10位网民通过对比,指出"鲁迅迷"的特点:有一位网民认为最明显的区别是:"真的'鲁迅迷'比起其他迷,文化素质要高一些"(7号答卷);有一位网民认为"'鲁迅迷'的人可以说大部分是'愤青',而且都是有强烈的爱国忧民心"(16号答卷);有一位网民认为"'鲁迅迷'的最重要的特点在于对社会的思考和参与,或者说入世。其他作家的'迷'们,可以通过他们的'迷',而暂时忘记这个现实世界,进入到他们自己界定的一个范畴之中,而鲁迅'迷'则不得不从他们所'迷'之处,不停地抬起头来比照这个现实世界"(9号答卷);有一位网民认为"鲁迅迷"与网络中的"金庸迷"、"张爱玲迷"、"王小波迷"相比最为明显的特点是"关心政治,语言铿锵,这也是'鲁迅迷'的最为重要的特点"(10号答卷);有一位网民认为"金庸是商业性的,张爱玲是情感性的,王小波是调侃性的,而鲁迅是社会性的。用居高临下的态势,俯瞰了整个中国人的人性!鲁迅迷,是因为佩服他的思想,像一把手术刀,解剖了一个民族躯体内的癫疮疤"(11号答卷);有一位网民认为"其他之迷之于迷者是一个人一个情结,而'鲁迅'是对一个时代甚而一种时代的精神"(13号答卷);有一位网民认为"可以这么说吧,鲁迅迷中有一部分是有强烈的社会关怀倾向的,而其他迷没有。喜欢鲁迅的理由太多了,因为他太丰富了,可以从文学角度,可以从思想角度,可以从人格角度等等,而喜欢金(庸)只能从他的那些小说出发,喜欢张(爱玲的)也是只能(喜欢)他(她)的小说,喜欢王小波可能[的角度也是](是喜欢他的)文本或者他(的)幽默的语言,('鲁迅迷')共同的特点大概是喜欢思考吧"(14号答卷);有一位网民认为"'鲁迅迷'也许比其他'迷'更爱思考一些吧?鲁迅的文章带给读者的,除了阅读的快感之外,更多的是痛苦,是思考"(17号答卷);有一位网民认为"所有喜欢鲁迅的网民都有着一种近似的气质,当然不包括那些叶公好龙之徒;张爱玲和王晓(小)波读的很少,谈不出什么来;至于金埔(庸)迷,他们和鲁迅爱好者差好几个档次,根本没法比较,真的。鲁迅爱好者的最为重要的特点我概括不出,根据我的感觉,这些人好恶很分明的,多少带点鲁迅的特点"(20号答卷)。此外,也有一位网民认为"这些作家迷没什么特点,都一样"(15号答卷)。从上述访谈结果可以看出,参与答卷的网民认为"鲁迅迷"的特点主要有如下几点:"爱憎分明"、"关心现实问题"、"理性思考"等,值得注意的是,有几位网民还区分了"鲁迅迷"和网络中的其他"作家迷"的异同,突出了"鲁迅迷"的"文化素质高"、"爱思考"、"关注现实"等特点,从而可以在一定程度上加强对所迷对象的认同。

关于父母和朋友是否知道自己是"鲁迅迷"的问题,有10位网民回答"知道",有3位网民回答"有一些人知道",有一位网民回答没有与父母和朋友交流过这方面的问题,有一位网民回答"不太清楚",有5位网民没有回答或没有直接回答这个问题。关于父母和朋友的态度的问题,有9位网民回答没什么态度,既不支持也不反对;有7位网民提到自己的父母或朋友也很喜爱鲁迅;有一位网民回答"很少有理解的";有两位网民回答"有些人认同,有些人不理解";有一位网民回答"应该很吃惊吗?"从上述访谈结果可以看出,参与答卷的网民中有超过半数的人表示自己的父母或朋友知道自己喜爱鲁迅,有接近一半的网民表示自己的父母或朋友对自己喜爱鲁迅没什么态度,另外还有7位网民表示自己的父母或朋友也喜爱鲁迅。这从一个方面反映出在鲁迅论坛活动的多数网民对鲁迅的喜爱在某种程度上得到父母或朋友的支持。不过,也有一位网民表示自己的父母或朋友对自己喜爱鲁迅"很少有理解的",这在某种程度上反映出一些网民对鲁迅的喜爱也可能被父母或朋友不理解。

关于是否会在某些场合掩饰自己是"鲁迅迷"的问题,有一位网民没有回答;有一位网民表示自己不是"鲁迅迷",当然无需掩饰;有一位网民表示"在跟一些无知的自以为前卫的人一起的时候会掩饰自己喜爱鲁迅"(16号答卷);有一位网民表示"现实和精神总是有距离的",既不宣扬自己喜爱鲁迅,当然也不需要掩饰;其余的网民基本上表示自己不会掩饰自己喜爱鲁迅,有几位网民还表示会让别人知道自己喜爱鲁迅,例如,一位网民表示"唯恐人不知"(3号答卷);一位网民表示"只要有必要,在任何场合我都可以宣称自己喜欢鲁迅"(5号答卷);一位网民表示"尽可能让周围的人知道我喜欢鲁迅"(9号答卷)。从上述访谈结果可以看出,大多数的参与答卷的网民都表示不会掩饰自己对鲁迅的喜爱,甚至有网民表示"唯恐人不知"。这从一个方面反映出在鲁迅论坛活动的多数网民对鲁迅的喜爱程度和认同程度较高,但也有少数的网民表示在某些场合下会掩饰自己对鲁迅的喜爱。

2. 小结

综合上述访谈结果,可以看出:在鲁迅论坛这一虚拟社区活动的网民以男性为主,年龄相对来说较大,多数人的年龄在30~40岁;网龄也较长;网民的职业较为多元化;网民访问论坛的频率从整体上来说比较频繁;网民对论坛的涉入度较高;网民之间不仅有线上的联系而且也有线下的联系,一些网民还通过互动成为现实社会中的知心朋友;网民对论坛的评价较好,认为论坛比较自由、比较富有鲁迅精神,一些网民还对论坛产生了归属感,在论坛中感到了温暖;多数网民通过网上的讨论在知识方面、思维能力方面有了不同程度的收获;网民对鲁迅的认识较为深入,评价也较为理性,多数网民都表示社会上关于鲁迅的负面评价不会影响自己对鲁迅的认识与喜爱;多数网民都不太认同"鲁迅迷"的称呼,一些网民表示自己不会掩饰对鲁迅的喜爱,但也有一些网民表示会在一定场合掩饰自己对鲁迅的喜爱。

另外,通过访谈结果也可以发现一些值得讨论的问题。

(1)"鲁迅迷"具有明显的"区辨力"。通过访谈结果可以看出,一些网民不仅归纳了"鲁迅迷"的特点,而且还区分了"鲁迅迷"与其他作家"迷"的异同,通过比较突出了"鲁迅迷""文化素质高"、"爱思考"、"关注现实"的特点。这些网民通过对"鲁迅迷"作出的较高评价(例如,一位网民认为"他们和鲁迅爱好者差好几个档次,根本没法比较"),在"鲁迅迷"与其他的一些"迷"之间划下了一道界线,在一定程度上加强了自己对所迷对象的认同。

(2)"鲁迅迷"的"生产力"较为突出。通过对论坛的观察,可以看出以本论坛的文章为主制作的纪念鲁迅诞辰120周年专辑"大家都来吃鲁迅"就是"鲁迅迷"的"生产力"的集中体现,专辑中收录了一些网民以鲁迅的著作为戏仿或改写对象所创作的一些具有网络风格的文章,如《嫁给鲁迅》、《狂人日记2000版》等。另外,从访谈中可以看出,一些网民把"鲁迅迷"的特点概括为"爱憎分明"、"关心现实问题"、"理性思考"等,这充分表明一些在论坛中活动的网民对鲁迅认同度较高,在很大程度上受到了鲁迅精神的影响,比较关注社会现实问题。另外,这些网民在相当大程度上也受到了鲁迅的影响,在论坛中发表了大量谈论时事、政治的文章,论坛也因此变成了一个以讨论时事政治为主的论坛,这在某种程度上也是"鲁迅迷"的"生产力"的体现。需要指出的是,本论坛的一些网民不仅仅停留在从形式上戏仿鲁迅的文章的层次,而且在精神上也受到鲁迅的影响,继承并发扬了鲁迅的精神,用鲁迅式的眼光与精神观察、分析社会现实问题。

(3)"鲁迅迷"对"迷"称呼的认同度不高。从访谈中发现,多数网民虽然表示喜爱鲁迅,但是都不太认同"鲁迅迷"的称呼。例如,一位网民虽然表示自己"是鲁迅的崇拜者"(11号答卷),但是不太认同"鲁迅迷"的称呼;一位网民表示"如果谁真正喜欢鲁迅,他必定能成为我的朋友"(20号答卷),但是也不太认同"鲁迅迷"的称呼。一位网民特别指出了自己不太认同"鲁迅迷"称呼的原因:"因为'迷'代表一种非理性的喜爱。'鲁迅迷'也许比其他'迷'更爱思考一些吧?鲁迅的文章带给读者的,除了阅读的快感之外,更多的是痛苦,是思考。"从这位网民的回答中可以发现,一些网民不太认同"鲁迅迷"称呼的原因是因为对"迷"的概念存在一定的误解。

(4)"鲁迅迷"对"迷"的身份的认同度存在较大差异。从访谈中可以发现,网民对"鲁迅迷"称呼的认同存在着较大的差异,例如,一些网民表示因为"现实和精神总是有距离的",所以在某些场合下为了减少不必要的心理压力会掩饰自己对鲁迅的喜爱(参见16号答卷、20号答卷);但是,也有一些网民表示不会掩饰自己对鲁迅的喜爱,甚至有网民表示"唯恐人不知"(3号答卷),有的网民表示"只要有必要,在任何场合我都可以宣称自己喜欢鲁迅"(5号答卷),有的网民表示"尽可能让周围的人知道我喜欢鲁迅"(9号答卷),这充分表明一些网民对"鲁迅迷"的身份认同度较高,不太在意由此所可能带来的社会负面评价。不过,也有一位网民表示虽然不会掩饰自己对鲁迅的喜爱,但是会采取一定的策略来规避可能遇到的压力,例如,一位网民表示自己"会说我喜欢鲁迅,敬佩鲁迅。但我不'迷'鲁迅,更不会迷信鲁迅"(12号答卷)。

(5)"鲁迅迷"对鲁迅的评价与认同度都较高。从访谈结果可以看出,在鲁迅论坛活动的网民虽然对鲁迅的认识与评价呈现出多元化色彩,但是对鲁迅的认识与评价都是正面的,这也从一个方面说明在鲁迅论坛活动的大多数网民对鲁迅的了解比较多,认识也比较深刻。另外,从访谈结果也可以看出,在鲁迅论坛活动的一些网民虽然都喜爱鲁迅,但是彼此之间的观点不太一致,甚至达到了尖锐对立的程度,这也在某种程度上反映出论坛中的网民都比较富有独立思考的精神。

(6)"鲁迅迷"对论坛的评价与认同度存在着较大的差别。从访谈结果可以看出,鲁迅论坛在一定程度上为散居在全国各地的广大"鲁迅迷"提供了一个交流的平台,但是在论坛活动的网民对论坛的评价不仅不太一致,而且在一定程度上存在着较大的差别,这充分表明论坛中的网民并没有形成一个比较紧密的群体,而是分化成不同的小群体,这些小群体虽然都比较认同鲁迅,都受到鲁迅精神的影响,但是彼此之间在一些问题上还存在着观点上的差异,甚至也会产生争论。另外,网民对论坛的认同也不是始终如一的,还会随着时间的变化而有所变化。

(7)"鲁迅迷"之间线上与线下的互动情况较为复杂。通过访谈结果可以看出,一些网民之间不仅有线上联系,而且也有线下联系,有些网民还把在线上建立的关系带入现实生活之中,通过线下的密切联系建立了友谊,甚至成为知心的朋友。例如,鲁迅论坛的一位资深网民在患癌症住院期间,论坛中的一些网民通过各种方式鼓励他,有一些和他相熟的网民从全国各地赶到医院探望他,鼓励他最终战胜病魔。但是,通过对网民的访谈发现,网民之间的线下联系多是通过电话,通过版聚活动进行联系的较少,有位资深网民还指出本论坛没有举行过版聚活动。这对于一个有多年历史的、有影响的论坛来说较为特别,不过,一位资深网民指出了本论坛版聚活动较少的主要原因:"本论坛是个自由的地方,每个人都是独立的,反对帮派、山头"(12号答卷)。但是,本研究认为这位网民把版聚理解为拉"帮派"和立"山头"是不太恰当的,鲁迅论坛版聚较少的原因可能是因为"每个人都是独立的",另外也和版主几乎没有发起过这一活动有关。

四、网易·鲁迅论坛虚拟社区的问题与前瞻

在对中文网络中的网易·鲁迅论坛虚拟社区进行抽样分析和对部分"鲁迅迷"进行深入访谈之后,本研究得出如下结论:

1. "鲁迅迷"具有"区辨力"与"生产力"两种行为方式。约翰·费斯克指出:"大众文化迷在他们所着迷和不着迷的东西或人之间,划下了一道不可跨越的鸿沟。"①本研究发现,上述"鲁迅迷"通常也会在他们所着迷和不着迷的作家之间进行区分,从而划出一道界线,但是这些界线相对来说并不是"一道不可跨越的鸿沟",而是一条只存在于网民感觉之中、似有似无的不太严格的虚拟边界。通过访谈,可以看出"鲁迅迷"虚拟社区中的成员比较复杂,在"鲁迅迷"虚拟社区活动的网民中不仅有"鲁迅迷",而且也有一些表示自己喜爱鲁迅但是否认自己是"迷"的网民,甚至还有一些反对鲁迅的网民,例如,网易·鲁迅论坛中就经常出现一些攻击鲁迅的网民。这些情况不仅使得虚拟社区显得比较松散,而且可能会在某种程度上影响社区成员对所迷作家的区辨,从而使得"鲁迅迷"的"区辨力"不太突出。另外,通过访谈结果也可以看出"鲁迅迷"的"生产力"有较大的不同。约翰·费斯克指出:

> 大众文化迷具有生产力,他们的着迷行为激励他们去生产自己的文本。这些文本可能是青少年卧室的墙壁、他(她)们的穿着方式、他(她)们的发型和化妆,从而,他(她)们使自己成为其社会与文化效忠从属关系的活生生的指示,主动的和富有生产力的活跃于意义的社会流通过程中。②

---

① [美]约翰·费斯克:《理解大众文化》,王晓珏、宋伟杰译,第174页。
② [美]约翰·费斯克:《理解大众文化》,王晓珏、宋伟杰译,第174页。

本研究发现,"生产自己的文本"不仅是"鲁迅迷"的"生产力"的一个方面,而且也是文化效忠从属关系的一种体现,此外,一些"鲁迅迷"还会在精神上、思想上受到鲁迅的影响,把鲁迅的精神、思想投射到自己的精神世界之中,用鲁迅的精神、思想去观察社会、介入现实生活。最为突出的就是一些"鲁迅迷"在谈论当代中国的现实问题时常常会受到鲁迅精神的影响。

另外,约翰·费斯克指出,"大众生产力是以一种'拼装'(bricolage)的方式,将资本主义的文化产物进行再组合与再使用的过程"①,而"在资本主义社会中,'拼装'是被统治者从'他者'的资源中创造出自己的文化的一种手段"②。

本研究发现,一些"鲁迅迷"也采用"拼装"的方式创造自己的文本,例如,鲁迅论坛中的《阿Q炒股》、《阿Q的网恋》、《假如阿Q当了CEO》、《孔乙己与阿Q的QQ对话》、《孔乙己之余杰版》、《嫁给鲁迅》等文章就是网民从鲁迅的文章中选取人物或故事情节进行的"拼装"。但是,这种"拼装"和费斯克所说的"拼装"还有一些区别,"鲁迅迷"并不是"被统治者",它们的"拼装"对象也并不是"资本主义的文化产物",所以,"拼装"只是"鲁迅迷"的"生产力"的一种体现方式,而且这类文章相对于原创性的文章来说在数量上也不太多。

2. "鲁迅迷"虚拟社区存在着较为复杂的认同问题。首先,"鲁迅迷"都不太认同"迷"的称呼。柯尔斯顿·普伦通过对"我爱齐娜"网站的研究,指出:

> 在互联网上,"迷"的普及也许意味着过去关于"迷"是边缘的痴迷者的成见,应该让位于这样一种观点,即"迷"只是一个一般的网民。在互联网上,似乎每个人都可能成为"迷",每一个事物都有让人着迷的理由。③

虽然按照柯尔斯顿·普伦的观点,上述"鲁迅迷"虚拟社区中的大多数网民都是"迷",但是这些"鲁迅迷"对"迷"的称呼并不太认同,大多数的网民都表示自己不是"迷"。通过访谈结果可以看出,这些网民之所以都不太认同"迷"的称呼,大多是因为对"迷"的概念存在着一定的误解,他们认为"迷"的概念在中文语境中已经被异化了,甚至被妖魔化了,希望能把自己和那些"球迷"、"歌迷"区分开来。其次,"鲁迅迷"对"迷"身份的认同度普遍不高。高夫曼(Goffman)指出,人们在日常的社交场合内,在处理和表态他们的自我认同

---

① [美]约翰·费斯克:《理解大众文化》,王晓珏、宋伟杰译,第177页。
② [美]约翰·费斯克:《理解大众文化》,王晓珏、宋伟杰译,第178页。
③ [美]柯尔斯顿·普伦:《创造网上社区——从"我爱齐娜"网站说起》,载《网络研究:数字化时代媒介研究的重新定向》,戴维·冈特里特主编,彭兰等译,第98页。

时,经常会去揣测别人对他们可能有的或会做出的反应和评价①。本研究发现,虽然"鲁迅迷"在现在多元文化的社会中并不是一个带有贬义的称呼,但是一些网民因为对"迷"的概念存在误解而在某些场合出于减轻心理压力的考虑会掩饰自己是"鲁迅迷",不过也有一些网民表示自己不会掩饰自己是"鲁迅迷",甚至会表示"唯恐人不知","一有机会就会宣扬"(参见上文关于"鲁迅迷"的访谈结果)等,这也从一个方面表明网民对"鲁迅迷"的身份的认同虽然不会改变,但是会随着环境的变化而在表现上存在着一定的差异,有的网民在某些场合会掩饰自己是"鲁迅迷",有的网民则不会掩饰,不过,从总体上来说,因为对"迷"的概念存在一定的误解,"鲁迅迷"对"迷"身份的认同度不太高。再次,"鲁迅迷"对所迷作家的认同存在着较大的差异。虽然从总体上来说,"鲁迅迷"对鲁迅的认同度较高,但是"鲁迅迷"对鲁迅的评价与认同度并不一致,存在着较大的差异。总之,"鲁迅迷"中并非都是"狂热"的"迷",其中也有"冷静的Fans",这也是造成"鲁迅迷"对所迷作家评价差异的主要原因之一。最后,"鲁迅迷"对虚拟社区的认同度普遍较高,绝大多数的网民对论坛的评价都比较好,对论坛的认同度也比较高,但是聚集在论坛这样一个虚拟社区中的网民不仅没有形成一个比较紧密的组织,甚至也没有形成一个比较松散的组织,而是分化成不同的小群体,但即使是在这样的状况下,仍然有一些"鲁迅迷"对虚拟社区产生了归属感,把这里视为自己的网络家园。

3. "鲁迅迷"虚拟社区中的网民不仅有线上的联系而且也有线下的联系,一些网民还把在网络中形成的关系延伸至现实生活中,成了现实生活中的知心朋友。此外,从访谈中也可以发现,论坛虽然是网民建立起关系的媒介,一些网民通过线上和线下的联系也已经成为了好朋友,但是一些网民因为对论坛的现状不满而逐渐淡出论坛,他们在线下的联系反而比在线上的联系还要多,也就是说,他们已经不太需要网络这个中介来建立起彼此之间的关系了。另外,也有一些网民把在网络中形成的知名度和影响力这些虚拟财富、无形资产通过发表文章的方式带入现实生活中,在现实社会中获得了一定知名度和一定商业利益。这也从一个方面表明,网络世界并不是真正虚拟的,它不但是现实生活的反映和延伸,而且也在不断地渗入现实生活之中。

4. "鲁迅迷"的游击战术还不能完全突破中文网络的封锁。虽然中文网络

---

① 转引自邵琮淳《网络歌迷社群的团体认同和社会负面评价对歌迷自我及文本认同的影响:以交大机械BBS站小玛歌迷版为例》,载"线上网路社会研究中心·线上出版"(http://teens.theweb.org.tw/iscenter/publish)。

的兴起为在大众媒体中处于弱势地位的"鲁迅迷"们提供了一个难得的发表自己言论并交流彼此看法的机会,他们创造性地利用网络公司提供的论坛构建了自己的虚拟交流平台和网络家园,为自己开辟了新的文化生存空间(这也是BBS在英美等西方国家不流行而在中国流行的主要原因之一),但是,网络空间并不是一个完全自由的公共空间,网民需要遵守一定的规范。

约翰·费斯克指出:

> 大众文化的创造力与其说在于商品的生产,不如说在于对工业商品的生产性使用。大众的艺术乃是"权且利用"(making do)的艺术。日常生活的文化,落实在创造性地、有识别力地使用资本主义提供的资源。①

因此,为了最大限度地争取文化生存空间,"鲁迅迷"们采用了"游击战术",正如德赛都所指出的那样:

> 游击战术是弱势者的攻击艺术,他们从不在公开交战的场合挑战强势者,因为那会招致溃败,但是他们却在强势者所宰制的社会秩序内部,并在反对这一秩序的过程中,持续他们的对抗行为。②

本研究发现,"鲁迅迷"会采用如下的一些技巧来突破网络的过滤系统:用标点符号、汉语拼音、谐音字或同音字替代某些敏感字及不雅的文字,用标点符号或空格加大文字之间的间距,改换文章的标题等。需要指出的是,这些文字技巧基本上都是用来对付网络自动过滤系统的,虽然可以较为顺利地通过网络自动过滤系统的检查,但是发表在论坛中的文章除了受到网络系统的自动监管之外还要受到版主、网管的监控,因此,网民有时在文章被删除的情况下还会采用改换文章标题的方式用不同的ID名再次或多次张贴文章,试图逃脱这些人为的监控。随着时间的发展,网民对抗网络监控的"游击战术"在方法上也会越来越丰富,而有关方面对网络监控的手段也会越来越严厉。或许如约翰·费斯克所指出的那样:

> 游击战或大众文化的要旨在于,它是不可战胜的。③

> 游击队员也许无法积累他们赢得的胜利果实,但他们完全可以保持

---

① [美]约翰·费斯克:《理解大众文化》,王晓珏、宋伟杰译,第34页。
② 转引自约翰·费斯克《理解大众文化》,王晓珏、宋伟杰译,第25页。
③ [美]约翰·费斯克:《理解大众文化》,王晓珏、宋伟杰译,第25页。

他们游击队员的身份。他们的战术调遣,是传统的"权且利用"的艺术,这种艺术会在他们的场所的内部,凭借他们的场所,建构我们的空间,并利用他们的语言,言传我们的意义。①

因此,"鲁迅迷"会通过对各种监控网络空间的措施进行不停的"游击战术",希望最终能在网络公司提供的论坛上逐渐扩大自己的文化生存空间。

5."鲁迅迷"存在着"躲避"(或冒犯)与"生产力"两种快感方式。约翰·费斯克指出:

> 大众快感则来自人们创造意义的生产过程,来自生产这些意义的力量。②

> 它以两种主要的方式运作:躲避(或冒犯)与生产力。大众快感的抵抗活动在不同的形式中,有不同的实践方式。③

> 一种是躲避式的快感,它们围绕着身体,而且在社会的意义上,倾向于引发冒犯与中伤;另一种是生产诸种意义时所带来的快感,它们围绕的是社会认同与社会关系,并通过对霸权力量进行符号学意义上的抵抗,而在社会的意义上运作。④

在"鲁迅迷"虚拟社区中也存在着大众快感的两种运作方式:网民运用一些文字技巧突破中文网络的自动过滤系统发表一些带有"敏感"或"不雅"文字的文章,这种游击战术不仅是"符号学意义上的抵抗",而且也是大众快感中的"躲避(或冒犯)"方式的体现;一些网民以鲁迅著作中的人物、情节为素材创作了大量的小说,这种创作行为也是大众快感中的"生产力"方式的体现。约翰·费斯克认为:

> 日常生活乃由大众文化实践组成,其特征是,弱势者通过利用那剥夺了他们权力的体制所提供的资源,并拒绝最终屈从于那一权力,从而展现出创造力。对日常生活的文化所进行的最好描述,是有关斗争或反抗的比喻:战略受到战术的对抗,资产阶级受到无产阶级的抵制,霸权遇到抵抗行为,意识形态遭受反对或逃避;自上而下的权力受到自下而上的力量的抗争,社会的规训面临无序状态。这些反抗,这些社会利益的冲撞,都

---

① [美]约翰·费斯克:《理解大众文化》,王晓珏、宋伟杰译,第44页。
② [美]约翰·费斯克:《理解大众文化》,王晓珏、宋伟杰译,第153页。
③ [美]约翰·费斯克:《理解大众文化》,王晓珏、宋伟杰译,第61页。
④ [美]约翰·费斯克:《理解大众文化》,王晓珏、宋伟杰译,第68页。

主要由快感所驱动:即生产出属于自己的社会体验的意义所带来的快感,以及逃避权力集团的社会规训所带来的快感。①

但是,"鲁迅迷"的行为中虽然有"躲避(或冒犯)"和"生产力"这两种大众快感的运作方式,但这两种行为并非仅仅由"快感"所驱动,而更多的是由当代中国现实语境所驱动的。随着中文网络的发展,有关部门对网络空间的监控也越来越严密,作为大众媒体中弱势群体的"鲁迅迷",为了追求能在中文网络中比较容易地发表自己的观点或文章,被迫采用游击战术去争取更多的文化生存空间,这才是导致"鲁迅迷"中出现"躲避"和"生产力"这两种大众快感运作方式的根本原因。

6. "鲁迅迷"虚拟社区形成了独特的亚文化。迈克尔·布雷克指出亚文化是:

> 处于下层结构地位的群体对具有占统治地位的意思体系作出反应的过程而发展起来的意思体系、表达方式或生活方式,它反映了下层阶级企图解决在广泛的社会范围内所引起的结构性矛盾。②

本研究发现,"鲁迅迷"对于所迷作家的理解与阐释更多的是自己的观点,而不太认同教科书或专家的观点,或者说是对主流观点的否定,例如,"鲁迅迷"对鲁迅的理解与阐释常常是对教科书中所塑造的鲁迅形象的一种反抗。马克·波斯特以学术权威为例指出"电子文本在网际间流窜,经由不断地复制、拼贴、改写、转帖,已经模糊了读者/作者的界限,人人是专家的结果,个个都不再是权威"③。事实上,网络是一个没有学术权威也不尊重学术权威的文化空间,"鲁迅迷"在论坛中的众声喧哗也是对学术权威话语霸权的一种消解。倪沫认为:

> 可以将亚文化群体理解为集体性的解决问题的方式或共同应对相同处境的方法,它的产生源于主导权的冲突,所以表现为处于相对弱势的群体对主流文化的集体性反抗。④

---

① [美]约翰·费斯克:《理解大众文化》,王晓珏、宋伟杰译,第58页。
② 转引自倪沫《论网络亚文化群体破坏行为的青春期性质》,载《云南师范大学学报》2003年第6期。
③ 转引自吴筱玫《网路传播概论》,第235页。
④ 倪沫:《论网络亚文化群体破坏行为的青春期性质》,《云南师范大学学报》2003年第6期。

需要指出的是,在"鲁迅迷"否定学术权威等占统治地位的意义体系的过程中,不仅形成了不同的亚文化群体,而且也受到所迷作家的影响形成了不同的亚文化,例如,"鲁迅迷"虚拟社区的"亚文化"内涵在某种程度上可以概括为感时忧国的精神。鉴于"鲁迅迷"虚拟社区中的组成人员比较复杂,聚集在"鲁迅迷"虚拟社区中的成员不仅没有形成一个比较紧密的组织,甚至都是独来独往的个体,所以本研究所归纳的这些虚拟社区的"亚文化"内涵仅是一个宏观的概括,并不能完全概括出"鲁迅迷"虚拟社区的全部文化内涵,只有一定的参考作用。

7."鲁迅迷"虚拟社区仍然是一个男性话语主宰的空间。吴筱玫指出:

> 两性间的本质差异,影响着两性的电脑使用行为,男生被科技本身所吸引,因此倾向于把电脑当成他们权力的延伸,或是超越生理局限的一种表征,女生则实际得多,她们只关心机器的功用,视电脑为达到某种目的的工具。①

贺灵(S. C. Herring)对一个名为 LINGVIST—L 的讨论组进行观察,发现很少有女性在 LINGVIST—L 上发表意见,她们像是坐在那里旁观,男人则滔滔不绝,似乎拼命想引起注意。贺灵接着研究其他新闻组,发现上面的讨论形态雷同,当网站成员由两性共同组成时,大部分意见都由男人发表,只是气氛不像 LINGVIST—L 这么僵,但就算是以女性议题为主,或是女性成员为主的网站,男性也尝试主导讨论②。另一位学者洪恩(S. Horn)对一个男女比例接近,女性占四成的讨论组 ECHONYC 进行观察,她原以为女生人数够多,会比较勇于在网络上发声,不过她却发现:

> 女孩子一旦上线,还是会"潜伏",她们很少互动、发言,多半扮演藏镜人(lurker)的角色。洪恩揣测,这个现象显示出,女人把显示父权文化下的角色认同,反射到网际空间里。③

洪恩最后指出:"两性在网络上的行为表现,反映的是现世对两性角色的认知,他/她们把在现实空间中的沟通模式,套用到网际空间里。"④

本研究发现,男性网民在鲁迅论坛中发言较多,比较活跃,在很大的程度

---

① 转引自吴筱玫《网路传播概论》,第 146 页。
② 转引自吴筱玫《网路传播概论》,第 150 页。
③ 转引自吴筱玫《网路传播概论》,第 150 页。
④ 转引自吴筱玫《网路传播概论》,第 153 页。

上主宰着论坛的话语权,而女性网民则不太活跃,发言较少,在论坛中处于弱势地位;在鲁迅论坛活动的网民中,男性网民在数量上占据绝对优势,发言者也以男性网民为主,论坛中的女性网民大多是"低度参与者"。另外,从管理论坛的版主的性别比例上也可以看出,女性在这些论坛中处于弱势地位:在鲁迅论坛的四位版主中没有一位女性。这一发现也在一定程度上验证了上述两位学者的研究结果:即现实社会中的男性霸权依然体现在网络空间中,女性在话语权上仍然是一个弱势群体,"鲁迅迷"虚拟社区仍然是一个男性主宰的话语空间,并没有能消除两性在话语权上的不平等地位。正如吴筱玫在《网路传播概论》一书中所指出的那样:

> 虽然有许多不一致的论点,但大致说来,电脑中介下的两性研究并没有太令人惊奇的发现。简而言之,网际空间里可以隐藏性别的线索,但现实社会中的性别主义,并没有因为这样的特性而荡然无存。萨斯曼和泰森(2000)认为,这显示既有的传播权力行为,已经有短暂的社会化现象,变成行动力,穿越到网际空间之中,结果两性间的权力差异仍然不变,电脑网络仍是男性所主宰的场域。①

需要指出的是,"鲁迅迷"虚拟社区中存在的男性话语霸权现象也和女性网民自身的性格有关,例如,本研究就发现一些女性网民在论坛中不太活跃,一些人还选择了在论坛中潜水,主动放弃了自己在论坛中发言的权利。

8."鲁迅迷"虚拟社区中也存在着复杂的身份认同现象。段伟文指出:

> 所谓身份认同(identity),简单地讲就是每个人对其自身的身份和角色的理解与把握。身份认同是个体进行活动的基础,在网络空间中也是如此。在网际交往中,准确地认定他人身份和稳定地表明自己的身份依然是相互理解和评价的基础。由于网络空间具有虚拟性和匿名性特点,身份认同问题变得更加复杂。②

吴筱玫在《网路传播概论》一书中把虚拟社区中的身份认同现象划分为"虚拟化身"、"性别转移"和"网路变身"这样的三种现象。所谓"虚拟化身"就是"身份的电子文本化,即利用以文字和图符为主的一系列信息来描述主体的身份,也就是德里达所说的电子书写。这实际上可称为一种虚拟实在,即以作为主体拟像的电子文本对主体进行的仿真,或者说主体通过其书写的电子文

---

① 转引自吴筱玫《网路传播概论》,第155页。
② 段伟文:《网络空间的伦理反思》,南京:江苏人民出版社,2002年,第46页。

本确立起网际身份"①;"性别转移"是指网民在网络中以另一种性别出现的现象;"网路变身"是指网民以与现实社会中不同的一种身份或多种身份在网络中的出现或者是在网络中重建了一种与现实社会等级关系不同的等级关系。本研究发现,"虚拟化身"现象在"鲁迅迷"社区中较为常见,网民通过昵称、ID名、签名档的方式建立自己在网络中的身份。值得一提的是,有相当数量的"鲁迅迷"在论坛中只有一个或只使用一个ID,这就使得他们在论坛中建立的身份比较稳定,也比较容易辨别。至于"性别转移"现象,虽然是MUD(泥巴)虚拟社区中的成员经常采用的一种策略,但是,本研究发现这种现象在"鲁迅迷"虚拟社区中很难判断,例如,虽然可以通过个别网站中网民的注册资料查到网民的性别等个人信息,但是,网民提供的注册资料有可能是不全面的甚至也有可能是不真实的。另外,本研究在对网民的访谈中虽然提到性别问题但是并没有突出这个问题,加之一些网民出于保护隐私的原因没有回答自己的性别,因此,本研究很难判断网民是否出现过"性别转移"策略。而"网路变身"现象在"鲁迅迷"虚拟社区中则较为常见,因为网际身份的电子文本化会导致身份的流动性,所以网络身份的建构不一定与现实身份相近,"鲁迅迷"虚拟社区中的大多数网民在网络中的身份都和现实社会中的身份不太相近,但本研究通过访谈也发现一些网民的网际身份和现实身份相近或一致的现象,例如,鲁迅论坛中的一位网民用他在现实社会中的职业作为ID名,另一位网民用他的真实姓名的汉语拼音作为ID名,但即使这样,相对于这几位网民的真实身份和真实姓名来说,这些ID名仍然是他们真实身份的网络化身。总之,本研究的结果也在某种程度上验证了前人的观点"电脑网路不止是一个沟通工具的选择,而往往是自我世界的延伸"②。

9."鲁迅迷"虚拟社区中存在着明显的权力冲突。从社会学和政治学的角度来说,"鲁迅迷"虚拟社区中的权力结构并不复杂,一个虚拟社区的成员通常由网管、版主、资深网民和普通网民组成,但是其间也存在着比较复杂的权力/政治关系。周濂指出:

> 在各种话语权力在BBS内部展开角逐之前……除却现实政治层面(意识形态的物质/社会层面)的控制,BBS还要经历另外一个层面的筛选,即主题和趣味的筛选(意识形态的符号层面)。BBS中的话语权力斗争主要体现在某些群体以自己的旨趣对其他群体的旨趣(情趣、偏好、话

---

① 段伟文:《网络空间的伦理反思》,第47页。
② 转引自吴筱玫《网路传播概论》,第228页。

语习惯、世界观)进行框定的过程。换言之,当由特定的群体旨趣界定BBS形成过程时,话语权力的统治就出现了。①

本研究发现,在"鲁迅迷"虚拟社区中也存在着这两种权力之争:如我们前面提到的"挑木剑",因被人投诉,网络公司封杀了他的ID,并且删除了他在论坛中的全部文章。这一事件引起了许多网民对网管的极大的愤慨,不过网民的抗争并没有多大作用,最后不得不接受这个事实。这个事件表面上是网管和版主之间的权力冲突,实质上是网络虚拟社区和现实社会中的游戏规则的矛盾斗争。另外,鲁迅论坛的版主更换较为频繁,新版主上任后通常都会把自己对鲁迅论坛的理解与定位贯穿于论坛的管理之中,引导论坛向自己希望的方向发展,这往往会引来一些网民的批评与质疑,甚至会导致一些网民离开论坛或选择在论坛潜水,不再发表言论。例如,2002年年末,鲁迅论坛更换了版主,鲁迅论坛的前版主"谪仙人"和"斜阳西楼"等一大批论坛资深网民因为对新任版主管理论坛的政策表示不满而集体撤离论坛,使论坛的人气大降。本研究发现,"鲁迅迷"虚拟社区中的这两类权力冲突都在较大程度上对论坛的未来发展造成了伤害,不仅影响了论坛的人气,甚至会使正处于发展期的论坛元气大伤。史卓顿(Stratton)指出:

> 网路是边缘人的天地,不过今天我们所谓的边缘人,不再是少数族群,而是那些沉默的大多数,那些在大众媒体时代被压抑了的声音。边缘人的世界形成了激进的公共领域,和既有的公共领域观念同时并存。因此,对公共领域这个概念的理解,不再只是区分公生活与私生活,而是指向一块共享知识、政治的空间。②

但是,在当代中国的现实语境下,有关部门对网络的管理较为严格,中文网络在相当大的程度上还不是一个真正的公共领域。约翰·费斯克指出:

> 统治者在企图控制被统治者的休闲及快感时,主要采用两套策略:一套是压抑性的立法措施,另一套则是私自挪用,通过这种挪用策略,形形色色"粗俗的"、无法控制的休闲追求,能够更体面些并被规训化。③

本研究发现,有关部门很少或几乎不用"私自挪用"策略收编网络言论,以

---

① 周濂:《BBS中的政治游戏》,博客中国(http://www.Blogchina.com)2004-7-28。
② 转引自吴筱玫《网路传播概论》,第234页。
③ [美]约翰·费斯克:《理解大众文化》,王晓珏、宋伟杰译,第85~86页。

此来引导中文网络论坛。在全球化的时代,对于中文网络来说,"收编"其实是比立法措施更好的管理手段。约翰·费斯克指出:

> "收编"剥夺了被支配群体所产生的任何一种对抗式语言:它褫夺了他们表达对抗的工具,并最终褫夺了被支配群体的对抗本身。"收编"也可以被理解成一种遏制的方式——持异议者被允许且被控制的一种姿态。它担当的是安全阀的作用,因而强化了宰制性的社会秩序,其方式是,它容许持异议者与抗议者有一定的自由,这自由足以让他们相对而言感到满意,却又不足以威胁到他们所抗议的体制本身的稳定性,所以它有能力对付那些对抗性的力量。①

因此,在当下的社会背景下,"收编"可能会形成政府和网民双赢的理想的结果。另外,从构建和谐的社会来说,鉴于中文网络的现状,"收编"也是构建和谐的中文网络最好采用的一种方式,有助于社会的稳定。需要指出的是,通过对"鲁迅迷"虚拟社区的观察与研究,可以看出,在这些论坛的初期,论坛的发展势头较好,不过在近年来论坛的发展却呈现出明显的倒退趋势。这种状况的出现虽然有较为复杂的原因,但是,也和有关部门在近两年对中文论坛采取越来越严厉的立法措施和管理政策有一定的关系。随着中文网络的飞速发展,网络言论的影响力越来越大,有关部门逐渐意识到网络的巨大影响力和潜在的危险性,于是陆续颁布越来越严密的管理政策,强化对中文网络的管理。但是正如约翰·费斯克所指出的那样:

> 大众文本能够促成改变或者松动社会秩序的意义的生成,在这一点来说,它可以是进步的。但是,大众文本绝不会是激进的,因为它们永远不可能反对或颠覆既存的社会秩序。大众体验总是在宰制结构的内部形成,大众文化所能做的是在这个结构内部生产并扩大大众空间。大众意义与快感永远不可能摆脱那些生产着服从关系的力量,事实上,它的本质在于它反对、抵抗、逃避或反击这些力量的能力。大众文化对相对性的需要,正表明了大众文化可以是进步的或冒犯式的,但是永远不可能完全摆脱社会的权力结构。大众文化正是在这样的权力结构中具有大众性。②

因此,对于中文网络这样一个和传统媒体相比有着较大区别的"意见交换

---

① [美]约翰·费斯克:《理解大众文化》,王晓珏、宋伟杰译,第23~24页。
② [美]约翰·费斯克:《理解大众文化》,王晓珏、宋伟杰译,第159页。

的场所"①,特别是中文论坛这样的虚拟社区,有关部门在制定相关管理政策时,最好把中文网络视为沟通政府与民间的渠道,把网络视为了解民情的渠道,通过网络了解民情,促进社会和谐发展。因此,本研究建议有关部门要与时俱进,以科学发展观为指导,从构建和谐的网络空间乃至和谐的社会出发,用人性化的手段管理中文网络,在制定相关管理政策时要考虑到中文网络的特点,为中文网络文化的发展留下合理的、充裕的活动空间,否则就不仅会对尚处于幼稚期的中文网络文化发展造成极大的伤害,而且也会对其未来的健康发展造成较大的负面影响。

10."鲁迅迷"虚拟社区存在着一定的生存危机。段伟文指出:

>网络是一种公共资源,而人们对待公共资源的态度往往不甚明智。人类生物学家盖瑞·哈定(Garret Hardin)将这种现象形象地称为"公共牧场的悲哀"。②

本研究发现,在"鲁迅迷"虚拟社区中也存在着一些不珍惜公共资源乃至滥用、破坏公共资源的现象,例如,在鲁迅论坛中就发生过一位网民张贴违禁照片的事件,此类行为可能会导致该论坛关闭,从而失去发表言论的空间。另外,在鲁迅论坛经常可以看到一些层出不穷的商业广告,这些因素都对论坛的氛围和环境带来了不良影响。因此,为了避免"公共牧场的悲哀"出现,本研究也建议一些网民在现在的社会环境下保持清醒的头脑,不仅要对商业力量的收编与招安保持高度警惕,而且也要对有关部门制定的管理网络的政策有深入的了解;既要充分地利用网络空间所带来的各种便利,也要尽量在维护论坛安全的前提下发表言论,以充分利用"公共牧场"。

另外,正如上文所指出的,如果对中文网络言论一味地采取"堵"而不"疏",这样也会对中文网络的未来发展产生极大的威胁,甚至也会造成"公共电子牧场"的消失,这也将会是"鲁迅迷"虚拟社区所面临的最大危机。中国互联网络信息中心(CNNIC)在2005年1月9日发布的《第十五次中国互联网络发展状况统计报告》显示,中国内地的网民已经达到了9400万,而2009年7月16日发布的《第二十四次中国互联网络发展状况统计报告》显示,截至2009年6月30日,中国网民数量已经达到了3.38亿,居世界首位③,而且,网

---

① [美]约翰·费斯克:《理解大众文化》,王晓珏、宋伟杰译,第235页。
② 段伟文:《网络空间的伦理反思》,第163页。
③ 中国互联网络信息中心(CNNIC)《第十五次中国互联网络发展状况统计报告》、《第二十四次中国互联网络发展状况统计报告》(http://www.cnnic.net.cn/)。

民的数量还以每年超过 10% 速度增长,这样一个庞大的群体迫切需要有关部门牢固树立科学发展观,从"立党为公、执政为民"的思想出发,认真、慎重地采用符合现代潮流的管理方式进行管理。本研究认为,在当代中国的现实环境下,保留"公共电子牧场",适当地为网民创造较为自由的言论空间,这样就可以在政府和网民之间建立一个比较理想的缓冲空间,不仅有利于化解社会矛盾,维护社会的稳定,而且也有助于构建和谐社会。

11. 网易·鲁迅论坛作为"鲁迅迷"虚拟社区的典型,只是从一个角度反映出"鲁迅迷"虚拟社区的某种状况,并不具有广泛的代表性。最后需要指出的是,本研究相对来说只是一个对"鲁迅迷"虚拟社区的个案研究,相关的研究结论只能在一定范围和在一定程度上具有参考价值,并不具有普世性。在此,也希望今后的研究者不仅要进一步扩大研究规模,而且也要努力减少研究偏差,从而使研究成果具有更大的参考价值。

第四章　当代中文网络中纪念鲁迅的专辑研究

自从鲁迅先生逝世之后，社会上每到鲁迅诞生或逝世的重要周年年份常常会有一些纪念活动，随着中文网络的兴起，一些重要的中文网站也开始在鲁迅诞生或逝世的重要周年年份制作纪念专辑，例如在2001年鲁迅诞生120周年和2006年鲁迅逝世70周年之际，网易网、新浪网、搜狐网、人民网等中文网络中的重要网站就制作了一些纪念鲁迅的专辑，这为观察和研究鲁迅先生在中文网络中传播与接受状况提供了很好的素材。另外，天涯社区网站和腾讯网站都是近年在中文网络中崛起的重要网站，聚集了众多具有较高文化水平的网民，因此本书也把这两个网站在2006年制作的纪念鲁迅的专辑纳入研究范围。

一、中文网络中纪念鲁迅的专辑概况

1. 中文网络中纪念鲁迅诞生120周年的几个专辑

（1）网易网站纪念鲁迅诞辰120周年专辑："大家都来'吃'鲁迅"[①]

网易·文化频道为纪念鲁迅诞辰120周年而制作了题为"大家都来'吃'鲁迅"的专辑，这个专辑由网易网站文化频道主编"咆哮"策划，不仅汇聚了网民对社会上关于鲁迅的热点话题的评论，而且还有网民对鲁迅作品的模仿秀，网络色彩比较浓厚。这不仅是鲁迅网络传播史上而且是鲁迅研究史上第一次以网民文章为主体的纪念鲁迅的专辑。

在《前言：呐喊着作秀》部分，主要有《我们该如何纪念鲁迅？》、伍恒山的《神坛上的鲁迅和神坛下的小鬼》和网民"令狐冲"的《〈呐喊着作秀〉代序》，在"往日秀场"专栏收录了葛涛的《历史上纪念鲁迅的活动扫描》，在"今日T型台"专栏收录了网民"汉上笑笑生"的《我们为什么纪念鲁迅》、南琛的《鲁迅的

[①] 网易网站纪念鲁迅诞辰120周年专辑："大家都来'吃'鲁迅"（http://www.culture.163.com/topic.html）。

噪音》和网民"老酷"的《超越民族主义——从鲁迅看当代学人的整体缺陷》等文章。

在"Tritube to 鲁迅 for"部分,以新闻报道的形式,虚构了"天堂各界"纪念鲁迅的活动:(1)"乱弹谣言中心"报道了纪念鲁迅诞辰 120 周年的图书出版情况:2001 年 9 月 25 日是鲁迅先生诞辰 120 周年的日子,"天堂各界"纷纷行动起来,种种以纪念为名义的表演陆续登场(在此处链接葛涛的《我们拿什么献给您,鲁迅先生》一文,这篇文章介绍了为纪念鲁迅诞辰 120 周年而出版的相关图书)。此外,还有一些纪念鲁迅的影视活动:(2)天堂 TV 特别推出八集电视连续剧《阿 Q 正传》(java 版):(9 月 24 日播出)第一集:优胜记略(在此处链接丰子恺为《阿 Q 正传》所画的漫画插图,下同);(9 月 25 日播出)第二集:续优胜记略、第三集:恋爱的悲剧;(9 月 26 日播出)第四集:生计问题;第五集:中兴到末路;(9 月 27 日播出)第六集:革命;(9 月 28 日播出)第七集:不准革命;(9 月 29 日播出)第八集:大团圆。(3)天堂音像公司召集旗下歌手,推出翻唱鲁迅的专辑《Tribute to lunxn for money》。这一专栏主要收录了网民戏仿鲁迅小说的文章,编者在"在线视听"的标题下排列了网民的戏仿之作,同时在"原音重现"的标题下排列了鲁迅的原作。"在线视听"主要收录了网民"雨燕"的《从百草园到三味书屋(影院版)》,这篇文章戏仿的对象是鲁迅的《从百草园到三味书屋》;网民"雪无寻"的《风波新编》,这篇文章戏仿的对象是鲁迅的《风波》;网民雷立刚的《互联网时代的嫦娥奔月》、网民"雨燕"的《琼森和潘婷的故事》、网民"水手刀"的《碧海青天夜夜心》,这三篇文章戏仿的对象是鲁迅的《奔月》;网民"悠晴"的《祝福新编——祥林嫂的故事》,这篇文章戏仿的对象是鲁迅的《祝福》;佚名的《咯吱咯吱洗吧》,这篇文章戏仿的对象是鲁迅的《肥皂》;网民"张扬.batz"的《一个叫 RQ 的人的自述》,这篇文章戏仿的对象是鲁迅的《阿 Q 正传》;网民"热带鱼"的《再回故乡》、网民"云淡风轻"的《闰土,你在故乡还好吗?》、网民"渚清沙白"的《故乡(心情版)》,这三篇文章戏仿的对象是鲁迅的《故乡》;网民"清水"的《子君的手记》、网民"米芒"的《伤逝》,这两篇文章戏仿的对象是鲁迅的《伤逝》;网民"达子"的《孔乙己:一个曾经的吉他手》、网民"stockton326"的《孔乙己:一个 NBA 球迷的故事》,这两篇文章戏仿的对象是鲁迅的《孔乙己》。(4)天堂出版社在 9 月的书市上隆重推出《绍兴宝贝·私人相册》,当天即成为"天堂畅销书排行榜"NO.1。这本书主要把鲁迅本人的照片和相关的照片用当下媒体常用的炒作标题重新进行了编排。在"绝对隐私"的标题下,收录了鲁迅本人在不同时期的照片,有"留学日本"、"东京弘文学院毕业照"、"我与《阿 Q 正传》"、"坟"、"五十生辰"、"病后留影"、

"遗像"等 7 幅照片；在"爱你，爱得像个敌人"标题下，收录了鲁迅的亲人和师友的照片，主要有父亲周伯宜、母亲鲁瑞、寿镜吾、藤野严九郎、许广平、冯雪峰、瞿秋白和柔石等共 7 幅照片；在"不过如彼"的标题下，收录了鲁迅曾经生活过的地方的照片，主要有百草园与三味书屋、当铺与药店、仙台医科专门学校、绍兴会馆、八道湾、大陆新村等地的照片，另外还收录了虹口公园鲁迅墓的照片。

在"我把鲁迅先生送上法庭"部分，编者在"谁是鲁迅真正的传人"标题下，以"天堂法庭"审判"张广天诉钱理群冒充鲁迅传人"的形式，介绍了因演出民谣史诗剧《鲁迅先生》而在社会上引起广泛争论的张广天对钱理群等人的批评，这是当时社会上比较热门的话题。原告张广天的陈述是《〈鲁迅先生〉是演给王朔钱理群看的》，原告证人证词是《我看〈鲁迅先生〉普及好得很》，原告律师的陈述为《再说钱理群》；被告钱理群的陈述为《接着鲁迅的话往下说》，被告证人证词为《站在鲁迅身后，他拒绝遗忘》，被告律师摩罗的陈述是《北大教授钱理群》。在"庭外采访"的标题下，以"乱弹谣言中心"记者采访的形式，收录了张广天和钱理群接受社会上一些媒体采访的相关文章，采访张广天的主要文章有《张广天：我们要狠狠地作秀》、《张广天至观众朋友的一封公开信》；采访钱理群的主要文章有：《"骂"鲁迅是正常的事情》、《钱理群：中学语文课本神化和庸俗化了鲁迅》。在"陪审团成员：全体网民"的标题下，介绍了网民之间就此事所展开的激烈的争论，主要文章有：《张广天的革命秀》和《钱理群，你为什么不负责？！》。在"陪审团投票"的标题下，进行了"你认为谁是鲁迅真正的传人？"的在线调查。本次调查的选项有："钱理群"、"张广天"、"都继承了鲁迅的某一面"、"他们都不是"，投票的起止时间为 9 月 24 日—10 月 20 日。总共有 1828 位网民参加了投票，投票结果显示：选择"钱理群"的有 151 票，占总投票数的 8.3％；选择"张广天"的有 230 票，占总投票数的 12.6％；认为"都继承了鲁迅的某一面"的有 335 票，占总投票数的 18.3％；认为"他们都不是"的有 1112 票，占总投票数的 60.8％。从这一投票结果可以看出，大多数参与投票的网民都认为钱理群和张广天都没有很好地继承鲁迅精神，都不是鲁迅精神的传人。

在"你是否还是那旧模样？"部分，收录了网民创作的描写阿 Q、孔乙己、狂人等人在当代中国的命运的文章：描述阿 Q 的文章有《阿 Q 炒股》、《阿 Q 的网恋》、《假如阿 Q 当了 CEO》；描述孔乙己的文章有《孔乙己 Vs 网络帅哥》和《网络时代的孔乙己》；描述狂人的文章有《狂犬日记——〈狂人日记〉续篇》。这些文章描述鲁迅笔下的人物在当代社会的生活和遭遇，不仅显示了现实的荒诞,具有一定的讽刺现实的意义,而且反映出鲁迅文章的历史穿透力和当下性。

在"鲁迅与网民的第一次亲密接触"部分,以鲁迅应邀在"天堂网吧"与网民进行聊天的形式,收集了一些批评鲁迅的文章和网民模仿鲁迅创作的文章。在"我一个都不宽恕"的标题下,收录了一些攻击鲁迅的文章,主要有葛涛辑录的历史上抨击鲁迅的言论《鲁迅:百年被告》、葛红兵的《为二十世纪中国文学写一份悼词》、朱大可的《殖民地鲁迅和仇恨政治学的崛起》、王朔的《我看鲁迅》和"野麦子"的《狂人日记2000版》等;在"关于教育体制"的标题下,收录了"秋有痕"的《纪念高考》一文,这篇文章以鲁迅的《记念刘和珍君》为戏仿对象,回顾了自己高考时的一些情形;在"关于股票"的标题下,收录了网民"理失真"的《论银广夏的倒掉》一文,这篇文章以鲁迅的《论雷峰塔的倒掉》为戏仿对象,叙述了中国第一支蓝筹股银广夏倒掉的故事;在"关于爱情"的标题下,收录了网民"斜阳西楼"的《嫁给鲁迅》和"沉默之沙"的《嫁给鲁迅 II》,这两篇文章都以梦幻的方式虚构了朱安与鲁迅的爱情。在作者的笔下,作为21世纪新女性的"我"在通过时光隧道成为朱安之后,大胆地追求鲁迅,终于获得了鲁迅的爱情。在"关于网络文化"的标题下,收录了网民"少儿不宜"的《未有好帖之前》,这篇文章戏仿了鲁迅的《未有天才之前》,指出"好帖子并不是自生自长在深林荒野里的怪物,是由可以使好帖子生长的环境产生,长育出来的,所以没有这种环境,就没有好帖"。在"要是今天鲁迅还活着,他可能会怎样?"的标题下,收录了记者采访周海婴的访谈录和网民"汉上笑笑生"的文章。网民的上述戏仿鲁迅作品的文章巧妙地套用鲁迅文章的语言和形式,不仅较为幽默地讽刺了当前社会中的不良现象,而且也让读者在笑声中感受到了鲁迅文章的艺术魅力,取得了较好的艺术效果。

应当指出的是,网易网站纪念鲁迅诞辰120周年专辑在形式上极富创意,用T型台走秀、新闻报道、电视剧、歌曲翻唱、法庭审判、网络聊天等形式把社会上出现的各种"吃"鲁迅的现象串联起来,充分体现了网络的优势,不仅把社会上的一些关于鲁迅的热点话题融进专辑之中,而且也巧妙地讽刺了当代社会中的一些"吃"鲁迅的现象,并通过链接论坛的形式为网民提供了发表对这些现象看法的互动平台,但是,总的来说,这个纪念专辑较为突出网民对鲁迅作品的模仿与恶搞,但在文章内容方面还略显单薄,虽然有几篇模仿文章不乏讽刺现实意义,更多的文章只能算是单纯的游戏之作,没有多少意义,这可能与网民对鲁迅的认识在水平上还参差不齐有关。另外,这种戏仿与恶搞的方式虽然富有狂欢节的色彩,是对传统媒体上鲁迅形象的一种解构,但是作为纪念专辑来说,却显得不够庄重。

(2)新浪网纪念鲁迅诞辰120周年专辑:"百年鲁迅 精神丰碑"[1]

新浪网纪念鲁迅诞辰120周年的专辑题为"百年鲁迅 精神丰碑",由北京鲁迅博物馆学者参与策划。新浪网的编辑为纪念鲁迅诞辰120周年的专辑撰写了如下的导言:

> 65年前,郁达夫先生说:"没有伟大人物出现的民族,是世界上最可怜的生物之群;有了伟大人物而不知拥护爱戴崇仰的国家是没有希望的奴隶之邦。"他所提到的伟大人物即指鲁迅先生。65年过去了,先生的音容笑貌似乎依然在我们眼前浮现,先生的思想精神依然在激励着我们前行……"前无古人,后无来者。念天地之悠悠,独怆然而涕下"。遗训犹在耳边,先生已然作古,这里,谨借此专题表达我们对先生无限的哀思和无尽的缅怀吧!

专辑设有如下的栏目:在"导言"的左边就是供网民发表言论的论坛和悼念鲁迅先生的网上纪念堂链接,网民不仅可以自由地在论坛中发表自己对鲁迅的看法,而且可以很方便到鲁迅先生的网上纪念堂悼念鲁迅;网民可以在"留言"中抒发自己对鲁迅的怀念,也可以为鲁迅献上一束鲜花,敬上一杯美酒,点一首歌,点燃一支蜡烛等。

在"先生其人其事"部分,以图片为主侧重介绍鲁迅的人生经历与创作,收录了鲁迅在青年、中年、晚年时期的一些照片,此外,还收录了鲁迅生活过的地方的照片和部分鲁迅手稿的影印件,并在"鲁迅作品集"的标题下,链接了鲁迅的主要作品集。在"先生流离"的标题下,收录了《鲁迅先生年谱》、《鲁迅自传》和王晓明、林贤治等几位著名的鲁迅研究专家为《南方周末》纪念鲁迅诞辰120周年专辑撰写的介绍鲁迅生平经历的8篇文章;在"所谓平凡"的标题下,不仅收录了与鲁迅有关的一些逸闻趣事,如《鲁迅先生的生活情趣》、《亲自写广告的鲁迅》、《回忆鲁迅拒客》等,而且还摘录了周海婴《鲁迅与我七十年》一书中的部分章节,如《周作人为何把鲁迅逐出八道湾》、《鲁迅的丧葬费是共产党还是宋庆龄支付的?》等。

在"纪念鲁迅 永久怀念"部分,主要收录了一些悼念鲁迅的文章。在"巨星陨落"的标题下,不仅收录了鲁迅逝世时社会各界悼念鲁迅的文章、挽联,而

---

[1] 新浪网纪念鲁迅诞辰120周年专辑:"百年鲁迅 精神丰碑"(http://cul.book.sina.com.cn/focus/luxun.html)。

且收录了从鲁迅逝世一直到 60 年代对鲁迅悼念的活动介绍。在"先生不朽"的标题下,主要收录毛泽东、蔡元培、茅盾、老舍等社会名流对鲁迅的高度评价。在"百年被告"部分,主要收录了由葛涛辑录的一个世纪以来非议、攻击鲁迅的有代表性的言论,从中不仅可以看出不同时代非议鲁迅言论的异同,而且对于当代的读者也有参考价值。在"今世评说"部分,主要收录了从报刊和网络中上辑录的一些文章。在"完全解读"的标题下,收录了一些当代作者对鲁迅的解读,主要有《鲁迅,中国不能淡忘的旗帜》、《重读鲁迅》、《被意识形态化的鲁迅》等文章;在"片言碎语"的标题下,收录了《南方周末》纪念鲁迅诞辰 120 周年专辑刊发的、由葛涛辑录的网民对鲁迅的一些评价。网民关于鲁迅的评论被编者巧妙地用鲁迅的文章或作品集的名称如《朝花夕拾》、《花边文学》、《华盖集》、《准风月谈》、《南腔北调集》、《呐喊》、《为了忘却的记念》、《这样的战士》、《孤独者》、《随感录》、《自由谈》等串联起来。

这个专辑还同时进行了题为"你怎么看待一度甚嚣尘上的否定鲁迅潮?"的在线调查,共有 6080 位网民参加了本次调查,详见下文分析。

总的来说,新浪网纪念鲁迅诞辰 120 周年的专辑是同类纪念专辑中做得比较好的,最值得称道的是专门设计了鲁迅先生的网上纪念堂供网民凭吊鲁迅先生,网民可以在这里抒发对鲁迅先生的怀念之情,充分发挥了网络互动的优势。如果说网易网站纪念鲁迅诞辰 120 周年的专辑"大家都来'吃'鲁迅"以网民的文章为主体,更多地体现了一种富有讽刺和戏仿的狂欢节色彩,那么新浪网的纪念鲁迅专辑则以转载一些学者在传统媒体上所发表的纪念鲁迅的文章为主体,更多地体现了历史的厚重感和沧桑感。不过,这个专辑虽然在内容上比较全面,收录了大量的文章,但是还存在一些问题,例如"今世评说"栏目所收录的文章就有点杂乱,未能较为全面地反映出当代鲁迅研究的真实水平。

(3)搜狐网纪念鲁迅诞辰 120 周年专题:"怀念鲁迅先生"①

作为中文网络的三大门户网站之一的搜狐网站,也制作了纪念鲁迅诞辰 120 周年的专辑"怀念鲁迅先生"。

在"鲁迅生平"部分,主要介绍了鲁迅的生平、一生的大事记、各地的纪念设施和鲁迅的一些逸闻趣事;在"鲁迅先生主要作品欣赏"部分,收录了鲁迅的《阿 Q 正传》、《孤独者》、《从百草园到三味书屋》、《我之节烈观》、《鲁迅旧体诗集注》等作品;在"世说鲁迅"部分,收录了周作人、梁实秋、陈村、王朔、张闳等人谈论鲁迅的文章和《鲁迅挨骂录》;在"怀念鲁迅"部分,收录了茅盾、巴金、萧

---

① 搜狐网纪念鲁迅诞辰 120 周年专题:"怀念鲁迅先生"(http://cul.sohu.com)。

红、郁达夫、林语堂等人回忆鲁迅的文章,以及张承志、张梦阳等人撰写的纪念鲁迅的文章和各地纪念鲁迅诞辰120周年活动的介绍;在"先生爱情"部分,收录了几篇介绍鲁迅婚恋的文章,主要有《鲁迅与朱安》、《鲁迅醉打许广平》等;在"先生照片"部分,收录了鲁迅的20多张照片;在"精神长存"部分,收录了一些高度评价鲁迅精神的文章,主要有《鲁迅:21世纪中国不能淡忘的旗帜》、《呼唤精神界之战士》等。

总的来说,虽然这个纪念鲁迅的专辑也设立了好几个栏目介绍鲁迅其人、其作和相关评论与研究,但是在内容上比较简略,在形式上也缺乏新意,更多的是展示,缺乏互动性,另外,这个专辑收录的网民纪念和谈论鲁迅的文章比较少,网民的声音没有能够很好地体现出来,与新浪网和网易网的纪念鲁迅的专题相比在制作水平上有明显的差距。

(4)人民网纪念鲁迅诞辰120周年专辑"纪念鲁迅先生诞辰120周年"①

人民网是人民日报主办的官方网站,该站的纪念鲁迅诞辰120周年专辑由人民网·读书论坛的编辑"绿茶"等人策划。编者在"导言"中强调:

> 今天我们纪念先生最重要的意义也在这"精神"二字。翻开报刊、杂志、书籍,打开电视、广播、网络,在任一种传播媒介上我们都不难看到学术腐败、文艺创作的庸俗化、文学建设的紧迫性,如此等等,中国文化界也面临着一场彻底的"反腐倡廉",其创作精神日颓,不能不使我们敲响思想的警钟。

在"走访鲁迅故居"部分,重点报道了在鲁迅的故乡绍兴举行的各种纪念鲁迅的活动;在"各地纪念活动"部分,报道了北京、上海、天津、广州等地纪念鲁迅的活动;在"鲁迅生平及主要作品"部分,主要收录了《鲁迅先生年表》和鲁迅的《阿Q正传》、《从百草园到三味书屋》、《我之节烈观》、《鲁迅旧体诗集注》等作品;在"怀念鲁迅"部分,收录了茅盾、巴金、萧红等人怀念鲁迅的文章;在"鲁迅研究"部分,收录了李泽厚、陈思和、谢泳等人研究鲁迅的文章和陈西滢、苏雪林等人批评鲁迅的文章;在"评说鲁迅"部分,收录了周作人、陈村、王朔、张闳等人评论鲁迅的文章;在"今日鲁迅"部分,收录了谈论鲁迅与当代社会关系的文章,主要有陈建功、林非等人在纪念鲁迅诞辰120周年学术讨论会上的发言,另外还有社会上关于鲁迅的热点话题,如商家打鲁迅牌、与鲁迅有关的

---

① 人民网纪念鲁迅诞辰120周年专辑:"纪念鲁迅先生诞辰120周年"(http://culture.people.com.cn)。

戏剧引发的争议等;在"凡人鲁迅"部分,收录了鲁迅的感情生活和鲁迅的一些逸闻趣事,主要有《鲁迅与烟酒茶》、《鲁迅饮食纪略》等;在"网民看鲁迅"部分,收录了网民评论鲁迅的一些文章,主要有网民"醉禅"的《关于鲁迅》、网民"宝华 ABC"的《说说鲁迅》等。

总的来说,这个纪念专辑虽然在纪念鲁迅的新闻信息方面比较详细全面,但是在介绍鲁迅的内容方面较为单薄,未能比较充分地体现出编者在"导言"中所说的意图。另外,这个纪念专辑也未能发挥出网络可以互动的优势,没有供网民交流的互动平台,专辑中所收录的网民的文章也很少。这可能与该网站是《人民日报》主办的网站这一背景有关,因此在某种程度上也可以说,这个纪念专辑很像《人民日报》的一个网络上的翻版,只注重提供纪念鲁迅的新闻信息,没能发挥出网络互动的优势。

2. 中文网络中纪念鲁迅逝世 70 周年的几个专辑

在 2001 年纪念鲁迅诞辰 120 周年之后,中文网络中几乎没有再出现纪念鲁迅的专辑,到 2006 年鲁迅逝世 70 周年之际,中文网络中又出现了一些纪念鲁迅的专辑。除了在 2001 年制作过纪念鲁迅专辑的网易网站、新浪网、搜狐网、人民网之外,天涯社区网站和腾讯网等一些网站也制作了纪念鲁迅的专辑。

(1)网易·文化频道纪念鲁迅逝世 70 周年专辑:"以'不敬'的方式纪念鲁迅先生"①

网易网站制作的纪念鲁迅先生诞辰 120 周年专辑"大家都来'吃'鲁迅"主要由该网站的鲁迅论坛中发表的帖子组成,在中文网络中产生了较大的反响。鲁迅论坛本来是中文网络中聚集众多鲁迅爱好者的论坛,但是因在 2005 年网易网站改版时被撤销,这使得众多的鲁迅爱好者离开网易网站,鲁迅论坛也由此逐渐冷清。在此背景下,网易网站在 2006 年制作纪念鲁迅逝世 70 周年的专辑"以'不敬'的方式纪念鲁迅先生",主要由平面媒体的报道和其他网站发表的网民文章组成。编者在专辑的"导语"中指出:

纪念鲁迅先生是一件义不容辞的事,然而,我们的纪念方式,不再是一成不变的"缅怀"这种"主流"方式。我们试图对鲁迅先生提出质疑和新的评价,试图让先生走下神坛,恢复他本来的面目。这对先生有些"不

---

① 网易·文化频道纪念鲁迅逝世 70 周年专辑:"以'不敬'的方式纪念鲁迅先生"(http://culture.163.com/special/00280030/0610luxun.html)。

敬"，但在当今这也不失为好的纪念方式。

专题设立了如下几个栏目：在"历史需要还原一个真实的鲁迅"部分，收录了《不能回避的鲁迅纪念》、《鲁迅的当代价值》(张梦阳)、《鲁迅形象的变化证明了中国的进步》以及《名人和学术界人物评鲁迅》等文章；在"鲁迅是性格阴毒、心态偏激的媚日文人？"部分，收录了两种攻击鲁迅的言论，一种是网民"憨子"的《鲁迅的阴毒》，以及反驳文章《没有缺憾，鲁迅还能成其为鲁迅吗？》(石地)、《鲁迅实际上还太单纯善良》(佚名)，另一种是《为什么你们对鲁迅那么宽容？》，以及反驳文章《鲁迅，一个特立独行的知识分子》("阿赛尔")、《媚日说太幼稚》(佚名)；在"鲁迅对当代中国人信仰缺失负有责任"部分，主要收录两组文章：第一组文章有《重识鲁迅：中国人真的做了四千年的奴隶》("西门先生")及反驳文章《不要误读了鲁迅》("清峻")，第二组文章有《鲁迅是否引起了当代部分年轻人的反感？》(佚名)，以及反驳文章《用平常心对待鲁迅的伟大》(佚名)、《读〈希望〉》(佚名)等；在"鲁迅难道不是大师级作家？"部分，收录了《四方面论证鲁迅不是大师级作家》("脂砚斋")和反驳文章《真正识得先生文学的有几人？》(佚名)；在"多方位多角度阅读鲁迅"部分，主要介绍李长之的《鲁迅批判》、曹聚仁的《鲁迅评传》、韩石山的《老不读胡适，少不读鲁迅》、李欧梵的《铁屋中的呐喊》、王晓明的《无法直面的人生：鲁迅传》等著作；在"媒体报道鲁迅逝世70周年纪念活动"部分，收录了《周海婴：生活中的父亲从不"横眉冷对"》以及日本仙台剧社在中国演出的话剧《远火》和绍兴举办的纪念鲁迅逝世70周年国际学术研讨会的相关报道；在"延伸阅读：鲁迅与胡适"部分，收录了《鲁迅走下神坛，胡适跃上地面》(佚名)、《鲁迅和胡适谁都不能少》(陈愚)，另外还有大江健三郎的《鲁迅伴随我的一生》；在"投票"部分，设立了题为"你如何评价鲁迅遭质疑现象"的网络调查，主要有如下选项：①人无完人，没什么大惊小怪的，②很可笑，是对鲁迅无聊的攻击，③动摇鲁迅的地位是不可能的事，④我热爱鲁迅，但不再那么崇拜了，⑤鲁迅被神化了，应还原本来面目。（可惜的是，笔者没有及时把这次调查的结果保存下来，无法了解网民的态度。）

编者最后在"结束语"中强调了制作这个专辑的目的：

> 鲁迅是绝大多数人的偶像，对偶像的质疑和再认识当然是一件痛苦的事，更何况，鲁迅的地位在大多数人的脑子里已经扎了根，"而且已入骨三分"。可是在这种观念之下，如果没有破除偶像的勇气，鲁迅就容易成为一种形而上的存在，"鲁迅崇拜"最后也会成为某种带有暴力性质的崇拜。这是要不得的。

需要指出的是,这个纪念专辑所提出的"还原鲁迅"、破除"鲁迅崇拜"的目的是值得肯定的,而通过网络这一新兴媒体来解构以前由传统媒体所塑造的鲁迅形象也有很多的优势,但是这个纪念专辑因为内容单薄而在很大程度上没能达到编者的目的。编者虽然列举了几篇质疑和批判鲁迅的文章,但是这些文章,特别是网民的那几篇文章,在某种程度上可以说是用毫无历史依据的谣言攻击鲁迅的文章,在水平上还不足以"还原"鲁迅。另外,与网易网站在2001年制作的纪念鲁迅诞辰120周年专辑"大家都来'吃'鲁迅"相比,这个专辑所收录的谈论鲁迅的网民文章不仅没有明显的进步,反而有不少的退步,这与网易网站撤销鲁迅论坛从而丧失了大量网民创作的具有一定水平的关于鲁迅的原创帖子无疑有很大的关系。

(2)新浪网纪念鲁迅逝世70周年专辑:"我们离鲁迅究竟有多远"①

新浪网的博客频道为了纪念鲁迅逝世70周年而制作了纪念鲁迅的博客,文章都选自文化界知名人士和网民发表在新浪网中各自博客中的文章。策划者在导语中指出:

> 鲁迅离开我们已经70年了。在漫长的岁月里,他不断被塑造成各种伟大的雕塑,我们每个人都或多或少地受到他的影响,有滋润,也有遮蔽。革命年代,他是硬邦邦的偶像,笼罩着我们卑下而需每日反省的生活;在和平年代,我们触摸到他越来越柔软的部分。鲁迅正在走出评论家和政治家的注释,成为我们日常经验与情感的来源。关于他是否过时的争论,每隔若干年就要口舌一番,那也正是不朽人物才能享有的待遇。事实上,他离我们已经很近很近了。

专辑设立了如下栏目:在"鲁迅在今天还有没有价值"部分,收录了黄鸣的《阿Q是鲁迅》、摩罗的《鲁迅:正题反作的思想家》、傅国涌的《鲁迅是酒、胡适是水》、孙郁的《鲁迅精神是药,胡适精神是饭》、网民"老汉坐禅"的《鲁迅不死》等10篇文章;在"真实的鲁迅以及关于他的争论"部分,收录了陈丹青的《我喜欢鲁迅的几个理由》、网民"寒月冷星"的《鲁迅对当代中国还有没有价值?》、网民"柏寒吟枫"的《看神坛下的鲁迅——鲁迅谈自己》、网民"笃志"的《他成了一个被割裂的偶像》、网民"阿平"的《鲁迅究竟是谁?》等10篇文章;在"老百姓眼里的鲁迅和鲁迅精神"部分,收录了网民"白天看星星"的《鲁迅不应该离我们

---

① 新浪网纪念鲁迅逝世70周年专辑:"我们离鲁迅究竟有多远"(http://blog.sina.com.cn/lm/luxun/index.html)。

远去》、网民"子鱼"的《高贵的鲁迅 一如高雅的古琴》、网民"楠凤"的《还需要鲁迅的笔解剖这时代》、网民"茨威格"的《鲁迅,危险的愤青!》、网民"神也寂寞"的《我为什么不喜欢鲁迅?》等10篇文章。另外,这个专辑还同时进行了题为"鲁迅离我们有多远"的网络调查,共有3962位网民参加答卷,详见下文分析。

总的来说,新浪网·博客频道制作的这个纪念鲁迅的专辑是鲁迅网络传播史上首次由博客中的文章组成的纪念专辑,取得了一定的成功,虽然编者只从新浪的博客中选择纪念鲁迅或谈论鲁迅的文章,范围比较小,而且文章水平也参差不齐,但在一定程度上展示了当代部分网民对鲁迅的理解和纪念。另外,专辑所提出的"鲁迅在今天还有没有价值"的问题和进行的"鲁迅离我们有多远"的网络调查还是比较富有现实意义的,参与本次调查的网民对鲁迅的认知状况值得鲁迅研究界和中学语文教育界的重视。

(3) 搜狐网站纪念鲁迅逝世70周年专辑:"70年后一回眸"[①]

搜狐网·读书频道为纪念鲁迅逝世70周年制作了题为"70年后一回眸"的专辑,策划者在导语中指出:

> 在鲁迅辞世70周年之际,我们重思鲁迅留下的精神和文字遗产,我们回眸几十年间鲁迅形象与影响的变迁,所希望表达的,是对这位20世纪中国文化巨人的敬重,更希望通过这样的回顾,为当下提供更多的思考路径。

专辑的头条文章是张梦阳的《鲁迅的当代价值》一文,该文指出了鲁迅对于当代中国的价值所在。专辑还设立了如下栏目:在"新闻动态"部分,收集了一些纪念鲁迅逝世70周年相关活动的新闻报道;在"了解鲁迅"部分,收录了周海婴的《鲁迅是谁》和《鲁迅年谱》以及蔡元培、林语堂、老舍等"名家论鲁迅"的文章;在"思考鲁迅"部分,收录了汪晖的《鲁迅是对启蒙抱有深刻怀疑的启蒙者》、钱理群的《鲁迅:四位一体的智者》等文章;在"争议鲁迅"部分,设立了"当代人根本没有必要再学鲁迅"、"鲁迅还在青年人的心里吗"、"鲁迅对当代中国还有没有价值"三个话题供网民讨论;在"八卦鲁迅"部分,收录了《鲁迅PK不过玉女作家真的很正常吗》、《关系神秘传绯闻 鲁迅日记中"许小姐"真相》、《文字透露幽秘信息 鲁迅曾经暗恋过萧红》等文章。该专辑同时还进行

---

① 搜狐网站纪念鲁迅逝世70周年专辑:"70年后一回眸"(http://cul.sohu.com/s2006/2006luxun)。

了关于鲁迅的网络调查,有283位网民参与答卷,详见下文分析。

10月19日晚,搜狐网站还邀请鲁迅的长孙周令飞和学者止庵和网民进行了题为"还原鲁迅"的网络聊天,就鲁迅生平和鲁迅研究中的一些问题回答了网民的提问。虽然参与本次聊天的网民不多,但却是鲁迅网络传播史上鲁迅家人首次通过网络聊天的方式和网民一起来纪念鲁迅。这对于宣传鲁迅、普及鲁迅都有一定的好处。

总的来说,搜狐网制作的这个纪念专辑比2001年时制作的纪念专辑有明显的进步,其中举行的鲁迅家人和鲁迅研究学者与网民的网络聊天更是一个亮点。但是,这次专辑中所进行的网络调查没有能够吸引到较多的网民参与,所提供的三个供网民讨论的话题也很少有网民参加讨论,这无疑是非常遗憾的。另外,这个专辑不仅有严肃的新闻报道,而且也有关于鲁迅的八卦新闻,不仅有著名学人关于鲁迅的论述,而且也有网民关于鲁迅的评说,虽然水平参差不齐,但也构成了众声喧哗的场面,只是以这种方式纪念鲁迅逝世70周年显得有点不够庄重。

(4)人民网纪念鲁迅逝世70周年专辑:"鲁迅精神常青"[①]

人民网为纪念鲁迅逝世70周年而制作了题为"鲁迅精神常青"的纪念专辑,这个专辑设立了如下栏目:在"新闻报道"部分,收录纪念鲁迅逝世70周年的相关活动的新闻报道;在"缅怀评说"部分,收录了《我们需要鲁迅》、《鲁迅:在流言伤害中挺立不屈》等文章;在"先生轶事"部分,收录了《鲁迅其实童心未泯很幽默》、《鲁迅眼里没有偶像》等文章;在"音容笑貌"部分,收录了鲁迅的一些照片和"鲁迅年谱";在"精华作品"部分,收录了《鲁迅自传》、《为了忘却的记念》等文章,另外还设立了向鲁迅先生"献花留言"的论坛,供网民凭吊,抒发对鲁迅的怀念之情。

总的来说,人民网这次制作的纪念鲁迅专辑和在2001年制作的纪念鲁迅专辑相比,在内容方面虽然有所增加,但是仍然略显单薄。另外,这次纪念专辑在形式方面与2001年的纪念专辑相比较有所进步,设立了供网民凭吊鲁迅的论坛,从而使这个专辑在形式上显得较为庄重,比较符合纪念一位文化伟人逝世70周年的定位。

(5)天涯社区网站纪念鲁迅逝世70周年专辑:"民族精魂 暗夜丰碑"[②]

---

① 人民网纪念鲁迅逝世70周年专辑:"鲁迅精神常青"(http://culture.people.com.cn)。
② 天涯社区网站纪念鲁迅逝世70周年专辑:"民族精魂 暗夜丰碑"(http://cache.tianya.cn/publicforum/content/no01/1/389489.shtml)。

2006年10月16日,天涯社区网站在首页位置制作了纪念鲁迅逝世70周年的专辑"民族精魂　暗夜丰碑",在中文网络中引起了较大的反响,专辑设立的讨论区在短短几天的时间内就出现了1000多条留言,一些网民在留言中抒发了对鲁迅先生的怀念之情,同时也有一些网民在留言中攻击鲁迅,彼此之间也产生了一些论争。专辑策划者在导语中指出:

> 鲁迅先生辞世70年了。70年间,对他的解读和阐释、褒扬和审视、争议和攻讦,几乎从未停歇过,而真实的鲁迅只有一个。专辑汇集的纪念各出真诚,真实的鲁迅活在民间。

专辑设立了如下栏目:在"丰碑"部分,收录了网民"梁由之"的《百年五牛图之一:关于鲁迅》、摩罗的《悲悯大地——鲁迅组诗》、网民石地的《三祭鲁迅:冷眼悲情睿见深》、网民"草鱼子"的《鲁迅——一个不带麻药的医生》等7篇文章;在"解读"部分,收录了网民范美忠的《野草》心解(修订稿)、网民"西辞唱诗"的《夜里有屈原的植物——读鲁迅的诗》、网民"去年尘冷"的《丰富的痛苦——鲁迅的精神历程及其命运》、网民"羽戈"的《论鲁迅的"鬼"气 & 从失语到失魂》等30多篇文章;在"感悟"部分,收录了网民仲达的《鲁迅逝世70年祭:一个"失败者"眼中的鲁迅》、网民闻中的《鲁迅:当精神处于弱势的时候》、网民"悠哉"的《鲁迅在绍兴会馆的孤独》等7篇文章;在"评说"部分,收录了网民"崇拜摩罗"的《作为祭品的先知》、网民陈愚的《鲁迅、胡适及其角色定位》、网民孟庆德的《想起鲁迅》、网民于仲达的《"个的自觉"和"罪的自觉"——重读鲁迅》等40多篇文章。这个纪念专辑收录了网民发表在天涯社区网站各论坛中的比较有影响的文章(只有少数几篇是转载鲁迅专家撰写的文章),不仅表达了民间热爱鲁迅的网民对鲁迅逝世70周年的真诚的纪念,而且也集中展示出了网民阅读鲁迅、研究鲁迅的水平,显示出鲁迅在民间的影响。该专辑同时还进行了关于鲁迅的网络调查,共有2573位网民参加答卷,详见下文分析。

总的来说,从这个纪念专辑所收录的上述文章中也可以看出策划者要在专辑中反映出真实的鲁迅的愿望在一定程度上得到了实现,但是因为网民对鲁迅的理解还不够深入等原因,距离展示出真实的鲁迅还存在一定差距。如果说,网易网站制作的纪念鲁迅诞辰120周年专辑"大家都来'吃'鲁迅"富有网络的狂欢色彩,充分展示了网民模仿鲁迅的水平,那么天涯社区网站纪念鲁迅逝世70周年的专辑"民族精魂　暗夜丰碑"则富有学术研究的色彩,在很大程度上展示了网民阐释鲁迅的水平,这两个纪念专辑风格的变化也反映出鲁迅网络传播从2001年到2006年话题的变化和发展趋势,即广大网民对鲁迅的理解逐渐深入。

(6)腾讯网纪念鲁迅逝世70周年专辑:"21世纪我们是否还需要鲁迅?"①

腾讯网在2006年为纪念鲁迅逝世70周年而制作了题为"21世纪我们是否还需要鲁迅"的纪念专辑,引起了较大的反响,共有2612位网民参与,并发表了1139条评论。策划者在专辑的导语中指出:

> 今天,当人们开始反思历史时,鲁迅不可避免地成了反思的对象:鲁迅"刻薄"、"鲁迅不是大师"、"鲁迅媚日"等论调一次次地挑起争论。还原鲁迅、质疑鲁迅成了学术界潮流;青年们则开始遗忘鲁迅。有学者认为,20世纪是鲁迅的世纪,21世纪是胡适的世纪;某"80后"作家更声言,21世纪还让鲁迅代表中国人,实在太落后。当绍兴把"鲁迅品牌"炒得火热时,当知识分子呼吁破除"圣人迷信"时,当新一代声言"对鲁迅没好感"时,鲁迅的遗愿是否正在实现?

专辑设立了如下几个栏目:在"我们今天需要怎样的鲁迅?"部分,收录了《论批判精神的缺失——纪念鲁迅先生逝世70周年》(南方都市报纪念鲁迅逝世70周年的社论)、《鲁迅这块招牌》("漏斋")、《鲁迅:一个真正反现代性的现代性人物》(《南风窗》杂志对汪晖的访谈)、《我们今天怎样读鲁迅》(深圳特区报刊登的林贤治的一次演讲内容)。

在"鲁迅:一个神话的'解构'"部分又分为几个小章节:在"被'意识形态化'的鲁迅"的小节中,收录了朱航满发表在世纪中国网站的《将鲁迅放回到人的位置来纪念》;在"被'还原'的鲁迅"的小节中,在"好玩"的标题下收录了《陈丹青演讲:笑谈大先生》,在"人格质疑说"的标题下收录了葛红兵的《话语领袖与圣人迷信》,在"刻薄说"的标题下收录了史鉴的《鲁迅真的过分刻薄么?》,另外,还有《周海婴谈父亲:生活中的鲁迅从不"横眉冷对"》(新华日报)、王青笠的《不一样的大家:鲁迅喜欢吃零食、酷爱搞恶作剧》(华夏时报)、网民"憨子"的《鲁迅是中国最媚日的文人?》、鲍尔吉·原野的《骂尽三千年没骂过上海黑老大:鲁迅的N个"不"》(杭州日报)等文章;在"被纪念的鲁迅:商业品牌与学术话题"的小节中,收录了章建森的《今年是鲁迅先生逝世70周年 我们该如何纪念他?》(今日早报)、宋晓松的《70年后,鲁迅商标满故里》(成都商报)、《鲁迅逝世70周年 中外学者研讨鲁迅文化》(中国新闻社);在"被'冷落'

---

① 腾讯网纪念鲁迅逝世70周年专辑:"21世纪我们是否还需要鲁迅?"(http://www.qq.com)。

的鲁迅:青年一代有了新的偶像"的小节中,收录了赵晓林的《别再把鲁迅当做"铺路石"》(济南日报)、廖保平的《鲁迅还在青年人心里吗?》(工人日报)、姜伯静的《既然鲁迅过时了,让你来代表中国人好了》(光明网)。

在"鲁迅真的'过时'了吗"部分,分为如下几个小的章节:在"鲁迅不适合青年人阅读?"的小节中,摘录了韩石山《少不读鲁迅,老不读胡适》一书(中国思维网);在"时代变了,鲁迅落后了"的小节中,摘录了韩石山《少不读鲁迅,老不读胡适》一书;在"知识分子不能迷信鲁迅?"的小节中,收录了葛红兵的《话语领袖与圣人迷信》(智识学术网)。

在"寻找鲁迅的时代意义"部分分为如下几个小的章节:在"怀疑与批判:鲁迅之后还有谁?"的小节中收录了余杰的《叛徒们之鲁迅》;在"寻求'个体的尊严与幸福'"的小节中收录了《周海婴上海书展上的讲演:鲁迅究竟是谁?》(文汇报);在"重塑中国人的精神"的小节中收录了张梦阳的《鲁迅的当代价值》(中华读书报)。

这个专辑还进行了题为"你认为鲁迅的思想在二十一世纪的今天,是否已经'过时'"的网络调查,共有11129位网民参与调查,详见下文分析。另外,这个专辑还有"鲁迅的遗嘱"和"鲁迅论中国人"(摘录了鲁迅的部分名言),以及"名人眼中的鲁迅"(摘录了林语堂、老舍、李敖、王朔、葛红兵等人评论鲁迅的文字)等内容。

总的来说,这个专辑设计得比较成功,吸引了上万名网民的关注和参与。虽然这个专辑收录的文章大多来自于报刊已经发表的文章,但是策划者却充分发挥了网络的互动优势,通过编排这些文章,再次提出了一个值得深思的问题:"21世纪我们是否还需要鲁迅?"这个话题吸引了众多的网民关注和参与,并在阅读过这个专辑之后在专辑所链接的论坛中发表了自己的观点,其中有相当多的网民认为21世纪的中国仍然需要鲁迅的思想,另外,专辑设立的网络调查结果也显示出,在参与这次调查的11129位网民中有近75%的网民认为鲁迅思想"绝不过时",绝大多数参与这个专辑调查的网民都认为21世纪的中国仍然需要鲁迅的思想。

二、小结

回顾中文网络中2001年和2006年出现的上述纪念鲁迅的专辑,可以说这些纪念专辑的出现和社会上纪念鲁迅的活动密切相关,在某种程度上也可以说,正是社会上在鲁迅诞辰或逝世逢五或逢十周年之际举行的纪念活动才引发了中文网络中纪念鲁迅的专辑出现,而且中文网络中这些纪念鲁迅的专辑所收录的一些文章就是来源于社会上的平面媒体。另外,中文网络中的一些纪念鲁迅专辑的风格也受到了平面媒体纪念鲁迅专题风格的影响,如新浪网纪念鲁迅诞辰120周年专辑就受到了《南方周末》纪念鲁迅诞辰120周年专题的影响,而网易网站纪念鲁迅逝世70周年的专辑也受到了《南方人物周刊》纪念鲁迅逝世70周年专题的影响。

通过对网易网站、新浪网、搜狐网、人民网在2001年和2006年制作的纪念鲁迅的专辑的比较,可以看出随着中文网络的发展,这些纪念专辑虽然在文章水平或制作风格上存在一些问题,但是在整体上有了明显进步,不仅在很大程度上展示出当代网民对鲁迅的纪念,而且也在很大程度上显示出当代网民对鲁迅认知的多元化。虽然这些纪念专辑基本都是由各大网站制作,并且也包括陈丹青、谢泳等一些文化界人士和王晓明、林贤治等鲁迅研究界人士评论鲁迅的文章,但是网民的参与也越来越多,他们的声音越来越大,和社会上的文化人士、鲁迅研究专家一起构成了纪念鲁迅的大合唱,充分显示出鲁迅在民间的强大生命力。需要指出的是,上述纪念鲁迅的专辑收录了一些网民谈论鲁迅的文章,有的专辑还以网民的文章为主,但是更多的专辑还是以专家学者的文章和平面媒体上的文章为主。虽然网民谈论鲁迅的文章中不乏一些有真知灼见的,但是大部分网民的文章对鲁迅的阐释还处于较低的水平,这不仅与中文网络中缺乏大量富有一定水平的原创性的网民文章有较大的关系,而且也与上述网站制作纪念专辑时主要从本网站搜集文章没有能从中文网络中各大网站和论坛搜集编选文章有一定的关系。

此外,这些纪念专辑不仅表达了对鲁迅的纪念,而且还提出了很多关于鲁迅的值得思考的话题,诸如"我们离鲁迅究竟有多远"、"我们今天需要什么样的鲁迅"、"21世纪我们是否还需要鲁迅"等等,虽然,广大网民对鲁迅的了解不够全面和深入,但是他们对这些问题的思考和回答都值得鲁迅研究者和中学语文教育者的重视。

最后需要从传播学的角度分析一下网络公司设立纪念鲁迅专辑的原因。上文提到的网站除了人民网因为是人民日报主办而带有官方色彩之外,其余的网站都是上市公司主办的带有浓厚商业色彩的网站。有学者指出:

> 网络传播的内容可能是与大众传播不一样的,但是其传播动机却是和大众传播完全一样的。换言之,宣传动机、盈利动机、成就动机,仍旧是

网络传播者的主导动机。①

传播学对大众传播者的动机进行了分类：

> 大众传播的传播者的动机大致可以归结为三种动机类型：第一，宣传动机。类似于人际传播中导向动机，是指传播者欲影响受众的思想和行动。政府、政党和各社会团体，都想利用大众媒介宣传自己的观点和主张。媒介自己也想宣传自己的观点。媒介的导向动机过于强烈，会为了宣传自己的观点，发挥议题设置功能……第二，营利动机。在现代社会中，绝大多数媒介都具有产业属性，必须依靠广告费和资金投入才能生存、发展。媒介工作者以传播为谋生手段。所以，许多时候传播内容和方式都由盈利的动机决定……第三，成就动机。类似于人际传播中的自我维护动机，是指传播者欲通过传播获得成就感和个人社会地位的上升。媒介总想通过传播扩大社会影响力……成就动机过于强烈，使得媒介有时片面追求传播的轰动效应。②

从上述观点可以看出，带有官方色彩的人民网设立纪念鲁迅专辑的动机以宣传动机为主，以成就动机为辅，试图通过设立纪念鲁迅专辑来宣传鲁迅，并在一定程度上扩大网站在网络中的影响力；新浪、天涯社区等商业网站设立纪念鲁迅专辑的动机是以营利动机为主，以成就动机为辅，试图通过设立纪念鲁迅的专辑来吸引网民，以扩大网站的访问量，获得经济效益，并在一定程度上扩大网站在网络中的影响力。从这个角度来说，这些纪念鲁迅的专辑都是网站为了经济利益而生产的一种文化商品，而网站为了追求利益的最大化，为了吸引更多的网民来消费这个专辑，会按照传播效果的需要对这些专辑进行设计，因而也可以说这些纪念鲁迅的专辑所建构的内容在深层动机方面很大程度上是为了迎合网民的心理需要。"但是，大众传播者为了达到自己的目的，总是把传播动机隐藏起来，普通受众对此浑然不觉"③。所以，网民在浏览纪念鲁迅的专辑、参与鲁迅话题的互动时，可能会不知不觉在一定程度上受到这些网站精心设计的文化产品所暗含导向的影响。总的来说，网站所设立的纪念鲁迅的专题要符合网站的最大利益，首先，这个专题必须是符合国家各种政策的，不会给网站带来一定的风险；其次，这个专题必须迎合大多数网民的

---

① 孟建、祁林：《网络文化论纲》，北京：新华出版社，2002年，第64页。
② 孟建、祁林：《网络文化论纲》，第58~59页。
③ 孟建、祁林：《网络文化论纲》，第59页。

心理,这样才能吸引到大多数网民的关注和参与。

　　鉴于目前中文网络中网民上网的主要动机是消遣和网民的整体文化水平不高的状况,网站在设计每个纪念鲁迅的专辑时就必须对有关鲁迅的内容进行选择,选择那些比较浅一些、容易引起网民关注的内容,甚至要制造一些容易引起网民轰动的话题,因此,鲁迅思想中的深刻性和批判性的内容就被网站有意地悬置了。

第五章 当代中文网络中关于鲁迅的网络调查活动研究

随着中文网络的发展,鲁迅也逐渐成为网络中的一个热点话题,特别是在2001年鲁迅诞辰120周年和2006年鲁迅逝世70周年之际,在社会上纪念鲁迅的活动的影响下,中文网络中也出现了纪念鲁迅的热潮,一些网站还发挥网络具有互动性和即时性的特点进行了一些关于鲁迅的网络调查,这些调查虽然在调查内容的设计等方面还存在一些不足之处,但是因为参与调查的网民通常较多,他们对鲁迅的评价也为研究鲁迅在中文网络中或者说是在民间的传播提供了很好的素材。

一、当代中文网络中关于鲁迅的网络调查活动概况

(1)新浪网进行的"你怎么看待一度甚嚣尘上的否定鲁迅潮?"的网络调查[①]

2001年,新浪网为纪念鲁迅诞辰120周年而制作了"百年鲁迅 精神丰碑"专辑,这个专辑还同时进行了题为"你怎么看待一度甚嚣尘上的否定鲁迅潮?"的在线调查,共有6080位网民参加了本次调查,其中有3213位网民选择"哗众取宠,不值一提",占总投票人数的52.85%;有1462位网民选择"有其存在的合理性",占总投票人数的24.05%;有146位网民选择"很难判断",占总投票人数的2.40%;有1248位网民选择"这是评论者的自由",占总投票人数的20.53%。

这个网络调查可能是目前已知的中文网络中最早的关于鲁迅的调查。从2000年开始,社会上陆续出现了以王朔、葛红兵等人为代表的批评鲁迅的热潮,新浪网为了解广大网民对社会上否定鲁迅的热潮的态度而发起这个网络调查。从投票结果可以看出网民的选择呈现出多元化的特点,虽然有超过半数的网民认为当前否定鲁迅的热潮是"哗众取宠,不值一提",但是也有近

[①] 新浪·文化频道(http://cul.book.sina.com.cn/focus/luxun.html)。

1/4 的网民选择"有其存在的合理性"的选项,更有近 1/5 的网民选择"这是评论者的自由"的选项,这些数字表明参与调查的网民对否定鲁迅的热潮有着比较多元化的认识。

(2)新浪·文化频道发起的"二十世纪文化偶像评选"网络调查[①]

2003 年 6 月 6 日到 6 月 20 日,新浪·文化频道联合国内多家媒体举行了"二十世纪文化偶像评选"的网络调查活动,主办者称这次大型公众调查活动的目的在于了解当代中国人的文化心态,扩大中国文化的世界影响。这次评选活动在开始举行时就因为周星驰、崔健、李小龙、邓丽君等众多的娱乐明星入选候选人名单而在社会上引起了强烈的反响,在评选过程中,又因为张国荣等的得票数超过冰心、郭沫若等许多文化巨匠而引起了更为激烈的争议,评选结果揭晓后,又再次因为张国荣排名第 7 而引发了大规模的论战。

6 月 20 日,一直争议很大的"二十世纪文化偶像评选"活动结果终于正式揭晓,共有 14 万多人参加投票,十大获选偶像分别是:鲁迅(57259 票)、金庸(42462 票)、钱钟书(30912 票)、巴金(25337 票)、老舍(25220 票)、钱学森(24126 票)、张国荣(23371 票)、雷锋(23138 票)、梅兰芳(22492 票)、王菲(17915 票)。新浪网在名单揭晓后对第一名鲁迅的评价是:

> 新文化运动的主将,现代文学开山人物。一生致力于改造国民性,"我以我血荐轩辕"的理想从未动摇。鲁迅在其生前,不但为专制者的帮凶和帮闲文人所嫉恨,也遭到过左翼激进人士的猛烈抨击,因此表示对其论敌"一个也不饶恕"。在他去世时,为之送葬者人数极巨、规模极大,其身蒙有"民族魂"之旗,前则有拜伦、托克维尔之死,后则有萨特之死堪与伯仲。(点评:当然排第一,无论仇恨他的正人君子们如何污蔑他、诋毁他、歪曲他,他永远是现代中国人的精神脊梁。)

在这次由新浪网联合国内众多媒体发起的评选 20 世纪中国文化偶像活动中,鲁迅先生获得了占总投票数的 40% 多的选票并当选为 20 世纪中国文化偶像之首,这不仅充分表明了当代网民对鲁迅先生在 20 世纪中国文化史上的重要地位的认同和尊敬,而且也从一个侧面反映了鲁迅在当代中文网络中的传播情况,充分表明已经逝世 67 年的鲁迅先生在当代网民中仍然具有重要的影响力。毋庸置疑,这次评选活动带有浓厚的商业炒作目的,在网络公司追求"眼球经济"的时代,鲁迅被某些网站和媒体利用来获得吸引网民访问的人

---

① 新浪·文化频道(http://cul.sina.com.cn)。

气和流量,虽然对于传播鲁迅起到了一定的作用,但是这种商业化的利用也是值得鲁迅爱好者警惕的。

(3)网易·新闻频道进行的"是非鲁迅"网络调查①

网民"david_huang"于 2003 年 7 月 5 日在网易网站的新闻论坛发表了《过大于功的鲁迅》一文,认为"鲁迅在对中国的种种落后进行激烈抨击的时候,却犯下了很多对中国历史发展产生致命影响的错误:1. 历史虚无主义;2. 现实虚无主义;3. 只有批判,没有建设"。7 月 6 日,他又在原文的基础上补充了"民族虚无主义"一条。这篇文章很快就在网易网站的新闻论坛中引发了大规模的论战,论战一直持续到 11 月 30 日才告一段落,这篇文章也创纪录地获得了 108964 次点击。在这样的背景下,网易·新闻频道在本频道上制作了"是非鲁迅"的专辑并进行了题为"是非鲁迅"的网络调查,调查包括"你认为鲁迅先生的作品"和"你认为鲁迅是"两个问题。

共有 9343 位网民参加了"你认为鲁迅先生的作品"问题的投票,其中选择"振聋发聩,很有战斗性"选项的有 2614 票,占总投票人数的 28%;选择"直指人心,发人深省"选项的有 4652 票,占总投票人数的 49.8%;选择"书生之见,意义不大"选项的有 470 票,占总投票人数的 5%;选择"尖酸刻薄,惹人讨厌"选项的有 1064 票,占总投票人数的 11.4%;选择"不欲置评"选项的有 543 票,占总数的 5.8%。

共有 9277 位网民参加了"你认为鲁迅是"问题的投票,选择"一名战士"选项的有 3944 票,占总投票人数的 42.5%;选择"好作家"选项的有 2664 票,占总投票人数的 28.7%;选择"卖文为生的人"选项的有 664 票,占总投票人数的 7.2%;选择"好斗之人"选项的有 1673 票,占总投票人数的 18%;选择"不清楚"选项的有 332 票,占总投票人数的 3.6%。

从投票结果可以看出,共有 7266 位网民认同问卷中从正面评价鲁迅作品的选项,占总投票人数的 77.8%;有 1534 位网民认同问卷中从负面评价鲁迅作品的选项,占总投票人数的 16.4%。再进一步分析投票结果,可以看出有 4652 位网民认同鲁迅的作品"直指人心,发人深省"的评价,占总投票人数的 49.8%;而认同鲁迅的作品"振聋发聩,很有战斗性"的网民只有 2614 位,占总投票人数的 28%,这也显示出当代大多数的网民对鲁迅作品的评价更关注其思想性而非战斗性。值得注意的是,有 1064 位网民认同鲁迅作品"尖酸刻薄,惹人讨厌"的评价,占总投票人数 11.4%,有 470 位网民认同鲁迅作品"书生

---

① 网易·新闻频道(http://www.news.163.com)。

之见,意义不大"的评价,占总投票人数的5%,这些网民的观点也从另一个方面反映出互联网中经常出现攻击鲁迅文章的原因是一些网民对鲁迅的评价较低。至于543位网民选择"不欲置评",占总投票人数的5.8%,这一方面可能是因为他们不赞同问卷的调查选项,另一方面也可能是因为他们对鲁迅的作品确实不屑一顾。

再来分析这次调查对鲁迅本人评价的结果。共有6608位网民认同问卷中从正面评价鲁迅本人的选项,占总投票人数的71.2%;有2337位网民认同问卷中从负面评价鲁迅本人的选项,占总投票人数的25.2%。再进一步分析投票结果,有3944位网民认同鲁迅是"一名战士"的评价,占总投票人数的42.5%;有2664位网民认同鲁迅是"好作家"的评价,占总投票人数的28.7%;这充分显示出参与投票的大多数的网民对鲁迅的评价还是比较高的。有趣的是,在有3944位网民认同鲁迅是"一名战士"的评价的同时还有1673位网民认同鲁迅是"好斗之人"的评价,这部分网民占总投票人数的18%,这些数据充分表明,在相当多的网民印象里,鲁迅的"战斗"形象比较突出。至于占总投票人数7.2%的664位网民认同鲁迅是"卖文为生的人",可能是由于对鲁迅生平了解得不够,也可能是出于对鲁迅的轻蔑。选择对鲁迅本人"不清楚"的网民共有332位,占总投票人数的3.6%,这表明网络中确实有一些网民对鲁迅本人不了解,另外,这部分网民的选择也可能体现出他们对鲁迅的不屑一顾的态度,因为鲁迅的作品在中学课本中甚至在小学课本中就有,按照现行的中学语文教育方法,作为一个即使只受过初中教育的人来说,表示自己"不清楚"鲁迅的人是不太容易让人理解其态度的。

(4)新浪网发起的"你了解鲁迅和他的作品吗?"的网络调查①

2006年10月16日,新浪网和《华夏时报》合作发起了题为"你了解鲁迅和他的作品吗?"的网络调查,共有1709位网民参与了这次问卷调查。

在回答"你知道鲁迅吗?你了解他和他的作品吗?"这一问题时,有790位网民选择"读过他的大多数作品,但不是全部,很喜欢"的选项,占总投票人数的46.42%;有758位网民选择"在学校里学过他的作品,毕业后再也没涉猎过"的选项,占总投票人数的44.54%;有140位网民选择"当然知道了,他的作品我全都读过,他的生平我也了如指掌"的选项,占总投票人数的8.23%;有14位网民选择"几乎完全不了解"的选项,占总投票人数的0.82%。

在回答"你是通过什么途径知道和了解鲁迅的"这一问题时,有977位网

---

① 新浪网(http://www.sina.com.cn)。

民选择"在学校里学习关于鲁迅的课文"的选项,占总投票人数的 57.45%;有 599 位网民选择"自己阅读鲁迅的作品和传记"的选项,占总投票人数的 35.28%;有 113 位网民选择"通过阅读研究鲁迅的文章"的选项,占总投票人数的 6.65%;有 9 位网民选择"通过影视作品"的选项,占总投票人数的 0.53%。

在回答"你对鲁迅的感情如何"这一问题时,有 783 位网民选择"很喜欢,很崇拜,他是我的偶像"的选项,占总投票人数的 46.22%;有 640 位网民选择"对他的感情很复杂,说不好"的选项,占总投票人数的 37.78%;有 184 位网民选择"不怎么了解,没啥感情"的选项,占总投票人数的 10.86%;有 87 位网民选择"他为人刻薄古怪,很烦他"的选项,占总投票人数的 5.14%。

在回答"你认为鲁迅作品中成就最高的是"这一问题时,有 1013 位网民选择"杂文,非常犀利,如匕首,似投枪"的选项,占总投票人数的 60.41%;有 527 位网民选择"小说,比如《狂人日记》、《阿Q正传》等"的选项,占总投票人数的 31.43%;有 132 位网民选择"散文集,如《朝花夕拾》、《野草》等"的选项,占总投票人数的 7.87%;有 5 位网民选择"诗歌"的选项,占总投票人数的 0.5%。

在回答"你对鲁迅作品怎么看"这一问题时,有 1185 位网民选择"很深刻,很有韵味"的选项,占总投票人数的 70.2%;有 236 位网民选择"很尖酸刻薄"的选项,占总投票人数的 13.99%;有 166 位网民选择"很晦涩,很难懂"的选项,占总投票人数的 9.84%;有 100 位网民选择"很诙谐,很有趣"的选项,占总投票人数的 5.93%。

在回答"你认为鲁迅一生最大的成就是"这一问题时,有 883 位网民选择"猛烈抨击几千年来的旧文化、旧思想,是五四运动的先驱"的选项,占总投票人数的 52.5%;有 536 位网民选择"伟大的思想家,对中国的愤青影响深远"的选项,占总投票人数的 31.87%;有 198 位网民选择"一个文学家,写出了很多传世之作"的选项,占总投票人数的 11.77%;有 65 位网民选择"关心青年,培养青年,为青年作家的成长付出了大量的心血"的选项,占总投票人数的 3.86%。

在回答"你如何看待一度很火的否定鲁迅潮"这一问题时,有 649 位网民选择"哗众取宠,不值一提"的选项,占总投票人数的 38.52%;有 444 位网民选择"他们的大多数观点都很牵强,有些方面也有一定道理"的选项,占总投票人数的 26.35%;有 345 位网民选择"不太了解,很难判断"的选项,占总投票人数的 20.47%;有 247 位网民选择"很赞同,鲁迅已经被神化了,不应该人为拔高鲁迅"的选项,占总投票人数的 14.66%。

在回答"你认为鲁迅作品适合收入中小学课本吗"这一问题时,有827位网民选择"适合不适合,要看对作品的选择了,选对了就没问题"的选项,占总投票人数的48.62%;有653位网民选择"都很适合,《从百草园到三味书屋》、《故乡》等经典作品就应该让大家在中学课本里读到"的选项,占总投票人数的38.39%;有197位网民选择"太不适合了,对于那个年龄段的学生来说很难理解"的选项,占总投票人数的11.58%;有24位网民选择"不好说,我也搞不懂"的选项,占总投票人数的1.41%。

在回答"就你对鲁迅已经形成的印象,今天回头看,如果中学课本里不选他的作品,你还会主动阅读鲁迅吗?"这一问题时,有658位网民选择"当然会,他的作品会是必读的,如果错过是一辈子的遗憾"的选项,占总投票人数的38.71%;有576位网民选择"可能会看一些,但大概不会引发我如此的兴趣"的选项,占总投票人数的33.88%;有199位网民选择"不会,如果课文里没有,我也许根本不知道他是谁"的选项,占总投票人数的11.71%;有155位网民选择"这个就要看机缘巧合了,难说"的选项,占总投票人数的9.12%;有112位网民选择"如果我最早不是从中学课本里读到的鲁迅,我会更喜欢他"的选项,占总投票人数的6.59%。

从上述调查结果可以看出,在参与这次调查的网民中有超过46%的网民很喜欢鲁迅,视鲁迅为偶像,同时也有超过16%的网民对鲁迅没什么感情,有超过5%的网民很讨厌鲁迅。网民中间读过较多鲁迅作品的网民所占的比例和只读了中小学课本中的鲁迅作品的网民所占的比例比较接近,还有近1%的网民对鲁迅几乎一无所知,只有8%的网民比较了解鲁迅的生平并读过鲁迅的全部作品,这也充分表明参与这次调查的网民中比较了解鲁迅其人其作的人还是相对比较少的,从而也导致网络中关于鲁迅的评论在整体水平上不高,还需要广大专业鲁迅研究者的引导。

调查结果也显示有超过60%的网民认为鲁迅的杂文成就最高,有超过70%的网民高度评价鲁迅的创作,认为鲁迅的作品很深刻,很有韵味,有超过一半的网民认为鲁迅最大的成就"是猛烈抨击几千年来的旧文化、旧思想,是五四运动的先驱",有超过65%的网民对社会上否定鲁迅的热潮做出了负面评价,这充分显示出参与这次调查的大多数的网民对鲁迅的认识还是比较正确的。

另外,还可以看出有超过57%的网民是通过课本接触到鲁迅作品的,有超过44%的网民在课本中学过鲁迅的作品,但是在毕业后就没有涉猎过鲁迅的作品,有近半数的网民希望能选择适合中小学学生的作品篇目,有近1/3的网民表示如果没有从课本中读到鲁迅作品可能不会对鲁迅产生兴趣,甚至根本不知道他是谁,有超过6%的网民表示如果不是最早从语文课本上读到鲁迅的作品会更喜欢鲁迅,这也充分表明把鲁迅作品收入中小学课本的方式对于普及和宣传鲁迅有着重要的作用,要选择那些适合中小学阅读的鲁迅作品,从而使他们更容易对鲁迅作品产生兴趣。在某种程度上也可以说,语文课本中选录的鲁迅作品篇目和老师对鲁迅作品的教学是很多网民接触鲁迅作品的主要途径,这不仅在很大程度上影响他们对鲁迅的第一印象,而且也在一定程度上影响他们今后对鲁迅的认知与评价。

总的来说,这次网络调查不仅在问题的设计方面比较全面,而且参与答卷的网民也较多,调查的结果为人们了解鲁迅在网络中的传播状况提供了具有重要参考价值的资料。

(5) 新浪网进行的"鲁迅离我们有多远"的网络调查[①]

新浪网·博客频道为纪念鲁迅逝世70周年而制作了题为"我们离鲁迅究竟有多远"的纪念专辑,这个专辑还同时进行了题为"鲁迅离我们有多远"的网络调查,共有3962位网民参加答卷。

在回答"你觉得鲁迅对当代中国的价值"这一问题时,有3463位网民认为"很大",占总投票人数的87.41%;有303位网民认为"一般",占总投票人数的7.65%;有133位网民认为"说不清楚",占总数的3.36%;有63位网民认为"没有",占总投票人数的1.59%。

在回答"你理解的鲁迅精神"这一问题时,有1675位网民选择"揭露国民性",占总投票人数的42.28%;有1143位网民选择"独立人格",占总投票人数的28.85%;有750位网民选择"批判姿态",占总投票人数的18.93%;有394位网民选择"解剖自己",占总投票人数的9.94%。

在回答"你对鲁迅的态度"这一问题时,有3561位网民选择"喜欢",占总投票人数的89.88%;有276位网民选择"无所谓",占总投票人数的6.97%;有125位网民选择"不喜欢",占总投票人数的3.15%。

在回答"你买过鲁迅的作品吗"这一问题时,有3188位网民选择"买过",占总投票人数的80.46%;有774位网民选择"没有",占总投票人数的19.54%。

在回答"你觉得鲁迅是一个什么样的人"这一问题时,有2002位网民选择"痛苦",占总投票人数的50.53%;有777位网民选择"可爱",占总投票人

[①] 新浪网·博客频道(http://blog.sina.com.cn/lm/luxun/index.html)。

数的 19.61%;有 701 位网民选择"幽默",占总投票人数的 17.69%;有 377 位网民选择"刻薄",占总投票人数的 9.52%;有 105 位网民选择"快乐",占总投票人数的 2.65%。

从调查结果来看,参与调查的绝大多数网民都认为鲁迅对当代中国的价值很大,近半数的网民所理解的鲁迅精神是揭露国民性,近 90% 的网民表示喜欢鲁迅;超过 80% 的网民买过鲁迅的著作;有超过一半的网民认为鲁迅是个痛苦的人,只有不到 3% 的网民认为鲁迅是一个快乐的人。这不仅在某种程度上反映出网民眼中的鲁迅形象,同时也表明真实的鲁迅离网民并不遥远,鲁迅也不是那个带着"三个家"、"五个最"光环的人了。

另外,值得注意的是,调查结果也显示出参与这次调查的网民中有 3.36% 的网民对鲁迅在当代中国的价值认识不清,有 1.59% 的网民认为鲁迅对于当代中国没有价值,有 6.97% 的网民对鲁迅的态度无所谓,有 3.15% 的网民不喜欢鲁迅,有 9.52% 的网民认为鲁迅是个刻薄的人。这个结果不仅与这些网民对鲁迅抱有偏见有关,也与一些网民根本就不喜欢鲁迅有关。总的来说,虽然对鲁迅抱有偏见或持否定态度的网民比较少,但也需要予以重视,要了解清楚他们否定鲁迅的原因,这对于促进鲁迅的传播无疑有重要意义。

(6)搜狐网站为纪念鲁迅逝世 70 周年而进行的网络调查①

搜狐网站为纪念鲁迅逝世 70 周年而制作了题为"70 年后一回眸"的纪念专辑,该专辑同时还进行了关于鲁迅的网络调查,有 283 位网民参与答卷。

在回答"你最爱看鲁迅的哪类文章"这一问题时,选择"小说"的网民,占总投票人数的 29.33%;选择"杂文"的网民,占总投票人数的 49.82%;选择"散文"的网民,占总投票人数的 17.31%;选择"其他"的网民,占总投票人数的 3.53%。

在回答"你认为鲁迅先生在当时的那个年代起着什么样的作用"这一问题时,选择"激励人心、唤醒民众"选项的网民,占总投票人数的 33.55%;选择"他是新文化运动的导师"选项的网民,占总投票人数的 14.80%;选择"冷静的观察者和清醒的批判者"选项的网民,占总投票人数的 49.67%;选择"其他"选项的网民,占总投票人数的 1.97%。

虽然参与这次调查的网民较少,与搜狐作为中文网络的四大门户网站之一的地位很不相称,但是调查结果仍有一定的参考价值。从这次调查结果来看,参与调查的网民中有近一半的人喜欢看鲁迅的杂文,有近 30% 的网民喜

---

① 搜狐网站(http://cul.sohu.com/s2006/2006luxun)。

欢鲁迅的小说，同时有近一半的网民认为鲁迅在他那个时代起到了冷静的观察者和清醒的批判者的作用；而认为鲁迅起到激励民心、唤醒民众作用的网民也有近30%，这不仅表明喜欢鲁迅杂文的网民对鲁迅杂文及其在中国历史上的地位的认识比较一致，而且也表明喜欢鲁迅小说的网民对鲁迅小说及其在中国历史上的地位的认识也比较一致。

(7)天涯社区网站为纪念鲁迅逝世70周年而进行的网络调查[①]

天涯社区网站为纪念鲁迅逝世70周年而制作了题为"民族精魂 暗夜丰碑"的纪念专辑，该专辑同时还进行了关于鲁迅的网络调查，共有2573位网民参加答卷。

在回答"你自认为了解鲁迅吗"这一问题时，有990位网民选择"比较了解"的选项，占总投票人数的38.5%；有849位网民选择"比较熟悉"的选项，占总投票人数的33%；有734位网民选择"了解一点"的选项，占总投票人数的28.5%。

在2572位网民的回答中，在回答"你读过多少鲁迅文章"这一问题时，有995位网民选择"20～60篇"的选项，占总投票人数的38.7%；有824位网民选择"20篇以下"的选项，占总投票人数的32%；有753位网民选择"60篇以上"的选项，占总投票人数的29.3%。

在回答"你对鲁迅的倾向是"这一问题时，有2342位网民选择"比较尊崇"的选项，占总投票人数的91.1%；有132位网民选择"无所谓"的选项，占总投票人数的5.1%；有98位网民选择"比较反感"的选项，占总投票人数的3.8%。

在回答"你的倾向主要来自"这一问题时，有2150位网民选择"鲁迅的文字"的选项，占总投票人数的83.6%；有255位网民选择"教育宣传"的选项，占总投票人数的9.9%；有167位网民选择"其他人的评价"的选项，占总投票人数的6.5%。

在回答"你准备读《鲁迅全集》吗"这一问题时，有1191位网民选择"一定会的"的选项，占总投票人数的46.3%；有814位网民选择"暂时未考虑"的选项，占总投票人数的31.6%；有567位网民选择"已经细读"的选项，占总投票人数的22%。

从调查结果可以看出，在参与调查的网民中有超过70%的网民对鲁迅的了解比较多，有68%的网民阅读的鲁迅作品也比较多，有超过90%的网民对

---

① 天涯社区网站（http://cache.tianya.cn/publicforum）。

鲁迅还是比较尊重的,有超过83%的网民比较欣赏鲁迅的文字,有近一半的网民表示会阅读《鲁迅全集》,有近1/4的网民已经读过《鲁迅全集》。这个调查结果与天涯社区网站是一个人文、思想类网站有一定的关系,聚集在该网站的网民文化水平通常比较高。

另外,调查结果也显示出,有3.8%的网民对鲁迅比较反感,而他们对鲁迅的倾向主要来源于鲁迅的文字、教育宣传和其他人的评价,调查结果没有能够显示出这些对鲁迅比较反感的网民对鲁迅反感的具体原因,但估计和教育宣传的负面影响有很大的关系。值得注意的是,有32%的网民阅读鲁迅作品低于20篇,也就是说这些网民阅读过的鲁迅作品可能基本上都是语文课本中所选的鲁迅作品,而这些通过课本所接触到的鲁迅作品并没有引起他们继续扩展阅读鲁迅作品的兴趣,这也从一个方面说明语文课本所选鲁迅作品在某种程度上来说是需要改进的。

(8)腾讯网发起的"你认为鲁迅的思想在21世纪的今天,是否已经'过时'"的网络调查①

腾讯网在2006年为纪念鲁迅逝世70周年而制作了题为"21世纪我们是否还需要鲁迅"的纪念专辑,并进行了题为"你认为鲁迅的思想在21世纪的今天,是否已经'过时'"的网络调查,共有11129位网民参与调查。

调查结果显示,在参与调查的网民中有8406位网民选择了"绝不过时"的选项,占总投票人数的74.93%;有1718位网民选择了"有一些思想已经过时"的选项,占总投票人数的15.31%;有578位网民选择了"时代不同了,鲁迅的思想当然过时了"的选项,占总投票人数的5.15%;有517位网民选择了"不了解鲁迅的思想,说不好"的选项,占总投票人数的4.61%。

从这一调查结果可以看出,参与这次调查的网民中有近3/4的网民认为鲁迅思想"绝不过时",这一部分网民可以说是鲁迅的坚定拥护者,非常推崇鲁迅;有超过15%的网民认为在21世纪,鲁迅思想中"有一些思想已经过时",这部分网民可以说是比较理性、客观地评价鲁迅的思想。因为,鲁迅的思想形成于20世纪,可能有些思想在21世纪的语境下就显得不太适合了。另外,有超过5%的网民认为鲁迅的思想"当然过时了",选择这一选项的网民对鲁迅思想的理解无疑是错误的。这一部分网民一方面可能不太了解鲁迅思想,另一方面也可能是坚决反对鲁迅的,所以才会对鲁迅思想作出了错误的评价。至于有近5%的网民选择"不了解鲁迅的思想,说不好"的选项,可以说这些网

---

① 腾讯网(http://www.qq.com)。

民对待这次调查是实事求是的,因为不了解鲁迅的思想,所以不方便回答鲁迅思想在 21 世纪是否过时的问题。

二、小结

在对中文网络中陆续出现的关于鲁迅的网络调查进行过一番回顾之后,可以看出,虽然这些调查可能存在着调查时间多选在社会上产生鲁迅热点话题之际,内容设计大多不太全面、参与调查的人多局限于经常访问本站的网民等方面的问题,但是调查的结果无疑也为了解鲁迅在当代中文网络中传播与接受状况提供了一些参考。

首先,中文网络中关于鲁迅的调查,在一定程度上反映出当代网民对鲁迅的认识。虽然参与调查的网民对鲁迅的认识可能不怎么全面,但是,从整体上来说,大多数网民对鲁迅还是比较尊重的,对鲁迅的文章还是比较欣赏的,大多都能认识到鲁迅对于中国的价值,对鲁迅的评价也比较客观,有不少网民还表示会继续阅读鲁迅的作品,这都在很大程度上反映出鲁迅作品在中国的强大生命力和鲁迅先生对中国人的深远影响力。

其次,调查结果显示出,很多网民是通过课本接触到鲁迅的,而他们对鲁迅的认识也在一定程度上受到课本对鲁迅的解读的影响。调查也显示有近一半参与调查的网民在中学阶段结束之后就没有再阅读过鲁迅,这与他们在中小学阶段学习鲁迅留下的印象无疑有很大的关系,在某种程度上也显示出中学语文教育特别是中学语文中关于鲁迅作品教学的失败。因此,有关部门应当与时俱进,适当调整课本中选录的鲁迅作品的篇目,多选择一些适合学生年龄特点的篇目供学生阅读,教师在教学时也要淡化政治意识形态色彩,多讲解一些适合学生年龄特点的内容。这对于在广大学生中传播鲁迅,使广大学生对鲁迅产生良好的第一印象,进而继续学习鲁迅,学习新文化的优良传统,无疑具有重要意义。

值得注意的是,调查结果也显示出中文网络中有一些对鲁迅产生误解甚至敌视鲁迅的网民,对于这些因为种种原因而没能正确认识到鲁迅价值的网民,要认真分析他们误解甚至敌视鲁迅的原因,多做一些普及鲁迅、还原鲁迅的工作。据笔者对中文网络中的一些以经常攻击鲁迅而知名的网民的观察,他们大多以攻击鲁迅来哗众取宠,在网络中获得一定的知名度,然后再推出自己的文章或观点,对这一部分网民要揭露其利用鲁迅进行炒作的目的。另外,还有一些网民常常通过谩骂、攻击鲁迅来发泄其对现实的不满,对这一部分网民要进行引导,让他们更多地了解鲁迅,把鲁迅其人其事和现实问题明确区分开来。

另外,随着中文网络的飞速发展,中国网民的数量也会越来越多,中国互联网络信息中心在 2009 年 7 月 16 日发布的消息是中国网民已经达到 3.38 亿人①,在某种程度上可以说,中国已经逐渐步入网络社会。此外,网民的年龄大多在 30 岁以下,他们无疑是国家和民族未来的中坚。因此,网民对鲁迅的看法值得重视,他们对鲁迅的接受将直接反映出鲁迅在当代中国社会的影响。而网络调查结果显示,一些网民对鲁迅的理解和了解相对来说还不够全面,他们对鲁迅的精神和价值认识还不够深入,这不仅需要有关部门对课本中选录的鲁迅作品进行调整,更需要专业的鲁迅研究者能响应研究鲁迅起家的李欧梵所提出的"知识分子要占领网络"的号召,走出书斋并介入到网络中,对广大热爱鲁迅的网民进行引导,帮助他们较为全面深入地认知鲁迅,从而使广大热爱鲁迅的网民能够正确地继承新文化中的鲁迅传统并弘扬鲁迅精神。

最后,还需要从传播学的角度分析一下这些关于鲁迅的网络调查活动。传播学理论认为大众传播的受众接触媒介的动机有如下四点:"消遣的动机"、"认知的动机"、"社会交往的动机"、"逃避的动机"。在此基础上,有学者详细分析了网民上网的动机,指出在网民上网的这四种动机中,排在第一位的是"人际交往动机",第二位是"信息寻求动机",第三位是"自我确证动机",第四位是"逃避动机":

> 网络用户的传播动机和大众传播的受众的动机也没有太大的区别,仍然是消遣、认知、社会交往和逃避动机这四种。但各种动机的重要性程度有所不同。绝大部分用户首先是抱着扩大交往的目的上网的,主要动机是虚拟的人际交往本身,而不是为了建立真正的人际关系。除了人际交往之外,互联网用户的最主要目标就是信息。新闻和娱乐信息占据了主要的部分。作为新发展起来的技术,网络的意义又不仅仅在于它所能提供的互动服务和信息,更在于网络本身已经成为一种时尚。这就为一些寻求个性的人群找到了很好的手段。在线闲谈、电子购物、网络游戏,都是自我确证的好工具。……随着时间的推移,在网络空间与那些拥有共同兴趣的人联系得更为紧密,原有的上网目的会逐渐淡化,人们将为了寻求个人情感的支持、与兴趣相同的人沟通而上网。久而久之,网络就渐

---

① 中国互联网络信息中心(CNNIC)《第 24 次中国互联网络发展状况统计报告》(http://www.cnnic.net.cn/index.htm)。

渐形成了网民的心理归宿,网民们开始学会用网络逃避现实。①

从这个角度来说,参与关于鲁迅的网络调查活动的网民更多的是体现了"信息寻求动机"和"自我确证动机",他们可以通过参与网络调查活动来获得关于鲁迅的相关信息,并确认自己对鲁迅的观点在网络中的认同度。

而上述关于鲁迅的网络调查都是由商业网站制作的,商业网站发起这些关于鲁迅的网络调查并非是出于公益的目的,无疑包含有营利的传播动机,也可以说这些关于鲁迅的网络调查活动都是由各个商业网站设计制作的文化商品,是想通过关于鲁迅的网络调查吸引更多的网民访问该网站,从而获得更多的影响力。因此,这些关于鲁迅的网络调查活动在问卷的内容设计方面可能就不太重视调查问卷设计的学术性和专业性,而是比较注重所提出的问题是否对网民有吸引力,网民参与网络调查也是比较随机的,这样的调查结果在准确性及可信度方面就会有所减弱。另外,从参与这些关于鲁迅的网络调查的网民数量可以看出,虽然新浪网关于20世纪中国文化偶像的网络调查吸引了10多万的网民参加,但是大多数的网络调查只吸引了几千人参加,这些网民的数量相对于中国1亿多的网民来说仍然是比较少的一部分。所以,这些网络调查结果只能是一个参考样本,只能反映出中文网络中很少一部分的网民对鲁迅的评价。总之,我们要辩证地看待这些关于鲁迅的网络调查的结果,既要看到调查所反映出来的问题,也要警惕这些调查活动本身所存在的问题。

---

① 孟建、祁林:《网络文化论纲》,第87页。

第六章 当代中文网络中关于鲁迅的文章个案研究

一、评论鲁迅本人的文章个案研究:"梁由之"的《关于鲁迅》

网民"梁由之"的《关于鲁迅》①一文包括如下几章:一,岂有豪情似旧时(开篇);二,身后是非谁管得(身后毁誉);三,老归大泽菰蒲尽(与左联及国共两党的关系);四,怒向刀丛觅小诗(与青年作家的关系);五,风波浩荡足行吟(鲁迅在上海。关于经济);六,送客逢春可自由(鲁迅与自由主义);七,以沫相濡亦可哀(婚姻、家庭);八,有弟偏教各别离(与周作人的关系及其相互影响);九,心事浩茫连广宇(鲁迅的思想、性格);十,偶开天眼觑红尘(关于文学创作);十一,高丘寂寞竦中夜(创作准备期);十二,谁令骑马客京华(鲁迅在北京,公务员时期。与许寿裳、蔡元培等人的关系);十三,故乡如醉有荆榛(在绍兴。教员生涯);十四,扶桑正是秋光好(鲁迅在日本。早期的阅读、创作和思想);十五,少年哀乐过于人(时代,故乡,家族,环境。少年时期);十六,血沃中原肥劲草(结尾)。2006年1月1日,该文的第二章"身后是非谁管得"作为祝贺网民新年的礼物发表在天涯社区·关天茶舍,引起了众多网民的关注。在一些网民的鼓励同时也有一些网民质疑的情况下,"梁由之"克服种种困难,终于在10月19日写完全文,为纪念鲁迅逝世70周年献上了一份厚礼。

"梁由之"在文章最后特别介绍了自己撰写此文的目的:"回顾历史,接近这些刚劲强健的灵魂,重温他们的思考和选择,是写作《百年五牛图》的初衷之一。目前各式各样的讨论,在理论上往往未能超越20世纪前期先贤思想之范围,深度和广度甚至常常不能及。不少议论都是矮人看场,人云亦云,隔靴搔痒,似是而非。看多了这样的争论,越发感到重新阅读、了解、思考、认识前辈的必要。检讨和反思他们对现实的态度和道路的选择,也许会给人们在当今时势下如何有所作为提供更多有益的启示。"可以说,"梁由之"的文章不仅在

---

① "梁由之":《关于鲁迅》,天涯社区·关天茶舍(http://www.tianya.cn/publicforum) 2006-01-01。

一定程度上实现了自己的目的,而且也影响到一批网民像他那样重新认识历史名人,从历史中汲取经验。

这篇长文虽然没有按照时间顺序来描述鲁迅一生的重要经历,但也大致地描述出鲁迅一生的主要活动,在某种程度上也可以视为一部鲁迅传。需要指出的是,作者不仅对鲁迅的生平史实非常熟悉,而且能够对鲁迅的一些社会活动做出较为深入的评述,这显示出作者在鲁迅研究方面已经具有较高的研究水平。不过,因为该文是作者断断续续地写成的,而且作者在后期为了赶在鲁迅逝世纪念日之前完成,所以不可避免地存在一些小问题,如后面的几章就略嫌仓促,没有前几章写的那样扎实。不过,这些小毛病无损于该文成为2006年中文网络中关于鲁迅的最有影响的文章。另外,该文也可以说是鲁迅网络传播史上第一篇由众多网民参与互动而写成的长文,"梁由之"在写作过程中也多次和网民讨论,并吸收一些网民的意见。

最后需要指出的是,从这篇长文中可以看出,从事外贸工作的"梁由之"对鲁迅非常喜爱,并侧重从自由主义的立场解读鲁迅,因此,这篇长文虽然具有一定的新意和水平,但所塑造的鲁迅形象在一定程度上比较突出自由主义的色彩,从而与鲁迅的真实形象显得有些不符。

二、评论鲁迅作品的文章个案研究:范美忠解读《野草》的系列文章

范美忠从北大历史系毕业之后在社会上遭遇了很多的挫折和磨难,在这样的背景下,他在精神上和鲁迅产生了强烈的共鸣,对鲁迅"佩服到了五体投地的地步"①。范美忠尤其喜欢鲁迅的《野草》,并因不满意一些鲁迅研究专家对《野草》的阐释而开始自己解读《野草》,他从自己的生命体验出发试图写出自己对《野草》的独特理解。因为范美忠的思想有一个变化过程,所以他对《野草》的解读也有一个明显的变化过程。

范美忠在2002到2003年左右侧重于从存在主义哲学的角度解读《野草》,如他在《过客:行走反抗虚无》②一文中就更多地从存在主义哲学角度评

---

① 范美忠:《我看鲁迅系列之一:我与鲁迅》,新浪·读书沙龙(http://forum.book.sina.com.cn)2001-07-19。

② 范美忠:《过客:行走反抗虚无》,天涯社区·闲闲书话(http://www.tianya.cn/publicforum)2003-1-21。

价"过客":

　　过客说,他只得走……与其说是他的身体在行走和流浪,不如说他的内心没有安身立命的家园,他的灵魂是无家可归的漂泊的灵魂!在现代官僚极权工商业资本主义社会,田园早已荒芜,故乡正在沦陷,早已不是原来的故乡,故乡是无法返回的,只能作为一种乡愁的对象而成为回思的精神意义上的存在,如果你回去,可能反认故乡是他乡,自身在故乡成为异乡人。甚至也许他有点后悔自己走得如此之远,否则也不会如此孤独,但已经晚了,一旦开始行走,就象(像)穿上了有魔力的红舞鞋,再也无法停下来。因为他无法回去,走过的地方都不是他的家,你对走过的地方已经很熟悉,不会再给你期待和惊奇。行走虽然疲惫,但指向未来的可能性是地狱中的一线希望之光,有可能于无所希望中得救,这也是艰辛地向前行走的魅力和希望所在。

　　从上文可以看出,范美忠认为"过客"不停地行走是在反抗虚无,寻找精神家园,这不仅参考了存在主义哲学的观点,而且也融入了自己在社会上四处漂泊的"异乡人"的生命体验。总的来说,他对《过客》的解读还是具有一定水平的。

　　范美忠在社会上屡次碰壁之后,对自己的人生道路进行了反思,他开始参加家庭教会的聚会活动,阅读《圣经》,并逐渐接受了基督教神学的影响。他的这一思想变化也体现在对《野草》的解读之中。2005 年,范美忠在天涯社区网站连续发表了《复仇:对庸众的复仇与极致生命美学》[①]、《颓败线的颤动:存在的撕扯与愤怒心态解剖》[②]、《复仇·二:反思精英心态和超越启蒙》[③]、《秋夜:诡异夜晚冥想中之对抗》[④]等四篇关于《野草》解读的文章,并在《颓败线的颤动:存在的撕扯与愤怒心态解剖》一文中明确地提出了"用神学资源超越鲁迅思想"的观点。他指出:

[①] 范美忠:《复仇:对庸众的复仇与极致生命美学》,天涯社区·闲闲书话(http://www.tianya.cn/publicforum)2005—05—31。

[②] 范美忠:《颓败线的颤动:存在的撕扯与愤怒心态解剖》,天涯社区·闲闲书话(http://www.tianya.cn/publicforum)2005—06—08。

[③] 范美忠:《复仇·二:反思精英心态和超越启蒙》,天涯社区·闲闲书话(http://www.tianya.cn/publicforum)2005—06—14。

[④] 范美忠:《秋夜:诡异夜晚冥想中之对抗》,天涯社区·闲闲书话(http://www.tianya.cn/publicforum)2005—6—25。

鲁迅对人性缺乏足够清醒的认识,因此,女儿的背叛和小孩子表现出来的人性恶才会让老妇(鲁迅自况)感到大受打击。如果他信仰上帝,知道人都有罪性,就不会仅仅认为自己很阴暗,小孩青年都很天真善良,那么对人性的阴暗也就可以心平气和地接受;对自己身上的罪性,也无须吃惊并在新一代面前产生罪感和赎罪心理;你无须在任何人面前产生罪感,因为无论他们是老一代还是新一代,所有人都是有罪的,我们在上帝面前都是罪人,灵魂的忏悔只能面对上帝进行,而不可能向任何具体的个人忏悔。既然知道人的作恶是因为原罪,那么自己也就不会如此仇视所谓"敌人"。会对别人也就有更多的宽恕之心,不会有如此大的愤怒和仇恨,自己的心境恐怕也就好得多了……因此我们应该用神学资源超越鲁迅思想,但这里是继承和超越而非否定,因为国民性(在精神人格而非灵魂层面,而自己也不能免于被批判)要批判,但还要进行人性批判,但这种批判我们没有资格,而是每个人在上帝面前意识到自己的罪性并在上帝面前忏悔。

从上述文字可以看出,范美忠几乎是不加批判地单纯套用基督教神学观点来解读《颓败线的颤动》,并批评鲁迅对人性缺乏认识,提出用基督教神学思想来超越鲁迅思想,这种解读在某种程度上可以说是比较偏执的。一些网民也对范美忠的观点提出了批评。网民"梁由之"就在跟帖中指出:"'用神学资源超越鲁迅思想'……是何其重大的判断。能毅然决然下此等断语者,不是超人,就是疯子。"

另外,范美忠还在《复仇·二:反思精英心态和超越启蒙》一文中再次用基督教神学的观点解读《复仇·二》,并以自身的思想变化过程说明应当走出鲁迅接近基督教神学:

鲁迅通过自己对《圣经》中基督因爱和信仰而被钉上十字架受难这一事件的改写,把神圣事件变成了世俗事件,神子变成了人子,成为先驱者改革者或者说精英的代表;把基督的爱的情感变成了自己爱恨交织的情感,另还获得了一种精神复仇的快感。从这里我们可以看出鲁迅对基督教的不理解:他在为《陀思妥耶夫斯基全集》日文版所作的序言里面说:他无论如何不能理解那种无条件的宽恕和爱。同时不能理解天堂的意义,以为上了天堂就是一年四季看桃花。这里鲁迅对基督教的误读导致他与基督教擦肩而过,鲁迅有了很强烈的罪的意识却没能走向上帝,这对鲁迅来说是个遗憾,他错过了被神圣之光照亮的幸福,错过了摆脱虚无黑暗和仇恨，摆脱内心的冷漠和炼狱感的机会；他错过了走向无条件的宽恕和爱的机会，从而不能避免以后被利用；这种错过同时也是中国思想精神史的遗憾，使我们接受神学资源以及亲近上帝的过程变得更为迟缓。因为鲁迅的影响太大了。鲁迅是我精神发展中一个很重要的阶段，但现在是我走出他的精神和思想笼罩的时候了。但是，鲁迅是丰富的，他的国民性批判思想，他的独异个体和立人的思想，他对中国历史文化的批判等等思想仍然意义重大。对鲁迅我们理应持一种尊重而不膜拜的态度，既不轻浮和狭隘地攻击之，又不能死于鲁迅，不敢越雷池一步，而是在充分研究继承鲁迅思想精华的基础上在某些方面批判和超越之。

从上文可以看出，范美忠几乎完全用基督教神学的观点来解读鲁迅的《复仇·二》，并用基督教神学的观点来衡量鲁迅的思想，批评鲁迅没有走向基督教神学。这种解读无疑是对鲁迅作品的一种误读。

范美忠虽然还承认鲁迅思想的一些价值，但对鲁迅已经不再"佩服得五体投地了"，而是宣布要走出鲁迅的"精神和思想笼罩"。针对一些网民的质疑，范美忠在跟帖中向各位网民介绍了自己思想转向的原因：

> 我转过来其实也经历了不少的思想斗争的。除了对《圣经》的领会，还有就是跟我对中国几十年历史以及人性的一些思考有关，也跟我对自身教书生涯的反思以及从一个纯粹的思想者变成一个有思想的行动者有关系，这个时候我的思维也必须调整。总之这种转向决不意味着我放弃了批判和责任，而是意味着寻找一种更合理地看待问题以及处理与他人关系的方式。不光你不理解，我的一些朋友也不理解！超越只是某些方面的超越，鲁迅作为一个思想深邃博大的文学思想大师，永远是我们可以返回吸取养料的宝库。但我始终认为，匍匐在鲁迅脚下不敢越雷池一步是不应该的。当然，我不是胡乱谈超越，实际上也是我长期思考的结果。

总的来说，范美忠对《野草》中单篇文章的解读都分为两部分：文本细读部分和总结部分。从他对各篇文章的文本细读部分的内容来看，他对文本的解释还是比较细致和准确的，但是他在各篇解读文章的总结部分的内容却大多都是用基督教神学的观点审视鲁迅在文章中所体现出来的思想。因而，范美忠对《野草》的解读是极其个人化的，他结合自己的人生经历和生命体验对《野草》进行"六经注我"式的解读，如果说他早期对《野草》的解读还有一定的价值的话，那么他后来对《野草》的解读就显得莫名其妙了，不仅脱离了《野草》的文本及文本创作时的背景，而且单纯地以基督教神学的观点为准则，用基督教神学的观点来裁判鲁迅的思想,这种过度诠释无疑是错误的。

2006年范美忠在天涯社区网站发表了书稿《〈野草〉心解》(修订稿),包括如下文章:1.《〈秋夜〉:诡异夜晚冥想中之对抗》;2.《〈过客〉:行走反抗虚无》;3.《〈影的告别〉:独自远行去守护存在》;4.《〈墓碣文〉:灵魂深处的惨烈搏斗》;5.《死火》:孤独理想者之生命历程》;6.《〈希望〉:肉搏空虚的暗夜》;7.《〈风筝〉:灵魂的罪感与忏悔意识》;8.《〈雪〉:伟大而孤独的灵魂》;9.《〈我的失恋〉:鲁迅的爱情观》;10.《〈好的故事〉:惆怅美梦终为幻》;11.《〈颓败线的颤动〉:存在的撕扯与人性的困惑》;12.《〈复仇〉:对庸众的复仇与极致生命美学》;13.《〈复仇·二〉:反思精英意识和超越启蒙》;14.《〈失掉的好地狱〉:虚无主义的历史哲学》,这也是中文网络中网民创作的第一部关于《野草》的书稿,虽然范美忠对此前发表的解读《野草》的文章有所修正,但是范美忠的观点变化不大,依然是用基督教神学的观点来过度诠释《野草》,这无疑是对鲁的误读。

三、仿写鲁迅作品的文章个案研究:"姚文嚼字"仿写鲁迅作品的系列文章

网民"姚文嚼字"从2009年开始陆续在其新浪网的个人博客(姚文嚼字http://blog.sina.com.cn/yaowenjiaoziyzy)中发表了多篇仿写鲁迅作品的文章,主要有《仿鲁迅:新网络狂人日记》[①]、《仿鲁迅:纪念傻大木君》[②](按:傻大木即萨达姆)、《仿鲁迅:纪念三*鹿*集*团》[③]、《仿鲁迅:纪念卢武铉君》[④]、《论滑稽护航的倒掉》[⑤]、《论上海危楼的倒掉》[⑥]、《论邓贵大的死掉(仿鲁迅:论

[①] "姚文嚼字":《仿鲁迅:新网络狂人日记》,(http://blog.sina.com.cn/yaowenjiaoziyzy)2009-02-22。

[②] "姚文嚼字":《仿鲁迅:纪念傻大木君》,(http://blog.sina.com.cn/yaowenjiaoziyzy)2009-03-15。

[③] "姚文嚼字":《仿鲁迅:纪念三*鹿*集*团》,(http://blog.sina.com.cn/yaowenjiaoziyzy)2009-03-15。

[④] "姚文嚼字":《仿鲁迅:纪念卢武铉君》,(http://blog.sina.com.cn/yaowenjiaoziyzy)2009-06-02。

[⑤] "姚文嚼字":《论滑稽护航的倒掉》,(http://blog.sina.com.cn/yaowenjiaoziyzy)2009-06-11。

[⑥] "姚文嚼字":《论上海危楼的倒掉》,(http://blog.sina.com.cn/yaowenjiaoziyzy)2009-06-28。

雷峰塔的倒掉》》①、《论神童市长的倒掉》②等十多篇。另外，他还把上述文章和《仿鲁迅：〈纪念邓贵大君〉》③、《纪念成都9路公交遇难者（仿鲁迅）》④、《论.邓.贵.大.的.死.掉》⑤、《纪念毒奶粉受害者》⑥、《新狂人日记 高考版——仿鲁迅》⑦等文章一起在凯迪社区•原创评论（http://club.kdnet.net/dispbbs）论坛中再次集中发表，在网络中产生了一定的影响。

从这些文章的标题可以看出，这些仿写鲁迅作品的文章都是写一些社会热点话题，用鲁迅的话语来讽刺一些不良的社会现象，如《仿鲁迅：〈纪念邓贵大君〉》一文模仿鲁迅的原作讽刺被民女刺死的邓贵大：

> 我是在十六日早晨，才知道有关野三关事件的报道；下午便得到噩耗，说野三关镇招商局邓贵大君等一行三人在雄风宾馆"梦幻城"发生意外。但我对于这些传说，竟至于颇为怀疑。我向来是不惮以最坏的恶意，来推测中国人的，然而我还不料，也不信竟会下劣凶残到这地步。况且始终微笑着的和蔼的邓贵大君，更何至于无端地在一个娱乐城的弱女子的怀中倒下呢？
>
> 然而即日证明是事实了，作证的便是他自己的尸体。还有一位，是随同的黄德智君。而且又证明着这不但是刺杀，简直是疯刺，因为已经不但肩膀处有伤，而且脖颈和胸肺部也有着致命伤。
>
> 但就有报道，说他是"霸王硬上弓"！
>
> 但接着就有流言，说他是公款嫖娼的。
>
> 惨相，已使我目不忍视了；流言，尤使我耳不忍闻。我还有什么话可说呢？我懂得不高兴的民族之所以默无声息的缘由了。沉默呵，沉默呵！

---

① "姚文嚼字"：《论邓贵大的死掉（仿鲁迅：论雷峰塔的倒掉）》，(http://blog.sina.com.cn/yaowenjiaoziyzy) 2009-06-30。

② "姚文嚼字"：《论神童市长的倒掉》，(http://blog.sina.com.cn/yaowenjiaoziyzy) 2009-07-01。

③ "姚文嚼字"：《仿鲁迅：〈纪念邓贵大君〉》，(http://club.kdnet.net/dispbbs) 2009-6-10。

④ "姚文嚼字"：《纪念成都9路公交遇难者（仿鲁迅）》，(http://club.kdnet.net/dispbbs) 2009-6-7。

⑤ "姚文嚼字"：《论.邓.贵.大.的.死.掉》，(http://club.kdnet.net/dispbbs) 2009-06-30。

⑥ "姚文嚼字"：《纪念毒奶粉受害者》，(http://club.kdnet.net/dispbbs) 2009-02-22。

⑦ "姚文嚼字"：《新狂人日记 高考版——仿鲁迅》，(http://club.kdnet.net/dispbbs) 2009-06-04。

不在沉默中爆发,就在沉默中一直不高兴着。

这篇仿写文章大量使用鲁迅原文的语言,不仅可以借助鲁迅原文语言所表达出来的愤怒,取得强烈的批判效果,而且也可以借助鲁迅原文的纪念对象是为革命而牺牲的女大学生刘和珍,与因调戏民女而被刺死的邓贵大,形成了强烈的对比,取得了幽默的讽刺效果,这种仿写文章与鲁迅的原文形成对话关系,不仅再次证明了鲁迅原文的强大的生命力,而且也充分显示出鲁迅原文的现实意义。

四、攻击鲁迅的文章个案研究:"脂砚斋"攻击鲁迅的系列文章

2006年的中文网络中突然冒出了一个网名为"脂砚斋"的网民,他自称为"北大教授的教授",在一年之中不停地变换网名在各大中文论坛反复发表《鲁迅并非大师级作家的四点理由》、《鲁迅的国民性改造,是开历史的倒车》、《对鲁迅的批判,是中国思想界的胜利》、《鲁迅十批判书》、《神化鲁迅,必然堕入新的精神愚昧》、《鲁迅精神pk现代意识的智能困境》等攻击鲁迅的文章,在中文网络中引起了一些反响,据"脂砚斋"自述,《鲁迅并非大师级作家的四点理由》一文"在天涯、网易、中华网、新浪等各大网站首页亮相后,遭到网民两千多跟帖的围剿和唾骂"。"脂砚斋"也因此成为中文网络中攻击鲁迅的最著名的网民之一。

"脂砚斋"在《鲁迅并非大师级作家的四点理由》①一文中从如下四个方面论述鲁迅不是大师级的作家:一、"缺乏宏大磅礴的叙述气质";二、"缺少睿智的哲思纵深空间";三、"缺乏母体文化的强势底气";四、"革命的文学埋葬了文学的革命"。"脂砚斋"最后指出:"鲁迅,是中国现代文学的一座丰碑,但决非文学的上上境界,他与中国古往一流文学相去甚远,与同辈世界文学大师不可比肩,我们在他的精神遗产中吸其养分,但绝不能以一叶绿色挡住自家门前的天高地阔视线。"

综观"脂砚斋"的上述几篇攻击鲁迅的文章,不仅其标题可以说是哗众取宠,耸人听闻,而且其文也强词夺理,毫无逻辑性可言。值得一提的是,"脂砚斋"经过反复地在各大中文论坛发表这几篇漏洞百出的文章达到了在网络中博得一定知名度的目的,正如网民"无花惟有寒"在跟帖中所指出的那样:"看

---

① "脂砚斋":《鲁迅并非大师级作家的四点理由》,新浪·读点鲁迅论坛(http://forum.book.sina.com.cn) 2006-10-23。

来,这位紫砚斋(按:这是脂砚斋的另一个网名)的任务就是用文革式的思维和语言来污蔑一个有勇气做他不敢做的事的人,并试图从中捞些好处,博取些名声,嘿嘿,当真是无耻之尤。"

另外,"脂砚斋"也通过贬低鲁迅来达到赞美《红楼梦》的目的,例如他在《鲁迅并非大师级作家的四点理由》一文中就说:

> 鲁迅是带着整体信仰的先入为主的道德批判来创作其小说和杂文里的典型人物的,其主旨是否定的和批判的,是带有群体意识的道德说教,是对个体意识的打压和毒害。而曹雪芹的《红楼梦》却是带着温情和怜悯,通过对个体生命的命运的描写,表现出其对个体生命的洞照,对个体自由的渴慕和向往,是具有真正人本主义精神的……古往今来,没有哪一部小说像《红楼梦》那样充满对个体生命的洞照,对个性自由的渴慕和向往,对人性欲望的解放如此放肆与疯狂。雪芹同志是通往现代人文精神的桥梁,是中国人文启蒙智慧的结晶。是人本主义和个体精神在中国超时代的强力跨越。他所释放的"我是人,人所具有的我莫不具有"的人性张力,才是现代文明人所需要补充的精神能量。

由此看来,"脂砚斋"采取这种攻击鲁迅的方式来突出《红楼梦》的价值无疑是不恰当的,"脂砚斋"如果真想在网络中推广《红楼梦》就应该停止这种没有多少效果的方式,认认真真、踏踏实实地做些推广《红楼梦》的正事。

进入 2007 年,"脂砚斋"继续在中文网络中发表攻击鲁迅的文章,这些文章除了《鲁迅并非大师级作家的四点理由》等一些在 2006 年就发表过的旧作之外,还有《鲁迅是民族脊梁还是最媚日的汉奸?》、《鲁迅像芙蓉姐姐一样搞笑》、《鲁迅欺骗了整个中国》、《二十天不出鸡论:"鲁迅"的倒掉》、《鲁迅把人的本质社会化,是对人本启蒙思想的反攻清算》、《鲁迅认祖封建集权文化的三点理由》、《鲁迅为封建集权文化代言的主要特征》、《鲁迅是中国极左思潮的最后一座牌坊》等新作,因为"脂砚斋"攻击鲁迅的言论在 2006 年就被一些网民批驳过,许多网民对"脂砚斋"的言论和炒作手法已经比较熟悉,所以这些文章大多数都没有在中文网络中引起较大的反响,只有 2007 年 11 月 8 日在天涯社区·关天茶舍发表的《鲁迅是民族脊梁还是最媚日的汉奸?》[①]一文在网络中引发了较大的论争,并被天涯社区网站在首页推荐。

---

① "脂砚斋":《鲁迅是民族脊梁还是最媚日的汉奸?》,天涯社区·关天茶舍(http://www.tianya.cn/publicforum)2007—11—08。

"脂砚斋"在该文中对鲁迅的《今春的两种感想》一文进行了曲解,并在文章最后表明了他对鲁迅的总的认识:

> 鲁迅既不是民族脊梁也不是民族汉奸;他是一个十分优秀的作家,但并不伟大;他是一个有力的思想家,绝不是什么民族魂;他是现代白话文的主将,胡适陈独秀是领导者和创始人;他写作,完全是命运的一次偶然,并非鲁屁精们搞笑的那种神话故事;他的小说成就超过了他的所有文字,他的杂文成就最低,掺杂了太多的私己成分和偏执情绪;他抗击封建礼教的力度超过他同时代的任何文人,但他也是所有新文化精英人物中封建极权文化最浓厚的一个;世间万象,本是多元。鲁迅同我们一样,是一个矛盾的个体。一味的贬,是对鲁迅的污蔑。一味的褒,是对全中国人的忽悠和欺骗。

一些网民在跟帖中对"脂砚斋"的观点进行了反驳。网民"包法利"指出:"LZ(楼主)仅凭鲁迅的一段话便指鲁迅媚日,岂非一叶障目,或攻其一点、不及其余?倘若你将鲁迅全集通读过,无论如何不会得出这个结论。"网民"cloud8682"说:"鲁迅先生可能确实没有实质上的抵抗日本侵略,但是他在治疗中国人的'灵魂',也确实给很多爱国青年指引了一条路,让这些有识青年认识到国人的不足,从而去改变。鲁迅先生的语言确实会让很多人受不了,因为他下的都是猛药,在那个时代,我觉得,'激励'永远比'安慰'、'宽容'重要。"

针对众多网民的批评,"脂砚斋"不仅不断转载中文网络中一些攻击鲁迅的旧作为自己辩护,而且也不断化名发表支持自己的文章,并给反驳自己的网民扣上了"鲁粉"(鲁迅的粉丝)和"极左"的帽子。一些网民对"脂砚斋"拿攻击鲁迅来炒作的目的予以痛斥。网民"疏离岛"说:"一位在中国文坛上画出浓墨重彩一笔的且已经逝去的文人为何要在离世多年成为楼主出位的牺牲品?你又何必踩着文人的头颅去达到你骗帖的目的?鲁迅先生是什么与你何干?楼主可用洗脚水照照自己,里里外外打量打量,也许很多道理就明白了。"网民"在路上的小虫"通过查证注册资料指出在"脂砚斋"辱骂鲁迅的文章中的支持者几乎都是他自己的化名:"没人支持其狗屁文章就自己给自己虚张造势,紫砚斋111(脂确斋的另一个网名)无耻下作可怜可悲……"可以说,一些网民对"脂砚斋"的批驳比较有力,但是,有一些网民在本次论争中不够理性,用粗话痛骂"脂砚斋",这就使得本次论争在一定程度上显得粗鄙化。如果这些热爱鲁迅的网民在捍卫鲁迅时能够继承鲁迅的论战技巧,而不是简单地以痛骂来解决问题,那就更好了。

"脂砚斋"在不停地攻击鲁迅并大捧《红楼梦》之后,终于表露出其真实的目的:推销自己的小说《灵石》。他在《紫砚斋的长篇比鲁迅小说地道》①一文中说:

我自知笔力逊鲁,但在以下三方面比鲁地道:1. 超越世俗的锐利洞察力…… 2. 石磨的哲学含量…… 3. 魅力四射的江南文化走秀。

应当说,"脂砚斋"通过用耸人听闻的暴力语言批评鲁迅来获得知名度,然后再推销自己的小说,这种利用鲁迅来炒作自己的手法的确有些无耻。好在广大网民已经识别出"脂砚斋"的目的,并予以揭露和大力批判,使其目的无法达到。

五、小结

通过上文的分析,可以得出如下的结论:

首先,网民评论鲁迅的文章水平参差不齐,差距较大。虽然有一些网民评论鲁迅的文章具有一定的水平,甚至有一些网民如"梁由之"等人对鲁迅的评论文章已经达到较高的水平,但是大多数网民的评论文章相对来说对鲁迅的认知和阐释还处于较低级的水平,这不仅与网民对鲁迅作品的阅读较少有关,而且也与鲁迅作品本身的复杂性和丰富性有关,熟读鲁迅作品的网民,特别是读过鲁迅大部分作品的网民总的来说还是很少的。

其次,网民对鲁迅作品的评论比较侧重于表达自己阅读鲁迅作品的感受,带有较浓厚的个人体验色彩,如网民范美忠对《野草》的解读,就是结合自己的人生体验,写出自己对《野草》的理解,这些带有个人色彩的关于鲁迅作品的阐释和解读,虽然不一定正确,但都表达出作者个人对鲁迅作品的理解和阅读感受,对于了解鲁迅在民间的传播与接受也是具有一定价值的。

再次,网民仿写鲁迅作品的文章虽然有一些纯粹是游戏之作,但是也有一些文章具有现实意义。如网民"姚文嚼字"仿写鲁迅作品的系列文章,就是大量采用鲁迅原文中的语言和段落来批评现代社会中的一些不良问题,不仅取得独特的讽刺效果,同时也显示出鲁迅文章的生命力和历史穿透力。

最后,网民攻击鲁迅的文章虽然很多但大都是毫无道理的大批判,真正能

---

① "脂砚斋":《紫砚斋的长篇比鲁迅小说地道》,新浪·读点鲁迅论坛(http://forum.book.sina.com.cn)2007—03—09。

客观地指出鲁迅"罪状"的文章几乎没有。一些别有用心的网民通常拿一些耸人听闻的罪名来指责鲁迅,通过谩骂与丑化鲁迅来发泄心中对塑造鲁迅神圣形象的政府和政党的不满,一些想利用鲁迅炒作的网民常常通过攻击鲁迅来挑起网络论争从而达到在网络中成名的目的。可以说,中文网络中攻击鲁迅的文章都是拿鲁迅说事,通过攻击鲁迅来达到别的一些目的。另外,攻击鲁迅的文章通常会引起网络中拥护鲁迅的网民与反对鲁迅的网民之间的论争,双方在论争时常常采用粗鄙化的暴力语言互相攻击,从而使一场关于鲁迅的论争最后变成一场网民之间的掐架,这对于鲁迅的网络传播工作会造成一定的负面影响。

另外,还需要从大众文化理论和心理学的角度对中文网络中关于鲁迅的上述四类文章进行深入分析。约翰·费斯克曾借用德赛都关于"解读"与"解码"的观点对大众的"解读"与"解码"进行分析,他指出:

> 这里,德赛都(1984)对解读与解码(decipherment)所作的区别十分具有启发性。解码是学习以他人的术语来阅读他人的语言,解读则是把自己的口语和方言文化使用于书写成文字的书面化文本的过程。解码需要训练和教育,而对训练和教育加以组织的力量和控制语言系统的力量,是同样的社会力量。可以说,权力以相同的方式在运作。它的功能是使读者臣服于权威文本的权威,从而臣服于作为策略行为人的批评导师,后者从他者或她所加入权力中获利。然而,解读则要求早于书写的(经典的)文化的口语文化。口语文化超出并且反抗"官方"语言,所以,它与官方语言的法则相对立。解码则将文本提升为语言(langue)的范例,成为普遍语言系统的代表。该系统不容争议,只可以被使用;并且,在被使用的过程中,它使用着它的使用者;解码训练文本的读者成为被语言系统所使用的人。而解读所强调的是言语(parole)而非语言(langue),是实践而非结构。它所关注的是语言在日常生活中的使用,而非语言系统或是语言的正确性。解读强调语境性,一种特定的语言使用对应于特定的语境所具有的独特关系。所以,阅读关注着瞬时与非永久。对应着不同的因素和目的,社会效忠从属关系随之形成和变化,所以,语言的使用方式和对应语境之间的关系不可能是永久不变的。①

从约翰·费斯克的上述观点来说,如果把通常在报刊上发表和在出版社

---

① [美]约翰·费斯克:《理解大众文化》,王晓珏、宋伟杰译,第132～133页。

出版的传统的鲁迅研究成果称作是对鲁迅的"解码"式阅读的话,那么就可以把网民关于鲁迅的评论文章称作是对鲁迅的"解读"。网民对鲁迅的"解读"不像传统的鲁迅研究那样遵从"语言"(langue)或语法规则,而是一种富有实践性、语境性、口语化的"言语"(parole),在某种程度上也可以说是对传统的鲁迅研究的一种"反抗"。无论是"梁由之"带有鲜明个人色彩的描述鲁迅一生的传记,还是范美忠对《野草》的个人化解读,甚至是一些网民对鲁迅的简短的评论,都是网民从个人的角度对鲁迅的理解出发而作出的"解读",这种"解读"虽然可能在观点上受到传统鲁迅研究的一些影响,但是在形式上是口语化的"言语"(parole),与传统的鲁迅研究有明显的不同。

此外,网民对鲁迅的"解读"在很大程度上并非像鲁迅研究专家那样对鲁迅的文本作整体的研究,而是通常选择那些自己感兴趣的或者是对自己有用的文本内容,在总体上是一种"选择性的、断续式的"。约翰·费斯克指出:

> 这种有选择的、断续性的观看方式是一种抵抗,或者说,这至少是对文本结构中的意识形态与社会意义的一种逃避行为。它躲开了文本结构的取向,从而使文本可能面对不同的和多元的相关点……这种幼稚的、不受规训的阅读方式也是一种大众方式。它对文本抱有一种深切的不尊重:在它看来,文本不是由一个高高在上的生产者——艺术家所创造的高高在上的东西(比如中产阶级文本),而是一种可以被偷袭或被盗取的文化资源。文本的价值在于它可以被使用,在于它可以提供的相关性,而非它的本质或美学价值。大众文本所提供的不仅仅是一种意义的多元性,更在于阅读方式以及消费模式的多元性。①

从这个角度来说,网民对鲁迅的"解读"常常是选择鲁迅文本中与自己相关联的内容,也是对鲁迅文本所包含的意识形态和社会意义的一种"躲避",是对传统的解读鲁迅文本方式的一种"反抗"。

至于网络中出现的众多的仿写鲁迅作品的文章和攻击鲁迅的文章,我们可以从狂欢节理论的角度进行分析。

巴赫金发现了民间狂欢节三种主要的形式:"仪式化的奇观;喜剧式的语言作品——倒装、戏仿、滑稽模仿、羞辱、亵渎、喜剧式的加冕或废黜;各种类型的粗言俚语——骂人话、指天赌咒、民间的褒贬诗等。"② 约翰·费斯克在巴赫

---

① [美]约翰·费斯克:《理解大众文化》,王晓珏、宋伟杰译,第 171 页。
② [美]约翰·费斯克:《理解大众文化》,王晓珏、宋伟杰译,第 101 页。

金狂欢节理论的基础上指出：

> 狂欢节建构了一个"在官方世界之外的第二世界与第二种生活"（巴赫金，1968：6），一个没有地位差别或森严社会等级的世界。"狂欢节弹冠相庆的是暂时的解放，即从占统治地位的真理与既定的秩序中脱身的解放，它标志着对所有的等级地位、一切特权、规范以及禁律的悬置。"它的功能乃是解放，是允许一种创造性的、游戏式的自由，"是尊崇富于创造的自由……是从流行的世界观中解放出来，也是从常规与既定的真理、从陈辞滥调、从所有无聊单调的与普遍的食物当中解放出来"。①

网络空间相对于现实社会而言是一个虚拟的世界，也是"一个没有地位差别或森严社会等级的世界"，按照上述观点，在某种程度上也可以说，网络空间有点类似于一个狂欢节的广场，也带有狂欢节的色彩：网民对鲁迅作品的戏仿文章类似于狂欢节中的"喜剧式的语言作品"，网民对鲁迅的攻击文章类似于狂欢节中的"各种类型的粗言俚语"。

斯泰姆（Stamm）曾经指出：

> 狂欢节为社会秩序当中的一切，譬如阶级意义上的等级秩序、政治操纵、性压抑、教条主义与偏执狂等，提供了一种解神话的工具。就此意义而言，狂欢节隐含着一种创造性的不敬，是对不合理的强大、阴沉苦闷、独白状态的激进反抗。②

按照这一观点，可以说网民戏仿鲁迅的文章是对鲁迅文章的一种解构，攻击鲁迅的文章也是对传统的鲁迅神圣形象的一种解构。

在此需要对网络中戏仿鲁迅的文章和攻击鲁迅的文章再作进一步的分析。网络中戏仿鲁迅的文章大致分为两类：一种是仿照鲁迅的文章所写的单纯的游戏之作，这样的戏仿文章在一定程度上消解了鲁迅原文的深刻的社会意义，只留下一些幽默的色彩和笑声；另一种仿照鲁迅的文章所写的批评现实社会的文章，则在一定程度上延伸了鲁迅文章的现实批判意义，不仅带有幽默讽刺的色彩，而且还带有一定现实意义。网络中攻击鲁迅的文章大致可以分为如下几类：一种是借攻击鲁迅在网络中进行大肆炒作，以达到获得关注和知名度的目的，如"脂砚斋"、"作家顾晓军"等人的文章；一种是借攻击鲁迅来发泄对现实社会和政府的不满，借此反抗现实社会，如廖亦武、"中华不败"等

---

① ［美］约翰·费斯克：《理解大众文化》，王晓珏、宋伟杰译，第99页。
② 转引自约翰·费斯克《理解大众文化》，王晓珏、宋伟杰译，第123～124页。

人攻击鲁迅的文章;还有一种是为被鲁迅批评过的人进行历史翻案而攻击鲁迅的文章,如姚小远等人的文章。需要指出的是,这几类文章虽然借助于网络的开放性得以在网络中发表出来,但是从总体上来说,这几类攻击鲁迅的文章都是没有多少价值的。

  另外,对于网络中经常出现的网民的粗口谩骂行为,还需要从心理学的角度进行分析。有学者对网民的谩骂行为进行深入研究之后指出:网民在网络中经常谩骂的主要原因有三种:第一,是"希望引人注目";第二,是一种"无意识的行为"或"潜意识的行为";第三,是一种"攻击性的缓解"[①]。按照这一观点,可以说"脂砚斋"、"作家顾晓军"等人攻击鲁迅的文章主要是出于"希望引人注目"的心理;廖亦武、"中华不败"等人攻击鲁迅的文章主要是出于一种"攻击性的缓解"的心理;姚小远等人攻击鲁迅的文章主要是出于一种"无意识的行为"或"潜意识的行为"。大致了解这几类攻击鲁迅的文章所形成的心理原因,可以有助于人们更深入地了解这几类文章写作的背景。

[①] 孟建、祁林:《网络文化论纲》,第81页。

第七章 当代中文网络中与鲁迅有关的网民个案研究

中文网络中关于鲁迅的网民大致可以分为两类：一类是热爱鲁迅的网民（也被称为"鲁迅迷"，简称"鲁迷"，或鲁迅的"粉丝"，简称"鲁粉"），如方舟子、"槟榔"、仲达、陈愚、孟庆德、范美忠、"崇拜摩罗"等，他们在网络中的活动在一定程度上体现出鲁迅的影响；一类是利用鲁迅大肆炒作的网民如宋祖德等，他们在网络中的活动是对鲁迅的歪曲与利用。

一、方舟子个案研究

网民方舟子是中文网络的元老之一，他很喜欢鲁迅，从初中时就开始经常阅读《鲁迅全集》，并深受鲁迅精神的影响。方舟子说："先生所教给我的，并非人生观——我觉得人生观是应该靠自己去领悟的，无人可教——而是更为实际的东西，教我为人，教我处世，教我作文，甚至也教我写诗。"①

方舟子在1994年2月和几位留美青年学者共同创建的新语丝网站（网址 http://www.xys.org），网站的名字即来源于鲁迅参与创办的杂志《语丝》，并用鲁迅的手迹集成"新语丝"这三个字，另外网站还设立了中文网络中第一个关于鲁迅的专栏新语丝·鲁迅家页，方舟子自己还把《鲁迅全集》中的许多文章输入电脑然后上传到网络中，对于鲁迅在中文网络中的传播作出了重要的贡献。后来因为一些网站的创建者退出，方舟子独自承担起这一网站的运营和维护，并在1997年把新语丝网站在美国注册成为非赢利组织。

早期的新语丝网站主要是爱好文学、史学的中国留学生在网络中发表文章和交流的一个中心，因为学生物化学专业的方舟子在2000年首先揭露"基因皇后"陈晓宁在国内造假的事情，并由此开始揭露国内学术界一系列腐败现象，现在的新语丝网站已经成为中文网络中揭露国内学术腐败的主要网站，目前已经揭露了近400起学术腐败事件。新语丝网站把揭露各种学术腐败的文

---

① 方舟子：《我的"偶像"》，《中国青年》，2004年11期（下）。

章都收集在"立此存照"专栏中,这一专栏的名称也来源于鲁迅。作为生物化学家的方舟子现在以独立学术打假人的身份活跃在社会上,在揭露学术腐败事件时很有鲁迅"痛打落水狗"的精神,这也与他本人深受鲁迅的影响有关。方舟子说:"我自小喜读鲁迅文章,以后也不曾远离过,如此熏陶之下,难免潜移默化受其影响,例如疾恶如仇的性格、不留情面的文风,都有鲁迅的影子。"①

鲁迅在《文化偏至论》(1907)、《破恶声论》(1908)中就指出晚清知识界的各种"伪士"和"恶声"对于国家和社会的巨大危害,后来又在1926年撰写的《学界三魂》一文中把当时的学界划分为"官魂"、"匪魂"和"民魂",并指出:"惟有民魂是值得宝贵的,惟有他发扬起来,中国才有真正的进步。"②鲁迅研究专家王富仁有感于20世纪末中国知识界的状况而在2000年以鲁迅为榜样撰写了一篇题为《学界三魂》的文章,他在文章中把鲁迅称为中国"民魂"的代表,指出:"他(鲁迅)走的是一个普通知识分子的道路,一个一般的社会公民的道路。他始终是以一个独立的社会成员的身份说话的,是以一个社会公民的身份说话。"③在某种程度上也可以说方舟子是作为"社会公民"在进行学术打假,他的行为也是对鲁迅社会理性批评精神的继承和发扬。

方舟子在揭露学术腐败时往往语气比较严厉,并被一些人视为不够"厚道"。对此,方舟子在一次演讲中指出这种论战风格也来源于鲁迅的影响:

> 科学打假是有根有据地把事实摆出来加以打击,只不过措辞比较严厉,让有些人受不了。比如说造假的人是"学术骗子",有的人就觉得太严厉的,就说我骂人了。我觉得这不是骂人。如果你是个骗子,我就说你是个骗子,这怎么能说是骂人呢(笑声、掌声)。这句话是我模仿鲁迅的话。也一直有人说鲁迅骂人,鲁迅回答说,如果说良家妇女是婊子,那是骂人,如果说婊子是婊子,那就不是骂人,那只不过指出了一个事实。(笑声、掌声)④

应当说,方舟子发扬鲁迅精神以新语丝网站为阵地揭露国内学术腐败现

---

① 姚凡:《方舟子谈健康、保健品、鲁迅》,《厦门日报》2007-02-28。
② 鲁迅:《学界三魂》,《鲁迅全集》第3卷,北京:人民文学出版社,2005年,第222页。
③ 王富仁:《学界三魂》,载一土编《21世纪:鲁迅和我们》,北京:人民文学出版社,2001年,第450页。
④ 方舟子:《世界一流大学建设和学术规范》,2005年11月27日晚在浙江大学的演讲实录(http://campus.eol.cn)。

象已经取得了重大成就,但是国内的学术腐败现象依然非常严重,方舟子也遭到了很多的污蔑和攻击,被斥为"鲁迅余孽"、"科卫兵",不过方舟子从鲁迅那里汲取精神力量,仍然像鲁迅那样在进行韧性的战斗。他在文章中这样说:

> 几年来由于打击伪科学、揭露学术腐败,我天天都遭受攻击、谩骂,有时便如此自嘲:伟大如鲁迅者尚且难免生前死后都饱受诬蔑,何况我等凡人?既然被人当成是鲁迅遗孽,那么如此享受鲁迅待遇也算是"罪有应得",何须多虑?①

值得欣慰的是,方舟子在遭受污蔑和打击时也得到了越来越多有良知的学者的支持,相信通过方舟子及新语丝网站的不断努力,国内的学术腐败现象在不远的将来会得到一定的遏制。

另外,方舟子写作的一些关于学术论争的文章也深受鲁迅杂文风格的影响,常常"攻其一点,不计其余",一招致命。如他在批评朱大可的《殖民地鲁迅与仇恨政治学的崛起》一文时就指出朱大可在论证鲁迅真正喜欢刘和珍,许广平只是刘和珍的替代时的史实错误:

> 不知朱评论家蜗居澳大利亚批评鲁迅时,手头可有一套《鲁迅全集》?若有,只需翻一翻,就可发现刘和珍牺牲于1926年3月18日,而在此一年前,即1925年3月11日,许广平就已开始与鲁迅通信……1925年8月中旬,受学潮牵连,许广平曾到鲁宅住了约一周,两人于此时定情……此时距刘和珍之死,还有半年。在色情狂看来,人间情感唯有性爱可言,师生之谊全属虚妄,所以痛悼学生的文章,也非要当成是在痛悼情人不可。②

方舟子虽然视鲁迅为偶像,深受鲁迅的影响,但是他对自己和鲁迅的异同有着比较理性的认识,他在接受《外滩画报》记者采访时说:

> 我最欣赏的是鲁迅先生以博爱的精神、超人的姿态对中国社会所做的最深刻的剖析和对黑暗势力进行的最无情的攻击。在理性主义和个人英雄主义的人生哲学、疾恶如仇的性格、不留情面的文风这些方面,我可能受到了鲁迅的影响,但是我没有鲁迅的文学天才、国学大师风范和社会

---

① 方舟子:《我的"偶像"》,《中国青年》,2004年11期(下)。
② 方舟子:《淫者见淫——评朱大可〈殖民地鲁迅和仇恨政治学的崛起〉》,南方网(http://nf.nfdaily.cn)2006—10—21。

洞察力,而在科学素养、思辨推理能力和对西方文化的了解方面我自认为强于鲁迅,把我们两人做简单的对比是不妥的,称我为"网上鲁迅"更是愧不敢当。①

总的来说,方舟子为鲁迅的网络传播工作作出了非常重要的贡献:在20世纪90年代中期,他花费大量的时间把鲁迅的许多文章从书本输入电脑,不仅使鲁迅的许多文章进入了互联网,而且也使网民可以阅读到用人民文学出版社1981年版《鲁迅全集》校对后的比较准确的鲁迅文本,为鲁迅在中文网络中的传播打下了良好的基础;2000年之后,他利用自身的专业知识以社会公民的立场在新语丝网站发动了学术打假的活动,继承鲁迅的"一个也不宽恕"、"痛打落水狗"的精神,揭露了众多的学术腐败,不仅有力地推动了国内的学术打假事业,而且也在某种程度上弘扬了鲁迅的精神和社会正气。

二、"槟榔"个案研究

"槟榔"(另一网名"槟郎")是一位任教于南京某高校的中国现代文学专业的教师,因为比较推崇鲁迅而在中文网络中弘扬鲁迅精神。他不仅自己创办了槟榔文学园网站,而且也经常在各大中文网络论坛发表文章谈论鲁迅,并受鲁迅的影响写了大量的文章,这些文章大致分为如下几类:改写鲁迅作品的文章,谈论"鲁迅左派"的文章,模仿鲁迅杂文撰写的抨击现实社会丑恶现象的杂文随笔,抨击社会丑恶现象的诗歌等,其中在网络中产生一定影响的是他论述"鲁迅左派"的一些文章。

自2001年以来,"槟榔"陆续在中文网络中发表了《弘扬鲁迅的左翼民族主义》、《鲁迅对左翼文学的担当》、《鲁迅左派论纲》等文章,在中文网络中竖起了"鲁迅左派"的旗帜。"槟榔"指出:

> "鲁迅左派",是鲁迅与左翼、马克思主义、社会主义的结合体。鲁迅既是左翼文化工作者,30年代左翼文化领袖,又是马克思主义者和社会主义者。不论是从进化论到阶级论,从国民性批判到提倡革命文学,鲁迅关注的重心始终是被压迫的劳苦大众,这正是左翼文学的最深层本质的规定。鲁迅的民族主义是被压迫阶级和被压迫民族的民族主义,是被压

---

① 新浪网《对话方舟子》(http://book.sina.com.cn/nzt)2007—02—07。

迫民族的国际主义。①

"槟榔"对鲁迅的理解与阐释与他的人生经历有很大的关系。他出身底层,又在人生道路上遭受了许多磨难,因此对底层人民的苦难和命运非常关心,他在《祖国,我回来了,无限感伤》②一文中说:"我是中国的左翼知识分子,最关心广大下层劳动人民的社会权益。"他又在《镰刀和铁锤是我的十字架》③一文中说:"我只是一个窝身于书斋和学院的'亭子间文人',镰刀和铁锤是我的十字架,我关注工人农民阶级的翻身道路。""槟榔"在寻找改变工农命运的道路时找到了鲁迅:

> 在二十年代末,伴随着国民大革命的性质的变化,知识分子的思想发生转变……以鲁迅为代表的左翼知识分子走上了为工农大众翻身解放的道路。他们反映劳动人民被统治阶级压迫下的苦难,鼓舞他们为维护自己的利益的斗争,对压迫者猛力地揭露和批判,在"红色的三十年代"写下了中国左翼文学的壮丽诗篇。鲁迅,正是在这时代的左翼大潮中成为民族的巨人。④

需要指出的是,虽然"槟榔"关于"鲁迅左派"的阐述在概念上还存在一些容易产生歧义的问题,他特别突出鲁迅"左翼"精神也显得有些片面化和简单化,但是,"槟榔"继承和发扬鲁迅精神,在中文网络中从当下的社会现实问题出发对"鲁迅左派"的倡导和建构无疑是值得关注的。后来,槟榔文学园网站因为网络公司不再提供免费的个人网站空间而在2004年被关闭,"槟榔"又创建了博客站点"中国鲁迅左翼文学网",延续了他在中文网络中所倡导的"鲁迅左派"的一贯立场,继续弘扬"鲁迅左派"的精神。"槟榔"不仅把他的"鲁迅左派"的理论应用于具体的文艺批评和社会批评,为底层民众呐喊,抨击社会的不公和黑暗,而且还梳理"鲁迅左派"的历史,并对自己的观点进行了反思,可以说,"槟榔"的理论思考又深化了一步,但是,"槟榔"所倡导的"左翼鲁迅"的观点总的来说显得有些偏执,在"槟榔"眼里"左翼鲁迅"既是他的精神导师又是他改变工农大众命运的工具。

"槟榔"在2001年年底开始上网写作,2002年一年在网络中发表了100

---

① "槟榔":《鲁迅左派论纲》(http://blog.stnn.cc/libins)。
② "槟榔":《祖国,我回来了,无限感伤》(http://blog.stnn.cc/libins)。
③ "槟榔":《镰刀和铁锤是我的十字架》(http://blog.stnn.cc/libins)。
④ "槟榔":《镰刀和铁锤是我的十字架》(http://blog.stnn.cc/libins)。

多篇文章,其中有不少关于鲁迅的文章,如《鲁迅和中国民权保障同盟》①、《鲁迅和"准风月谈"》②、《学鲁迅读史》③、《读鲁迅,并谈作家斗志的意义》④、《读鲁迅〈野草〉》⑤等,这些文章大多都是借助鲁迅的思想和言论来抨击现实社会中的丑恶现象,如他在《从鲁迅开始谈当下"吃人"》⑥一文中批评广东吃婴儿的现象:

  鲁迅在八十年前说:"这人肉的筵宴现在还排着,有许多人还想一直排下去。扫荡这些食人者,掀掉这筵席,毁坏这厨房,则是现在的青年的使命!"应该时过境迁之后,不再重复他的话了,但对于当下社会文明的许多现实的,譬喻的"吃人",显露的和未显露的"吃人",我给以最强烈的诅咒!

此外,"槟榔"还写了一些直接抨击社会问题的文章,如《老产业工人阶级的没落》⑦、《农民抗税斗士蒋大清》⑧、《跳楼自焚与非暴力不合作》⑨、《收容我吧,打死我吧,我已在这片土地上暂住了五千年》⑩等,这类文章具有强烈的社会批判意义。"槟榔"在对自己的网络写作进行总结时特别指出了自己写这些

---

① "槟榔":《鲁迅和中国民权保障同盟》,天涯社区·关天茶舍(http://www.tianya.cn/publicforum)2002-10-18。

② "槟榔":《鲁迅和"准风月谈"》,天涯社区·关天茶舍(http://www.tianya.cn/publicforum)2002-11-7。

③ "槟榔":《学鲁迅读史》,天涯社区·关天茶舍(http://www.tianya.cn/publicforum)2002-11-12。

④ "槟榔":《读鲁迅,并谈作家斗志的意义》,天涯社区·关天茶舍(http://www.tianya.cn/publicforum)2003-2-6。

⑤ "槟榔":《读鲁迅〈野草〉》,天涯社区·关天茶舍(http://www.tianya.cn/publicforum)2003-02-13。

⑥ "槟榔":《从鲁迅开始谈当下"吃人"》,天涯社区·关天茶舍(http://www.tianya.cn/publicforum)2003-4-19。

⑦ "槟榔":《老产业工人阶级的没落》,天涯社区·关天茶舍(http://www.tianya.cn/publicforum)2002-12-07。

⑧ "槟榔":《农民抗税斗士蒋大清》,天涯社区·关天茶舍(http://www.tianya.cn/publicforum)2003-01-18。

⑨ "槟榔":《跳楼自焚与非暴力不合作》,天涯社区·关天茶舍(http://www.tianya.cn/publicforum)2003-01-20。

⑩ "槟榔":《收容我吧,打死我吧,我已在这片土地上暂住了五千年》,天涯社区·关天茶舍(http://www.tianya.cn/publicforum)2003-04-26。

批评社会问题的文章是受到了鲁迅的影响：

> 对自己的 2002 年的网络文章做一个简单的梳理，社会批评占了大头，对一些不良的社会现象，特别是官僚们的腐败现象，我不遗余力地给以鞭挞，对社会弱势群体受到的不公正热力呼吁，这正是我从鲁迅先生那里学来的杂文精神。我称自己的网络散文为杂文。我也写了思想文化批评方面的网络文章，最多的要算研读鲁迅的随笔和对网络环境的不如人意进行的文字批评。①

另外，"槟榔"还在 2002 年发表了多篇改写鲁迅作品的文章，主要有《我参与了迫害夏瑜》②、《我参与了捕杀阿 Q》③、《涓生的手记之二》④、《我四次追杀鲁迅》⑤等，这些文章大多从鲁迅原文的故事中抽取一些情节进行改写，通过解构原作来表达作者的一些看法。如《我参与了迫害夏瑜》就是借一位看管夏瑜的狱吏的自述来描写夏瑜在监狱中的状况。总的来说，这类文章是在鲁迅原作基础上的再创作，但是意义不大。

"槟榔"在 2004 年之后很少再在网络中发表批评时政的杂文随笔了，经过一段时间的沉默，在 2005 年和 2006 年开始在网络中发表了一些诗歌，其中有一些是抨击社会丑恶现象的诗。从 2007 年起，"槟榔"开始在网络中大量发表诗歌，这些诗歌的创作基本上都是从他的鲁迅左派思想立场出发，强调"人文精神——介入现实——批判性"⑥，如 2008 年写的《卖淫女抗日——故乡女侠双传》、《凉山到东莞的童工》、《劳改工地的女郎》，2009 年写的《千古奇冤邓玉娇》、《为工人刘汉黄而作》、《唐福珍的向日葵》等。"槟榔"说："我写了不少为工人阶级呐喊的诗，强调阶级斗争和阶级意识，诗文中经常出现左翼、左派、左

---

① "槟榔"：《年底回顾：我的网络》，天涯社区·关天茶舍（http://www.tianya.cn/publicforum）2002－12－31。

② "槟榔"：《我参与了迫害夏瑜》，天涯社区·关天茶舍（http://www.tianya.cn/publicforum）2002－10－31。

③ "槟榔"：《我参与了捕杀阿 Q》，天涯社区·关天茶舍（http://www.tianya.cn/publicforum）2002－10－30。

④ "槟榔"：《涓生的手记之二》，天涯社区·关天茶舍（http://www.tianya.cn/publicforum）2002－11－2。

⑤ "槟榔"：《我四次追杀鲁迅》，天涯社区·关天茶舍（http://www.tianya.cn/publicforum）2002－11－13。

⑥ "槟榔"：《关于诗歌创作答 XWZ》，天涯社区·天涯诗会（http://www.tianya.cn/publicforum）2007－11－12。

翼文人等作为肯定性的概念"①,因此他把自己创作的这些抨击社会丑恶现象的诗歌称为"左翼政治诗歌"。

2007年,"槟榔"在和网民的网络对话中曾介绍了自己网络写作的变化:"02~04年是我网络写作的一个高潮,以杂文和随笔为主。05、06转向诗歌,写的少,影响也小得多了。"②"近两年多种原因,网络活动和写作都少了,非常落寞,不同过去。"③"槟榔"在网络写作风格方面的变化比较复杂。2008年,"槟榔"不仅在网络中发表了多首诗歌,而且也发表了多篇关于鲁迅的研究论文,其中的一些文章和研究论文还在《文艺报》及《淮北煤炭师范学院学报》等报刊上公开发表,显示出他对鲁迅的研究已经具有一定的学术水平。

总的来说,"槟榔"在网络中不仅建立了多个关于鲁迅的网站来传播鲁迅,而且以杂文和诗歌创作来大力弘扬鲁迅的批判精神,为鲁迅的网络传播作出了一定的贡献,但是他作为一个中国现代文学专业的大学教师在对鲁迅进行阐释时比较突出鲁迅左翼的一面,把鲁迅作为改造现代社会的工具,没有能够较为客观全面地阐释鲁迅,因此就显得有些片面化、简单化。

三、于仲达个案研究

于仲达(另一网名仲达)是一位在网络中成长起来的热爱鲁迅的网民,被一些网民称为网络中的鲁迅捍卫者,他在天涯社区网站先后发表了《鲁迅:焦灼和疼痛过后的冷硬》、《鲁迅:一个独异的精神个体》等大量的关于鲁迅的文章,显示出了旺盛的创作能力。这些文章主要分为两大类:一类是对学者和网民对鲁迅批评的反驳,一类是阐述自己对鲁迅的理解。另外,仲达还在《与鲁迅的精神相遇》、《于仲达访谈录:鲁迅先生见证了我曾走过的十年艰难岁月》等文中回顾了自己的精神历程以及与鲁迅精神相遇的过程。仲达说自己"是从个体生命体验这一角度去阅读鲁迅的,获得的当然是一个心灵意义上的鲁迅":

---

① "槟榔":《偶然笔谈雪爪残泥——答W》,天涯社区·关天茶舍(http://www.tianya.cn/publicforum)2007-11-12。

② "槟榔":《关于诗歌创作答XWZ》,天涯社区·天涯诗会(http://www.tianya.cn/publicforum)2007-11-12。

③ "槟榔":《偶然笔谈雪爪残泥——答W》,天涯社区·关天茶舍(http://www.tianya.cn/publicforum)2007-11-12。

对于我而言,鲁迅先生是我的"精神父亲",每当我处于困顿中时,我便感到他的存在,他硬是逼着我克服自身的缺陷成为独立的自己。鲁迅最能触动我灵魂的是,他对被侮辱被损害者的同情,对处于困境中的灵魂给予关注。①

仲达后来又在《鲁迅逝世70年祭:一个"失败者"眼中的鲁迅》一文中强调:

我是比较推崇从个体生命体验角度出发去解读鲁迅的,虽然这种解读带有很大的个人性,同时,我也清楚个人生命体验是带有局限性。也许,有人会说这种解读缺乏学术价值,但是,我仍然认为这种解读对个体精神品格的培植,具有积极意义。②

需要指出的是,仲达的这种生命体验式的鲁迅研究在网络中比较突出,中文网络中目前还没有一个网民像他那样结合自己的生命体验写出那么多的具有一定学术水平的关于鲁迅的文章。仲达结合自己的生命体验撰写的这些关于鲁迅的文章后来被结集为个人电子文集《一个人的鲁迅》,不仅在网络中产生了一定的影响,而且也作为一名民间鲁迅研究者的思考成果引起了一些鲁迅研究专家和资深出版人的注意。总体上来说,仲达在精神上追随鲁迅时期对鲁迅的理解与阐释以及对钱理群、王晓明、林贤治等鲁迅研究专家的研究成果的评论也都显示出一定的学术水平。

仲达在2006年鲁迅逝世七十周年之际对自己从1998年开始在精神困境之中追随鲁迅的精神历程进行了反思,他在《鲁迅逝世70年祭:一个"失败者"眼中的鲁迅》一文中说:

人存在是,因为自己在支撑自己,我研读鲁迅,是为让鲁迅照亮自己的存在,从而唤醒自我心中的力量,而不是把自己变成鲁迅的奴隶。失去模仿,意味着真正找到自身。成为自己,这才是我所需要的。③

仲达由此在文章中宣布,"通过此文我开始摆脱鲁迅以及学院学者对自己

---

① 仲达:《于仲达访谈录:鲁迅先生见证了我曾走过的十年艰难岁月》,(http://article.hongxiu.com/a/)2007—1—13。
② 仲达:《鲁迅逝世70年祭:一个"失败者"眼中的鲁迅》,红袖添香网站(http://article.hongxiu.com/a/)2007—1—13。
③ 仲达:《鲁迅逝世70年祭:一个"失败者"眼中的鲁迅》,红袖添香网站(http://article.hongxiu.com/a/)2007—1—13。

的影响,逐步触摸到真实的自我"。后来,仲达一直在寻找后鲁迅时代的精神归属问题,他2007年在与一位基督徒的网络对话之后逐渐靠拢了基督教,并最终在2007年的复活节决定走出鲁迅并受洗皈依基督教。仲达在此后很少再写关于鲁迅的文章,更多的关注精神信仰问题,他此后所写的文章基本上都是从基督教的观点出发的,同时他也明确地把在网络中发表的《当代中国文学灵魂纬度的根本欠缺》和《背负自己的十字架》等带有基督教色彩的文章作为自己的代表作。仲达虽然"因为信靠基督的缘故","也做一点基督教文化关联中的鲁迅思想的研究",但是他却否定了自己此前的鲁迅研究:

> 鲁迅就是我的过去,鲁迅实际上肯定了痛苦,而没有超越痛苦……我们不要放大错误和黑暗,要放大光明和正确。这就需要感悟到自己身上的佛性和神性,而佛学和基督信仰给了我亮光。①

从仲达的上述言论来说,他对鲁迅的体验与研究已经在很大程度上陷入偏执,甚至是误入迷途。仲达曾经特别强调自己把鲁迅视为"精神之父",自己"对鲁迅的研究,首先是用鲁迅精神鞭策自己,逼着自己成为独立的个体,摆脱各种依附,正视自我的局限,独掌自己的命运,在狭小紧张的生存空间里,利用智慧,战胜生存困境,挑战各种力量对我的桎梏"②。"研读鲁迅,能让他照亮自己的存在,成为前行的动力,在现实层面能改变自己生活,能力范围之外还能够帮助别人,乃至为社会做点事情,是我毕生的理想"③。但当他发现鲁迅解决不了自己的精神困境时就开始寻找其他的精神资源,并从基督教那里获得了灵魂的拯救。但是,从仲达在2009年初在天涯社区网站发表的《北大的学而思》、《评当代鲁迅研究者》等旧作以及他与网民的对话中可以看出,他仍然在关注鲁迅,仍然在中文网络中做传播鲁迅、普及鲁迅的工作。他甚至在2009年8月打电话给在社会上和网络中以"范跑跑"而闻名的曾经也很热爱鲁迅的网民范美忠,希望范美忠能利用他在网络和社会上的知名度来做一些推广鲁迅的工作,并向社会推荐民间的鲁迅研究成果,这些都在很大程度上表明仲达仍然在关注鲁迅,研读鲁迅,并在为推广鲁迅,弘扬鲁迅做着努力。

---

① 仲达:《2008年的阅读札记:信仰、文学和儿童》,天涯博客:于仲达的精神空间(http://blog.tianya.cn/blogger/view_blog)2009-2-9。
② 仲达:《于仲达访谈录:鲁迅先生见证了我曾走过的十年艰难岁月》(http://article.hongxiu.com/a/)2007-1-13。
③ 仲达:《一个"底层写作者"的沉默告白——2007年新年献辞》(http://my.hongxiu.com/006/5389/)。

仲达在人生困境中开始接触鲁迅,在很大程度上受到了鲁迅的反抗绝望的思想的影响,但是他最终没有能够像鲁迅那样成功地反抗绝望并直面人生,而是走出鲁迅并皈依基督教。应当说,仲达的思想转向并非个例,在中文网络中也有一些曾经热爱并追随鲁迅的网民经过一段时间之后发生了思想变化,明确地宣布要走出鲁迅。这种现象是可以理解的,在某种程度上也标志着网络中一些热爱鲁迅的网民的思想变化。虽然仲达曾经宣称要走出鲁迅,但是他仍然没有完全摆脱鲁迅的影响,他多年以来在中文网络中所发表的大量评论鲁迅及其作品和思想的文章仍然是值得关注的,这些文章在某种程度上也都可以说是对鲁迅精神的继承和发扬,具有一定的价值;另外,仲达对自己与鲁迅精神相遇过程的描述也为当代鲁迅接受研究留下了一份真实的资料。

四、范美忠("范跑跑")个案研究

范美忠也是中文网络中一位较为知名的热爱鲁迅的网民,不仅熟读鲁迅著作,而且对鲁迅也有一些研究心得,他在2006年初修订完成的书稿《〈野草〉心解》在天涯社区网站发表之后,得到了众多网民的称赞,范美忠也自诩他建立在30年失败人生基础上的《野草》解读是中国最好的。但是,真正让热爱鲁迅的范美忠天下闻名的是他在四川汶川大地震之后发表的《那一刻地动山摇——5·12大地震亲历记》①一文,这篇文章中的一些言论在全国引起了强烈的反响,一时间可谓是千夫所指,万众痛恨,但也有一些网民为范美忠辩护,甚至称范美忠为"鲁迅的传人"、"21世纪的新鲁迅"、"为真理而牺牲的当代鲁迅"。如网民黄鸿鸣就在一篇博客文章中列举了范美忠的几条"价值":

> 在残酷的现实生活中,对范美忠来说,一个人的战争从此才正式开始,就像当年的鲁迅,这个社会虽然还容不下鲁迅,但终有一日不能不接受鲁迅式的社会批判。②

对于部分范美忠的支持者把范美忠与鲁迅相提并论的现象,网民"微风轻拂"尖锐地指出:

> 范跑跑和他的粉丝们的言论是虚伪的,也是爱和真背离的另一种后

---

① 范美忠:《那一刻地动山摇——5·12大地震亲历记》(http://blog.sina.com.cn/guangyafanmeizhong) 2008—05—26。

② 黄鸿鸣:《范美忠的价值》(http://blog.sina.com.cn/s/blog)。

果,范跑跑在博客里大谈特谈鲁迅,范跑跑的追随者将范跑跑比作当代鲁迅,比作民主斗士,这都是可笑的。他们根本不理解鲁迅,更不理解什么是民主和自由,鲁迅用爱来求真,民主自由更是人文情怀的最终诉求,无论是东方的五千年文明,还是民主自由的发源地西方国家,懦弱和自私都是要被人们唾弃的。①

另外,范美忠作为一个熟读鲁迅的网民在接受各种媒体采访时经常还引用鲁迅的话来为自己辩护,无论他是自觉还是不自觉地引用鲁迅的言论,他都是在把自己在地震中的言行和鲁迅类比,甚至在某种程度上自视为学习鲁迅的战斗精神,把自己当作一个不向庸众低头、敢于讲真话的"斗士"。仲达与范美忠曾经就鲁迅的话题有些交流,对范美忠比较了解,因此他对范美忠的这个行为分析得比较准确:

  "求真比唯美更有价值",这是范美忠又一个文学价值取向,也正是他喜欢鲁迅、陀思妥耶夫斯基和昆德拉而拒绝中国文学的原因。范美忠引用鲁迅的话说:"当我露出自己真的血肉来,那时还不厌弃我的,即使是枭蛇鬼怪,我也愿与它为伍,我且寻野兽和恶鬼去!"但是,不是什么真话都可以随便说的,要考虑到民族文化心理……鲁迅在《我要骗人》里认为:"永无披沥真实的心的时光",因为真实是不能够说的,是会致爱我者于死的。《伤逝》典型地表现了这一披沥真心的危害。②

总之,在很大程度上可以说,自称热爱鲁迅的范美忠在"5·12"大地震之后的一些言论特别是他在为自己辩护时多次引用的鲁迅的文字,都在一定程度上显示出他对鲁迅的理解比较偏执。毋庸讳言,此前的范美忠的确对鲁迅比较热爱,对鲁迅的作品也比较熟悉,甚至对鲁迅的《野草》也颇有个人研究心得,但是他忽视了现在的社会背景,片面地强调所谓的"真",机械地理解、引用鲁迅的话,歪曲了鲁迅的原意,从而在一定程度上违背了鲁迅。相信被范美忠视为偶像的鲁迅在"5·12"大地震的背景下也不会做出像范美忠那样的举动,发出像范美忠那样的言论。如果范美忠还像他以前所声称的那样热爱鲁迅,他就应当彻底反思自己,利用这个机会改正自己的错误,真正地继承鲁迅的精

---

① "微风轻拂":《范美忠是当代鲁迅、民主斗士!》,微风轻拂的博客(http://blog.sina.com.cn/weifenqf)。
② 于仲达:《存在主义是一种困境——我对"范美忠事件"的一点看法》,于仲达博客(http://smbzd.vip.bokee.com)。

神,而非仅仅停留在口头上卖弄几句鲁迅的文字。另外,网络中的那些拿鲁迅来为范美忠辩护的"粉丝"们都没有能够较为全面地认识到鲁迅的精神实质,也没有认识到范美忠的错误之处,须知所谓的不向庸众低头的"斗士"等等,都不是鲁迅的真实形象。

2009年,已经很少在网络中发表文章的范美忠在天涯社区网站发表了一篇解读《祝福》的文章,似乎在基本完成《野草》的解读之后又开始解读鲁迅的《呐喊》、《彷徨》等小说,但迟迟不见其他的解读文章发表在网络中,这也从一个方面反映出经历过"范跑跑"风波的范美忠又开始研读鲁迅了。希望范美忠能客观地解读鲁迅,并从鲁迅那里汲取精神力量。

五、宋祖德个案研究

网民宋祖德是一位商人,他以不断爆料娱乐圈明星的负面新闻而闻名于社会。宋祖德在成为商人之前是一个文学青年,对鲁迅有所了解,所以他把自己爆料明星隐私、揭露娱乐圈潜规则的行为和鲁迅揭露社会黑暗的行为相比,并在自己设立于新浪、搜狐、网易、腾讯等四大门户网站中的个人博客中自称为"当代鲁迅"。宋祖德曾经在自己写的一首诗里自比为鲁迅:"自古愤怒出诗人,愤怒只因太真诚,祖德就像周树人,横眉狂扫虚伪尘。"宋祖德在回答一位记者关于他和鲁迅相似之处的问题时不仅自称是"新鲁迅",还指出两人之间的相似之处:

> 他(鲁迅)很正直,很善良,很有社会责任感,有远大理想抱负,那就是我所欣赏的人。我们两个都很喜欢文学,我们两个都学过医,我们两个有时候都说一些犀利的话,甚至置生命安危于不顾。[①]

此外,宋祖德还在自己撰写的《明星·性·金钱·网络》一书的"序言"中写到要做一个"鲁迅式的斗士":

> 直到这一刻,做一个与世无争的诗人依然是我心底最深的渴望。但是为了那些受蒙骗的孩子,我不得不把自己的幸福推后20年。我承诺,在这20年里,不管我周围的环境变得多么恶劣,我都要坚持做一个鲁迅

[①] 张洁、李霈霈:《你所不知道的宋祖德——宋祖德"性情"解剖》,《山西晚报》2009-11-28。

式的斗士,跟娱乐圈的一切假丑恶斗争到底。①

然而,娱乐大王宋祖德真的就是所谓的娱乐圈的"鲁迅"吗?他的行为是继承鲁迅传统弘扬鲁迅精神吗?我们不妨看看宋祖德自称的揭露娱乐圈黑暗的目的:

> 在这样一个缺乏文艺批评家的年代,祖德挺身而出,勇敢地向娱乐圈的假丑恶开战,许多人把祖德比喻成鲁迅,更有亿万网民尊称祖德为娱乐圈的"纪委书记",祖德一次次站在娱乐圈的风口浪尖揭露娱乐圈的假丑恶,只为拯救日渐扭曲的娱乐圈,只为拯救被误导的青少年。②

诚然,宋祖德对娱乐圈的不少爆料都被后来的事实所证明。但是,宋祖德不断爆料娱乐圈明星隐私的行为在性质上和鲁迅揭露社会黑暗的行为根本不同,鲁迅对社会黑暗的批判富有理性和深度,希望"揭出病苦,以引起疗救的注意",而宋祖德所谓的揭露娱乐圈黑暗的行为很浅薄,甚至仅仅停留在爆料明星隐私的层面,有的爆料内容甚至显得很不道德。因此,宋祖德虽然打着出自公心的旗号,希望救救那些被引入迷途的青少年追星族,实际上仍然是一种娱乐圈的炒作行为,而他自称"当代鲁迅"的行为本身也是一种自我炒作,是对鲁迅的恶搞。2009年末和2010年初,有关法院已经判决宋祖德在爆料某导演和某演员的"秘闻"时触犯法律,这些都是对于宋祖德的某些爆料行为、甚至是违法的爆料行为的警告和惩罚。2010年初,新浪网站也关闭了宋祖德的个人博客,使这位自称"当代鲁迅"的商人失去了一个重要的炒作平台,相信在不远的将来,网易等其他网站也会关闭宋祖德的个人博客,这无疑会消除中文网络中关于鲁迅的不少杂音。

六、小结

通过上文的分析,可以得出以下的结论:
首先,网民开创并有力地推动了鲁迅的网络传播工作。中文网络的兴起为一些民间热爱鲁迅的人士提供了一个较为方便的发表园地和交流平台,一

---

① 宋祖德:《明星·性·金钱·网络》"序言",娱乐大王宋祖德腾讯博客 当代鲁迅(http://user.qzone.qq.com/622009050)。
② 宋祖德:《金巧巧应该向祖德道歉七天》,娱乐大王宋祖德的博客 当代鲁迅 (http://blog.sina.com.cn/songzude)2009—12—19。

些在精神上追随鲁迅的网民逐渐从网络中成长起来,方舟子、"槟榔"、仲达、陈愚、孟庆德、范美忠、"崇拜摩罗"等人就是其中的佼佼者,这些网民在网络中发表了大量的关于鲁迅的文章,不仅显示出鲁迅在当代网民中间的接受状况,而且反映出鲁迅先生的思想和文章依然具有顽强的生命力和现实意义。

其次,网民对鲁迅精神的接受有正面的继承也有负面的歪曲:方舟子继承鲁迅的批判精神发起并从事学术打假工作,"槟榔"继承鲁迅的左翼精神,关注底层民众的苦难,仲达和范美忠学习鲁迅的反抗绝望的精神,试图摆脱个体精神的困境,这几位网民都是从不同角度正面接受了鲁迅精神的影响;宋祖德打着响应鲁迅"救救孩子"的呼吁的旗号,揭露当代娱乐圈的种种黑幕,这种接受是对鲁迅精神的歪曲和利用。总的来说,网络中从正面接受鲁迅影响的网民还是越来越多的。

再次,网民对鲁迅的接受差异较大,不仅接受鲁迅的侧重点不同,同时接受的过程也不同:方舟子和"槟榔"等网民对鲁迅批判精神的继承和发扬有明显差异,但是他们对鲁迅批判精神的继承一直坚持下来,没有明显的变化;仲达和范美忠都在很大程度上受到鲁迅反抗绝望精神的影响,但是他们在精神上追随鲁迅一段时间之后,都先后提出要用基督教神学来超越鲁迅思想。客观地说,一些网民随着对鲁迅了解的深入,对鲁迅思想的认知发生变化是可以理解的,用基督教神学来解决个人的思想困境也是可以的,但是忽略本土的语境用基督教神学来超越鲁迅思想的观点却是错误的。

另外,还需要用大众文化理论对网民接受鲁迅的情况进行分析。约翰·费斯克指出大众文化迷具有"生产力"和"辨识力",并对这两个概念进行了阐述:

> 大众生产力是以一种"拼装"(bricolage)的方式,将资本主义的文化产物进行再组合与再使用的过程。按照列维斯特劳斯的理论,"拼装"是部落中人的日常实践,他们创造性地组合手边现有的材料与资源,制造出一些可以满足当下需要的物件、符号或仪式。这是一种非科学的工程,是一种最典型的"权且利用"的作为。在资本主义社会中,"拼装"是被统治者从"他者"的资源中创造出自己的文化的一种手段。①
> ……
> 大众辨识力不仅仅是从既存的文化资源的库存中去选取与扬弃的过

---

① [美]约翰·费斯克:《理解大众文化》,王晓珏、宋伟杰译,第177页。

程。它更是对选择出的意义加以创造性使用的过程,在持续的文化再生产过程中,文本和日常生活被富有意义地连接起来。大众辨识力所关注的并非质量之批判,而是相关性之感知。它所关注的与其说是文本,不如说是文本可以被加以使用的方式。①

按照这一观点,可以说方舟子、"槟榔"、于仲达、范美忠等几位受到鲁迅影响的网民对于鲁迅的接受与转化在一定程度上体现出了他们的"生产力":在网络中用"拼装"的方式对鲁迅及其文章进行"再组合与再使用",通过这样一种"权且利用"的行为,希望从鲁迅的资源中创造出自己的文化。而他们对鲁迅及其文本的"辨识力"则体现在他们对于鲁迅的接受与转化,即对从鲁迅那里选择出的与自己日常生活有"相关性"的文本和"意义"进行创造性的使用的过程:方舟子把从鲁迅那里选择的社会批判精神用于揭露社会上的各种学术腐败行为;"槟榔"把从鲁迅那里选择的左翼战斗精神用于批判现实社会的腐败并表达对底层人民苦难的同情;于仲达和范美忠把从鲁迅那里选择的"反抗绝望"的精神用于拯救个人的精神困境并抵抗社会的压迫;宋祖德从鲁迅那里选择关注儿童健康成长,"救救孩子"的精神,不断爆料娱乐明星的负面新闻,在某种程度上也是对娱乐明星的一种反抗。因此也可以说,这些网民对鲁迅的接受更多地侧重于鲁迅文本与自己日常生活的"相关性",即更多地关注鲁迅的文本中那些可以为自己所用的部分,所以,他们对鲁迅的接受大多都带有一些片面性,只突出接受鲁迅文本和精神中的某一部分,从而对鲁迅的文本和精神的丰富性有所遮蔽。

另外,约翰·费斯克还指出大众文本具有大众意义和大众快感:

> 大众文本必须提供大众意义与大众快感。大众意义从文本与日常生活之间的相关性中建构出来,大众快感则来自人们创造意义的生产过程,来自生产这些意义的力量。快感来自于利用资源创造意义的力量和过程,也来自一种感觉:这些意义是我们的,对抗着他们的。大众快感必定是被压迫者的快感,这种快感必定包含对抗、逃避、中伤、冒犯性、粗俗、抵抗等因素。因服从意识形态而产生的快感是沉默和霸权式的,它不是大众的快感,而是与大众的快感相对立的。②

从这个角度可以说,作为在现实社会中的对于阐释鲁迅较少拥有话语权

---

① [美]约翰·费斯克:《理解大众文化》,王晓珏、宋伟杰译,第179页。
② [美]约翰·费斯克:《理解大众文化》王晓珏、宋伟杰 译,第153页。

的弱势者,在网络中利用鲁迅的文本来创造自己的意义时不仅获得了一定的话语权,而且也获得了一定的"快感",这种"快感"也是"被压迫者的快感",包含着一定的反抗性。约翰·费斯克曾将大众快感划分为两类:

> 一种是躲避式的快感,它们围绕着身体,而且在社会的意义上,倾向于引发冒犯与中伤;另一种是生产诸种意义时所带来的快感,它们围绕的是社会认同与社会关系,并通过对霸权力量进行符号学意义上的抵抗,而在社会的意义上运作。……因而大众的快感,既包含生产者的快感(创造自己的文化),也包含冒犯式的快感(抵抗宰制性的结构)。①

按照这一观点,网民在接受鲁迅时不仅通过鲁迅及其文本创造出了自己的文化,在一定程度上成就了自我,而且网民个人对鲁迅的解读在一定程度上也是对在现实社会中处于霸权地位的传统的鲁迅解读的一种反抗:方舟子通过对鲁迅批判精神的继承,开创了在网络中批判现实社会中学术腐败的先河,不仅是对现实社会中各种学术腐败行为的一种反抗,也是对逐渐脱离现实社会退入书斋的鲁迅研究的一种反抗;"槟榔"通过对鲁迅的社会批判精神和关注底层人民苦难的精神的继承,在网络中树立起"鲁迅左派"的旗帜,不仅是对现实社会中各种腐败和不公平的社会现象的一种反抗,也是对现实社会中的逐渐脱离现实社会退入书斋的传统的鲁迅研究的一种反抗;于仲达和范美忠通过对鲁迅反抗绝望思想的继承,不仅在网络中发表了大量的解读鲁迅的文章,而且也是对个人在现实社会中所遭受到的各种各样的压迫的一种反抗,在某种程度上也是对传统的鲁迅研究的一种反抗;宋祖德打着继承鲁迅的旗号不断在网络中揭露娱乐明星的隐私,他的这种行为虽然是对鲁迅精神的歪曲与恶搞,但也在一定程度上是对社会上崇拜娱乐明星行为的一种反抗。需要指出的是,无论是方舟子和"槟榔"等网民侧重从社会的层面来接受鲁迅的批判精神和现实意义,还是于仲达和范美忠等网民侧重从个体的层面来接受鲁迅的反抗绝望的思想,他们所产生的影响在总体上来说还是比较小的,虽然在网络中有一些知名度和影响力,但是除了方舟子和宋祖德之外,他们在现实社会中都还没有产生一定的影响(范美忠在社会上获得广泛的关注是因为"范跑跑"风波,并非因为弘扬鲁迅精神),更没有能够对传统的鲁迅研究形成一定的冲击。

---

① [美]约翰·费斯克:《理解大众文化》,王晓珏、宋伟杰译,第68~70页。

结 论

一、"网络鲁迅"产生的原因

概括来说,"网络鲁迅"产生的原因主要有如下几点:

1. 互联网为"网络鲁迅"的形成提供了外部的技术条件

鲁迅作为中华民族的伟大作家,一直影响着众多的中国人,但是这些受到鲁迅精神影响的普通民众在互联网出现之前却很少有机会能够通过报刊、广播、电视等大众媒体表达出自己对鲁迅的多元化看法。互联网作为一种低门槛的大众传播媒介具有自由和开放的特点,随着互联网在中国的兴起,越来越多的普通民众开始能够使用互联网进行交流,一些网民开始在网络中传播鲁迅并讨论关于鲁迅的话题,逐渐形成了一定的规模并产生了一定的影响,此种网络文化现象被笔者命名为"网络鲁迅"。可以说,没有互联网这一大众媒体也就没有"网络鲁迅"的产生。

2. 鲁迅所具有的影响力为"网络鲁迅"的形成提供了内部条件

鲁迅出生于1881年,逝世于1936年,他不仅生前就在中国具有重要的影响,而且至今仍然产生着重要的影响,他的作品成为一代又一代中国人的精神资源。在中国进入网络时代之后,他又吸引了一些网民在中文网络中讨论他,虽然这些关于他的评论比较多元化,有继承、有批驳,但都从某种程度上说明鲁迅至今依然具有重要的影响力,依然能够成为网民讨论的热点话题。据笔者对中文网络的观察,可以说,很少有几位20世纪的著名作家能像鲁迅那样至今仍然在中文网络中具有一定的影响力。因此,鲁迅所具有的影响力是"网络鲁迅"产生的内部条件。另外,从哲学的角度来说,内因决定外因,鲁迅所具有的影响力是"网络鲁迅"产生的主要因素和决定性因素,互联网是"网络鲁迅"产生的次要因素和外部因素。

3. 网民传播与讨论鲁迅的不同心理动机共同促进了"网络鲁迅"的产生

美国心理学家马斯洛(A. H. Maslow)在1943年提出了"需要层次理论",把人的心理需要分为生理需要、安全需要、社会需要、尊重需要和自我实现需要等五类[①]。中文网络中的网民在现实社会中的社会身份比较复杂,他们在网络中传播与讨论鲁迅的心理动机也可以说比较不同:有的网民是为继承和弘扬鲁迅的批判精神,类似于马斯洛所说的"自我实现需要",如方舟子、"槟榔"等;有的网民是为了学习鲁迅的反抗绝望思想,类似于马斯洛所说的"求知需要",如范美忠、于仲达等;有的网民是想获得一定的知名度,通过哗众取宠达到其他目的,类似于马斯洛所说的"尊重需要"(外部尊重,希望自己有威望),如"脂砚斋"、"作家顾晓军"、宋祖德等。网民带有这些不同的心理动机传播或讨论鲁迅话题,再加上一些官方机构带有宣传动机和一些商业网站带有营利动机在网络中传播鲁迅,这些因素不仅共同促进了"网络鲁迅"的产生,而且也都在一定程度上造成了"网络鲁迅"的多元性。

二、"网络鲁迅"的特点

"网络鲁迅"是一种在中文网络中产生并发展着的文化现象,因此,网络文化所具有的一些特点如虚拟性、民间性、狂欢性、交互性、口语化等也体现在"网络鲁迅"这一网络文化现象之中。

1. 虚拟性与真实性交织

互联网是一个由文字、图片、视频、符号等组成的虚拟空间,是不同于现实物理空间的赛伯空间(cyberspace),但是网民在这一虚拟的网络空间中通过互动却可以得到一种真实感受。有学者借用波德里拉的"仿像"理论研究互联网,指出互联网有"仿像"的逻辑,可以营造出"一个与现实无关,但是比现实感觉还要真实的超现实":

> 尽管网络行为是以符号而不是以真实的行动为手段,但是互动带来的网民和网络社会的改造与被改造的关系却和真实世界中的人认知自然、改造自然的关系有着惊人的相似。更重要的是,这两种行为给网络主

---

① http://www.psytopic.com/mag/post/talk-about-maslows-theory-required-levels.html。

体带来的心理感觉是相似的,甚至完全一致的,尤其是在一些满足精神层面的需求方面,比如受尊敬的感觉,自我价值实现的感觉等。那么,网络的虚拟性就有了革命性的意义:它不仅仅是真实世界的某种指称,而且它本身就是真实世界的一部分,它的虚拟性是通过对网络社会的改造这一实践活动来完成的,尤其重要的是,由于感觉的一致性使得这种原本虚拟的符号行为具有真实行为的意义。①

从传播媒介的角度来说,传统的鲁迅研究所使用的是报刊、广播、电视等大众媒介,而"网络鲁迅"是中文网络空间的一种文化现象,当然也具有虚拟性:网络中的"鲁迅"是由一些存在于虚拟的电子空间中的文字、图片、视频和符号组成的,在表象上不同于现实中具有一定时空界限的物理空间中的"鲁迅",但是,因为具有虚拟性的网络能够为网民营造出类似于在现实社会的物理空间中的精神感受,所以,网络中的"鲁迅"既是现实社会中的"鲁迅"在虚拟空间中的一种指称"符号",又作为一种符号反映出现实社会中的"鲁迅",并在一定程度上成为现实社会中"鲁迅"的一部分,因此也具有一定的真实性。在此意义上可以说,"网络鲁迅"不仅是网络这一虚拟空间的文化现象,也是现实社会中关于鲁迅的各种话题在网络空间的反映,具有一定的真实性。例如,一些网民热衷于在网络中发表仿写鲁迅的文章,借此达到批判现实社会中的各种弊端的目的,这些文章虽然是在虚拟空间中发表的,但也具有一定的真实性。

2. 民间立场为主

在网络中,虽然有一些官方机构和一些商业网站介入鲁迅的网络传播,但是,网民是从事鲁迅网络传播工作的主力军。虽然从事鲁迅网络传播工作的网民在现实社会中的身份复杂,其中还有几位是从事鲁迅研究的专家,但他们在网络中基本上都是从民间的立场来传播鲁迅或讨论鲁迅的,因此相对于现实社会中传统的鲁迅研究而言,"网络鲁迅"就带有鲜明的民间色彩。传统的鲁迅研究在鲁迅于20世纪90年代逐渐走下神坛之后,在社会上特别是在文化领域的影响力逐渐式微,并逐渐脱离现实社会退入书斋,成为一种学问,但是网络中的一些受到鲁迅影响的网民却用大量的文章关注现实,关注底层人民的苦难,批判现实社会中各种弊端问题,这些文章虽然研究水平不高,但在

---

① 孟建、祁林:《网络文化论纲》,第249~250页。

精神上继承了鲁迅的批判精神,贴近现实、贴近社会大众,在一定程度上反映出社会大众的心声,因此也具有鲜明的民间色彩。

另外,随着市场经济在中国的逐步兴起,此前长期承担着官方意识形态功能的鲁迅也从20世纪90年代开始逐渐走下神坛,很少再作为官方意识形态的一个传声筒,并逐渐从文化领域的中心走向边缘,而此前处于文化领域边缘的各种思潮也此起彼伏地发起了对此前长期承担着官方意识形态功能的鲁迅的批判运动。这些在现实社会中出现的批判鲁迅的言论也都不同程度地在网络中产生了一些影响,一些网民也热衷于在网络中批判鲁迅,甚至于用各种暴力的语言来攻击鲁迅。总的来说,这些网民的言论虽然没有多少价值,但也是一种从民间而非官方立场解读鲁迅的一种表现。

3. 互动性较强

传统的鲁迅研究受制于传播媒介的局限,信息传播者与受众之间大多都是单向的传播,互动较少。而在网络中,借助于网络的技术优势,信息传播者和受众可以跨越时空很方便地形成双向互动。"网络鲁迅"的互动性较强这一特点鲜明地体现在网络论坛之中,网民可以在自己感兴趣的鲁迅话题后面跟帖和原作者进行交流,可以尽情地表达自己的观点,甚至也可以参与进来和原作者一同写作。例如,网民"梁由之"在写作《关于鲁迅》这篇长文时不仅和网民多次讨论,并且还把一些网民的意见吸收到这篇文章的写作之中。这种可以较方便地进行双向互动的特点对于促进鲁迅的网络传播具有重要的促进作用,可以吸引那些对有关鲁迅的话题感兴趣的网民参与到讨论之中,通过呼应或质疑该话题从而在一定程度上扩大了鲁迅的网络传播范围。

另外,有学者借用德国学者哈贝马斯的"公共领域"的理论,认为"互联网的发展,形成一个庞大的虚拟空间,为公众提供了一个具有沟通、监督功能的'公共领域',对社会民主化进程产生重大影响。"

> 德国学者哈贝马斯于1962年提出了"公共领域"的概念。和公共舆论的概念不同的是,公共领域并非一般的意见表达园地,而是一个对话性的概念。公共领域的基础是对话,聚集在一个共享的空间中、作为平等参与者的面对面相互交谈。……哈贝马斯认为,公共领域应当拥有脱离国家控制和市场操纵的相对独立性。在此领域里,市民可以自由表达及沟通意见,也可以对公共事务进行批评。从本质上讲,公共领域是一个批判

性的概念。所以,大众传播媒介是发挥公共领域作用的重要一环。①

但是从严格意义上来说,目前的中文网络空间受到了有关部门较为严密的控制,并不是哈贝马斯所说的"公共领域",不过可以说是一个门槛较低的较为平等的公共空间,网民可以在有关政策许可的范围内较为容易地发表自己的观点。就中文网络论坛中关于鲁迅话题的讨论的状况而言,网民虽然可以较为方便地进行双向互动,但是鉴于目前在网络中谈论鲁迅话题的网民对鲁迅的了解程度普遍较低,因此从整体上来说,网民关于鲁迅话题的讨论在水平上都普遍较低,网民还需要进一步提高自己对鲁迅的认知水平,这样才能充分地发挥出网络的互动性优势,从而有力地推动鲁迅的网络传播工作。

4. 主要使用口语化语言写作

传统的鲁迅研究成果大都是在报刊上发表或在出版社出版,因此总的来说都是用比较规范的书面语言进行写作,而"网络鲁迅"中的许多文章大都是发表在论坛、网站或博客之中,特别是那些发表在论坛中的关于鲁迅的讨论,在总体上来说是使用口语化的语言进行表达,不像发表在报刊上的那些传统的鲁迅研究成果所使用的语言那样规范。

有学者指出:

> 互联网的文字,虽说是书面语言,但经过了屏幕化、超文本化之后,也必然呈现出口语化的特点。语言是环境的产物,书面语言和口头语言的差异是由使用环境的不同造成的。网络语言是互联网用户之间信息交换的主要载体。根据使用环境的不同,网络语言可分为网络新闻语言、网络文学语言和网络社区日常用语。这三种网络语言的口语化程度也各不相同。②

存在的就是合理的,网络语言是网民在交流中创造并使用的,在某种程度上也可以说,口语化的语言是网络中通行的常用语言,基本能满足网民交流的需要,甚至一些带有鲜明网络色彩的网络常用语言已经被现实社会所接纳和使用。在此,既不能用传统鲁迅研究成果所使用的语言规范来要求网络中发表的那些关于鲁迅的文章,贬低其价值,同时也不能把网络语言所具有的口语化的特点扩大化,突出其诙谐幽默的价值,要充分认识到网络中发表的那些关

---

① 孟建、祁林:《网络文化论纲》,第230~231页。
② 孟建、祁林:《网络文化论纲》,第41页。

于鲁迅的文章使用口语化的网络语言的不足。对于鲁迅这样一位伟大的作家,口语化的语言的确在一定程度上无法较为准确地阐释出鲁迅思想的博大精深,这也是"网络鲁迅"的局限所在。

三、"网络鲁迅"与传统鲁迅研究的区别与联系

在分析了"网络鲁迅"的上述特点之后,需要再进一步分析"网络鲁迅"与传统的鲁迅研究的关系。首先分析两者的不同之处。

1. 传播的媒介不同

传统的鲁迅研究成果通常在报刊、图书等纸质媒介和广播、电视等电子媒介上传播,而"网络鲁迅"的内容都是通过网络发表传播的,这使得两者在传播媒介及由此产生的传播效果方面形成较大的差异。

2. 研究立场有所不同

传统的鲁迅研究成果大部分都是学者通过对鲁迅进行学术研究后所获得的,是一种职业化的工作,目的在于学术研究,在整体上是一种精英文化;而"网络鲁迅"的成果基本上都是网民业余完成的,一部分是网民在阅读鲁迅之后所撰写的,另外一部分是网民借用鲁迅的思想和语言批判现实社会问题,目的在于通过行动实践来传承鲁迅精神,所以更多地体现出民间色彩,在整体上是一种草根文化。

3. 使用的语言有所不同

传统的鲁迅研究成果基本上都是用比较规范的书面语言进行写作,在语言的使用方面比较准确规范;而"网络鲁迅"的成果基本上都是用比较口语化的语言进行写作,在语言的使用方面不太严谨。

4. 学术水平差异较大

传统的鲁迅研究经过近百年的发展不仅拥有众多高水平的研究者,而且已经取得了丰硕的成果,正在成为一种专门的学问"鲁学";而"网络鲁迅"从2000年算起,也只有十多年的发展历史,虽然网络中谈论鲁迅的网民具有一定的数量,但是他们对鲁迅的认知水平在整体上都比较低,大部分网民在网络中发表的讨论鲁迅的文章从水平上来说只能算作一种浅层次的阅读感受,还

不能算是学术研究。

5. 影响力差别较大

当前的传统的鲁迅研究成果在当代消费文化盛行的社会背景之下,已经与现实社会逐渐脱节,并逐渐成为书斋中的一门貌似高深的学问,研究鲁迅主要面对学术同行,影响力大多局限于学术同行之中,很少能对普通民众产生影响;而"网络鲁迅"虽然学术水平较低,但在整体上来说还是较为密切地关注现实问题,通过口语化的语言来批判现实社会问题,或者用口语化的语言抒发自己阅读鲁迅作品的真实感受,比较贴近社会大众,因此能在网络中影响到一批关心鲁迅话题的网民。

其次,"网络鲁迅"与传统的鲁迅研究两者之间具有一定的联系。

1. 两者不是对立的,而是互补的

当前的传统的鲁迅研究主要面向学者同行,也有一部分面向普通的读者,而"网络鲁迅"主要面向网民,两者虽然在面对的对象方面有所不同,但这种不同并不是对立的关系,而是一种互补的关系,两者都是在做鲁迅的传播与研究工作,只是侧重点不同。

2. 传统的鲁迅研究对"网络鲁迅"产生了正负两方面的影响

从正面影响的角度来说,传统的鲁迅研究成果可以帮助一些网民提高对鲁迅的认知水平,一些网民出于研读鲁迅著作的需要而参考传统的鲁迅研究成果,从中吸取一些可以为自己所用的有益的内容,如于仲达在研读鲁迅作品的过程中就阅读了大量的鲁迅研究著作,从而提高了自己对鲁迅的理解水平;从负面影响的角度来说,传统鲁迅研究中的某些成果可能比较陈旧和僵化,这可能会影响到一些网民对鲁迅的评价,认为鲁迅是官方意识形态的代言人,从而对鲁迅产生敌意,当然也有可能会促使一些网民通过亲身阅读鲁迅作品来感知真实的鲁迅,如范美忠就是因为不满于传统鲁迅研究成果之中关于《野草》的研究而亲自解读《野草》的。

3. "网络鲁迅"目前还没有能够对传统的鲁迅研究形成影响

"网络鲁迅"具有鲜明的民间色彩,它继承鲁迅的批判精神关注当下的社会问题,具有一定的现实批判性,相对于在当代社会文化领域之中已逐渐退居边缘的传统的鲁迅研究来说更具有活力,在理论上可以承担起刺激传统鲁迅研究的任务。但是目前的"网络鲁迅"在整体上还处于水平较低的状态,不仅没有产生一批具有较高水平的研究成果,而且还处于网民自发的状态,没有形成一定的规模,虽然已经引起了一些鲁迅研究专家的关注,但是还没有能够对传统的鲁迅研究产生一定的影响。

四、"网络鲁迅"的价值与局限

总的来说,"网络鲁迅"具有如下的价值:

1. 拓宽了鲁迅传播的范围

在中国社会进入互联网时代之后,一些网民率先在网络中建立起关于鲁迅的网站和论坛,并在网络中讨论关于鲁迅的话题,鲁迅在网络中的传播工作由此也顺应时代潮流逐渐开展起来,一些官方机构和商业网站也看到鲁迅在中文网络中的影响力而随之在网络中开展传播鲁迅的工作。可以说,如果没有网民自发在网络中进行传播鲁迅的工作,中文互联网在初创时期就有可能没有关于鲁迅的传播内容,这不论是对于鲁迅还是对于中文网络来说都是一大遗憾,毕竟鲁迅是20世纪中国最伟大的作家。

2. 展示了民间对鲁迅的认知状况

从鲁迅在20世纪初期登上文坛之后,他的作品不仅拥有一些知识分子读者,而且也在很长一段时间内拥有大量的民间普通读者,但是鉴于传播媒介等方面的原因,很难看到民间普通读者对鲁迅的评论,而民间普通读者对鲁迅的评论并不是没有,只是不便于广泛传播出来从而为人所知。互联网这一开放性的媒介可以为民间的普通读者提供一个较为方便地发表评论鲁迅的平台,由此民间普通读者对鲁迅的多元化的、鲜活的评论就可以在较大范围内传播开来,从而可以在一定程度上展示出民间普通读者对鲁迅的多元化认知状况。

3. 在一定程度上弥补现在鲁迅研究的不足

鲁迅在中国现当代历史上一直和社会现实密切相关并发挥着重要的影响,而在当代社会背景下,传统的鲁迅研究与鲁迅的精神有所脱节,逐渐脱离现实社会问题并成为一种职业化的学术研究,"网络鲁迅"则在一定程度上弘扬鲁迅的精神,突出鲁迅的当下性,关注现实社会问题,关注底层人民的苦难,由此也在一定程度上弥补了当前传统鲁迅研究的不足。

另外,"网络鲁迅"也具有如下几方面的局限:

1. 在整体上对鲁迅的认知水平较低

"网络鲁迅"在一定程度上展示出民间普通读者对鲁迅的认知状况,从中可以看出,民间普通读者对鲁迅的认知水平在整体上还处于比较低的水平,这不仅与网民整体的文化水平不高有关,而且也与鲁迅的博大精深有关。要对鲁迅这样一位伟大的作家有较为深入和全面的认识,就需要读者具有较高的文化水平和研究能力,而在中文网络中具有这种认知水平的普通读者目前很稀少,这种状况就决定了"网络鲁迅"将在很长一段时间内都处于对鲁迅的认知水平较低的阶段。

2. 不仅在社会上而且在网络中的影响力都比较小

中文网络可以说是一个海洋,网民达到1亿多,但是在网络中谈论鲁迅的网民在数量上还是很少的,可以说"网络鲁迅"只是中文网络文化中很小的一部分。虽然偶尔有一些关于鲁迅的论战在网络中产生较大的影响,但是在经过一阵论战之后,"网络鲁迅"又归于沉寂,因此从整体上来说,"网络鲁迅"在网络中的影响力还是比较小的,还不能对中文网络的发展产生明显的影响。而在现实社会中,可以说"网络鲁迅"不仅没有在社会的文化领域产生什么影响,甚至也没有能力对传统的鲁迅研究产生一定的影响。这些状况都充分说明"网络鲁迅"还需要大力加强内容建设,较大幅度地提高自身的水平,这样才能发挥出一定的影响力。

3. 存在较为明显的暴力话语问题

从网络中关于鲁迅的讨论可以看出网民经常使用暴力语言,不仅有网民用暴力语言攻击鲁迅,而且也有不少的网民使用暴力语言彼此攻击,这种现象体现出网民的心理动机不太健康:有网民想用暴力语言攻击鲁迅以引人注目,获得知名度;有网民使用暴力语言彼此攻击以发泄怒火,宣泄个人的各种心理压力。但是总的来说,这种暴力语言的泛滥导致具有良好交互性的网络在一定程度上丧失了技术上的优势所带来的便利,无法构建成一个可以平等理性对话的"公共领域",从而对鲁迅的网络传播工作造成了负面影响,这无疑是很遗憾的。

五、"网络鲁迅"的传播效应与未来发展趋势

从传播效应的角度来说,"网络鲁迅"经过近十年的曲折发展,已经形成了如下的特点:

1. 为民间的普通读者提供了一个开放的传播和研究鲁迅的平台,有助于进一步推动鲁迅的传播与研究工作

互联网的开放性可以使民间的普通读者获得一个传播鲁迅和发表自己对鲁迅看法的公共空间,这无疑会吸引一些热爱鲁迅的网民在网络中传播鲁迅、讨论鲁迅,从而促使越来越多的人参与到传播与研究鲁迅的工作之中。

2. 为鲁迅研究凝聚和储备了一批生力军,有助于鲁迅研究的薪火相传

"网络鲁迅"的兴起不仅使一批热爱鲁迅的网民得以通过互联网表达他们对鲁迅的看法,而且也在一定程度上推动了民间普通读者参与到鲁迅的传播与研究工作之中,为鲁迅研究储备了后续的新生力量。这些热爱鲁迅的网民虽然目前对鲁迅的认知水平在整体上还处于较低的阶段,但是他们出于兴趣讨论鲁迅、阅读鲁迅,假以时日,相信他们会在鲁迅的传播与研究方面做出一些成绩。他们对于逐渐学院化并日渐冷落的鲁迅研究来说无疑是一批新生的力量。

3. 为传统的鲁迅研究提供了一些可资参考的内容,有助于传统的鲁迅研究弥补自己的不足

当前的传统鲁迅研究逐渐学院化,主要由鲁迅研究专家来从事,成为一种职业化的学术研究,不仅在较大程度上与现实社会脱节,而且也逐渐与鲁迅的批判精神脱节。可以说,传统的鲁迅研究已经走入了另一个极端,并日渐僵化。而"网络鲁迅"来自民间的普通读者,在内容上继承鲁迅的批判精神,关注当下的社会问题,关注底层人民的苦难,在形式上丰富多样,比较活泼,这些都可以在一定程度上弥补当前的传统鲁迅研究的不足。但是因为"网络鲁迅"水平较低以及其他方面的原因,目前的传统的鲁迅研究还没有对"网络鲁迅"予以充分清醒的认识,没有认识到"网络鲁迅"在内容、形式以及思维方式方面可以借鉴的地方。

另外,"网络鲁迅"在经历了兴起、发展和分化这三个阶段之后,其未来的发展走向也需要注意如下几个方面:

1. 需要产生一批具有一定鲁迅研究水平的网民

目前的"网络鲁迅"虽然出现了几位对鲁迅具有一定认知水平的网民,如方舟子、"槟榔"、"老金在线"、于仲达、范美忠等,但是数量还是比较少,在网络中谈论鲁迅的大多数网民对鲁迅的认知水平还处于较低的层次,这极大地影响了"网络鲁迅"的后续发展。而"网络鲁迅"持续健康的发展,迫切需要一大批对鲁迅认知水平较高的网民,相信随着越来越多的具有较高文化素养的人成为网民,网民的整体文化水平也会逐步提高,当一批对鲁迅认知水平较高的网民出现时,"网络鲁迅"也就会在整体水平上有明显的进步。

2. 需要产生一批具有一定水平的鲁迅研究文章

从整体上来说,目前的"网络鲁迅"较多侧重于传播鲁迅,对于鲁迅的研究还比较薄弱,而传播鲁迅与研究鲁迅是相辅相成的,在传播鲁迅的基础上还应当进一步加强对鲁迅的研究,并用所取得的鲁迅研究成果来指导鲁迅的传播工作,当传播鲁迅与研究鲁迅的工作形成良好的互动与循环时,就会共同促进"网络鲁迅"的健康发展。因此,迫切需要产生一批具有较高水平的鲁迅研究成果来推动"网络鲁迅"的进一步发展。

3. 需要多吸收传统鲁迅研究的有益成果

目前网络中谈论鲁迅的文章在整体上比较偏于表达网民个人对鲁迅的看法和阅读感受,大多数还没有上升到研究层次,而大多数的网民都对传统的鲁迅研究持不关心的态度,甚至排斥的态度。其实"网络鲁迅"和传统的鲁迅研究在本质上是互补的关系,并不是对立的关系。毋庸讳言,传统的鲁迅研究中的确存在一些让网民反感的内容,如神化鲁迅等等,但是,这部分内容并不是传统鲁迅研究的主流,而只是传统鲁迅研究的支流。传统的鲁迅研究经过近百年的发展,已经取得了众多的研究成果,这些成果可以作为网民的借鉴和学习的对象,如果网民不从中吸收一些有益的成果,将可能会走一些弯路,从而在较长一段时间内无法加深对鲁迅的认知程度。因此,网民要用鲁迅所倡导的"拿来主义"从传统的鲁迅研究成果中吸收有益的部分,从而进一步推动"网络鲁迅"的发展。

4. 需要在自身领域内进一步营造健康的网络环境

"网络鲁迅"的发展不仅需要网民修练好内功,进一步提升对鲁迅的认知水平,而且也需要良好的外部发展条件,需要和谐健康的网络环境。总的来说,目前的中文网络环境不太理想,一方面网络中存在着较多的低俗文化、庸俗文化,另一方面有关机构对网络的监控政策比较严厉,这些外在的因素都在一定程度上影响着"网络鲁迅"的发展。鉴于扫除中文网络中低俗文化、庸俗文化还需要相当长的一段时间,而有关机构制定的网络管理政策在较短的时间内也很难放松,因此,必须先把网络中关于鲁迅的网站、论坛的环境营造好,为网民提供一个健康的网络环境,这样才能推动"网络鲁迅"的进一步发展。

六、"网络鲁迅"与当代思想文化的关系

"网络鲁迅"作为一种网络中的文化现象,也不可避免地与当代中国思想与文化产生一些联系。

1. "网络鲁迅"是当代中国文化的一个症候,是一种带有反抗主流文化色彩的亚文化,在一定程度上展示出民间业余思考者对鲁迅乃至中国的思考状况

因为鲁迅对中华民族劣根性的批判和对中国命运的思考在20世纪中国的历史上产生了深刻的影响,鲁迅也在一定程度上成为底层民众的代言人。可以说,网民对鲁迅的关注与评论在一定程度上也是通过关于鲁迅的话题来表达对当代中国的思考,这一点在网民通过仿写鲁迅的文章来批判现实社会弊端方面表现得尤为突出。

2. "网络鲁迅"是中文网络文化乃至当代中国文化的一个个案,做好鲁迅的网络传播工作对于建设好当代中文网络文化乃至当代中国文化都具有重要意义

鲁迅的网络传播工作不仅关系到广大网民特别是广大青年对作为中华民族优秀文化传统之一的鲁迅精神的传承,而且也关系到中文网络中社会主义核心价值体系的构建和国家文化安全。毋庸讳言,当前的中文网络中充斥着太多庸俗和低俗的文化,严肃的文化以及中华民族优秀的传统文化都处于边缘,长此以往,中华民族优秀的文化在中文网络中将处于一个非常危险的境地。在这种情况下,更需要在中文网络中大力弘扬鲁迅精神,特别是要发扬鲁迅的"立人"精神,培养一大批高素质的网民,逐渐扭转中文网络文化的现状,使中文网络成为传播中国优秀文化的阵地。虽然张梦阳、钱理群、李新宇、王

学谦等一些鲁迅研究界的专家曾经在网络中传播过鲁迅,但是因种种原因都没能坚持下去,在此也呼吁能有更多的鲁迅研究专家介入到中文网络中,充分地利用网络这一最新媒体和阵地,更多地做一些传播鲁迅的工作,这不仅对于进一步推动鲁迅的当代传播和进一步提高中文网络中网民对鲁迅认知的水平具有重要意义,而且对于建设好中文网络文化具有重要的意义。

3. 中文网络文化乃至当代中国文化都需要"网络鲁迅"

要想建设好中文网络文化,就应当弘扬鲁迅的批评精神,允许批评声音的存在,为社会提供一个表达不满的场所。从 2000 年到 2009 年鲁迅的网络传播状况来看,现行的互联网管理政策存在一些问题,而建设好中文网络文化必须要有一个比较适合网络实际发展状况的管理政策作为保障。现行的互联网管理政策总的来说比较严格(由于网络的巨大影响力和潜在的危险性,较严格的管理政策也有其合理性一面),不仅限制了鲁迅的网络传播工作,而且也在相当的程度上限制了中文网络文化的发展。因此,建议有关部门要与时俱进,以科学的发展观为指导,从构建和谐的网络空间乃至和谐的社会出发,用比较富有人性化的手段管理中文网络。

参考文献

(一)图书

B

鲍宗豪主编《网络与当代社会文化》,上海:上海三联书店,2001年版。

鲍宗豪主编《数字化与人文精神》,上海:上海三联书店,2003年版。

保罗·莱文森《数字麦克卢汉——信息化新纪元指南》,何道宽译,北京:社会科学文献出版社,2001年版。

巴雷特《赛博族状态——因特网的文化、政治和经济》,李新玲译,保定:河北大学出版社,1998年版。

C

巢乃鹏《网络受众心理行为研究》,北京:新华出版社,2002年版。

陈思和《中国新文学整体观》(第二版),上海:上海文艺出版社,2001年版。

陈文江、黄少华《互联网与社会学》,兰州:兰州大学出版社,2001年版。

D

丹尼斯·麦奎尔、斯文·温德尔《大众传播模式论》,祝建华、武伟译,上海:上海译文出版社,1997年版。

戴维·莫利、凯文·罗宾斯《认同的空间——全球媒介、电子世界景观与文化边界》,司艳译,南京:南京大学出版社,2001年版。

戴维·冈特里特《网络研究:数字化时代媒介研究的重新定向》,彭兰等译,北京:新华出版社,2004年版。

迪克·赫伯迪格《亚文化:风格与意义》,陆道夫等译,北京:北京大学出版社,2009年版。

道格拉斯·凯尔纳《媒体文化》,丁宁译,北京:商务印书馆,2004年版。

段伟文《网络空间的伦理反思》,南京:江苏人民出版社,2002年版。

David Bell and Barbara M. Kennedy edited *The Cyberculture reader* London : Routledge , 2000.

H

何精华《网络空间的政府治理》,上海:上海社会科学院出版社,2006年版。

黄鸣奋《超文本诗学》,厦门:厦门大学出版社,2002年版。

黄少华、翟本瑞《网络社会学:学科定位与议题》,北京:中国社会科学出版社,2006年版。

胡泳《众声喧哗——网络时代的个人表达与公共讨论》,桂林:广西师范大学出版社,2009年版。

Howard Rheingold *The Virtual Community* http://www.rheingold.com.

J

江潜《数字家园——网络传播与文化》,上海:复旦大学出版社,2001年。

金元浦主编《文化研究:理论与实践》,开封:河南大学出版社,2004年。

Jordan Tim《网际权力:网际空间与网际网路的文化与政治》,江静之译,台北:韦伯文化出版社,2001年版。

L

蓝爱国《网络恶搞文化》,北京:中国文史出版社,2007年版。

李建强《网络影评的生存态势及其走向研究》,上海:上海交通大学出版社,2010年版。

李永刚《我们的防火墙——网络时代的表达与监管》,桂林:广西师范大学出版社,2009年版。

刘文富《网络政治——网络社会与国家治理》,北京:商务印书馆,2002年版。

刘华芹《天涯虚拟社区:互联网上基于文本的社会互动研究》,北京:民族出版社,2005年版。

罗钢、刘象愚主编《文化研究读本》,北京:中国社会科学出版社,2000年版。

M

孟建、祁林《网络文化论纲》,北京:新华出版社,2002年版。

马克·斯劳卡《大冲突——赛博空间和高科技对现实的威胁》,黄锫坚译,南昌:江西教育出版社,1999年版。

马克·波斯特《第二媒介时代》,范静哗译,南京:南京大学出版社,2001年版。

马克·波斯特《信息方式——后结构主义与社会语境》,范静哗译,北京:商务印书馆,2000年版。

马歇尔·麦克卢汉《理解媒介》,何道宽译,北京:商务印书馆,2003年版。

摩尔《皇帝的虚衣——因特网文化实情》,王克迪、冯鹏志译,保定:河北大学出版社,1998年版。

迈克尔·海姆《从界面到网络空间——虚拟现实的形而上学》,金吾伦、刘钢译,上海:上海科技教育出版社,2000年版。

曼纽尔·卡斯特《网络社会的崛起》,夏铸久等译,北京:社会科学文献出版社,2006年版。

N

尼古拉·尼葛洛庞帝《数字化生存》,胡泳、范海燕 译,海口:海南出版社,1997年版。

尼克·史蒂文森《认识媒介文化——社会理论与大众传播》,王文斌译,北京:商务印书馆,2001年版。

O

欧阳友权等《网络文学论纲》,北京:人民文学出版社,2003年版。

欧阳友权著《比特世界的诗学——网络文学论稿》,长沙:岳麓书社,2009年版。

欧阳友权主编《网络文学概论》,北京:北京大学出版社,2008年版。

P

普拉特《混乱的联线——因特网上的冲突与秩序》,郭立峰译,保定:河北大学出版社,1998年版。

Patricia Wallace《互联网心理学》,谢影、苟健新译,北京:中国轻工业出版社,2001年版。

S

沙莲香主编《传播学》,北京:中国人民大学出版社,1990年版。

T

陶东风《文化研究:西方与中国》,北京:北京师范大学出版社,2002年版。
铁马、曦桐《赛伯的文学空间》,济南:山东文艺出版社,2001年版。
泰玛·利贝斯、埃利胡·卡茨《意义的输出——〈达拉斯〉的跨文化解读》,刘自雄译,北京:华夏出版社,2003年版。

W

王逢振主编《网络幽灵》,宁一中译,天津:天津社会科学院出版社,2000年版。
王天意《网络舆论引导与和谐论坛建设》,北京:人民出版社,2008年版。
王文宏主编《网络文化多棱镜》,北京:北京邮电大学出版社,2009年6月出版。
王铮《同人的世界——对一种网络小众文化的研究》,北京:新华出版社,2008年版。
吴筱玫《网路传播概论》,台北:智胜文化事业有限公司,2003年版。
威廉.J.米切尔《比特之城——空间·场所·信息高速公路》,胡泳、范海燕译,北京:三联书店,1999年版。

X

雪莉·特克《虚拟化身:网路世代的身份认同》,谭天、吴佳真译,台北:远流出版事业股份有限公司,1998年版。
西奥多·罗斯扎克《信息崇拜》,苗华健、陈体仁译,北京:中国对外翻译出版公司,1994年版。

Y

约翰·费斯克《解读大众文化》,杨全强译,南京:南京大学出版社,2001年版。
约翰·费斯克《理解大众文化》,王晓珏、宋伟杰译,北京:中央编译出版社,2001年版。

约斯·德·穆尔《赛博空间的奥德赛——走向虚拟本体论与人类学》,麦永雄译,桂林:广西师范大学出版社,2007年版。

Z

翟本瑞《网路文化》,台湾:南华大学社会学研究所,2002年版。
张震《网络时代伦理》,成都:四川人民出版社,2002年版。
曾国屏等《塞博空间的哲学探索》,北京:清华大学出版社,2002年版。

(二)论文

B

笔公好龙《中文论坛的显趋势》,载凯迪网络(http://www.cat898.com/)05年03月24日00:40。

C

陈芳哲《网民结构及网络行为》,载南华大学社会学研究所《E－Soc Journal》第41期(http://www.nhu.edu.tw)。
陈俊升《台湾网路文化研究概况》,载南华大学社会学研究所《E－Soc Journal》第24期(http://www.nhu.edu.tw)。
陈俞霖《网络认同的追寻与型塑》,载南华大学社会学研究所《E－Soc Journal》第24期(http://www.nhu.edu.tw)。
陈俞霖、陈怡安《网路社会规范与秩序模式初探》,载南华大学社会学研究所《E－Soc Journal》第24期(http://www.nhu.edu.tw)。

G

古文秋《网络冲浪并非独自一人:虚拟小区是小区》,载南华大学社会学研究所《E－Soc Journal》第34期(http://www.nhu.edu.tw)。

H

黄厚铭《面具与人格认同——网路的人际关系》(http://www.ios.sinica.edu.tw)
黄启龙《网路上的公共领域实践:以弱势社群网站为例》,载南华大学社会学研究所《资讯社会研究》第 3 期（http://webpac.nhu.edu.tw:8080/library/e_j_result）。

J

江典嘉《由权力观点解读电子布告栏版面的运作》，载线上网路社会研究中心·线上出版(http://teens.theweb.org.tw/iscenter/publish)。

L

李静宜、郭宣靆《虚拟社区与虚拟文化》，载南华大学社会学研究所《E-Soc Journal》第 26 期(http://www.nhu.edu.tw)。

梁正清《中国大陆网路的发展与政治控制》，载南华大学社会学研究所《资讯社会研究》4 期（http://webpac.nhu.edu.tw:8080/library/e_j_result）。

O

欧贞延《网路社会的研究方法》，载南华大学社会学研究所《E-Soc Journal》第 33 期(http://www.nhu.edu.tw)。

P

彭兰《网上社区个案研究之一——豆瓣》彭兰的 BLOG(http://blog.sina.com.cn/plan)2007-03-28

彭兰《网上社区研究个案之二——百度贴吧》彭兰的 BLOG(http://blog.sina.com.cn/plan)2007-06-13

彭兰《网上社区研究之三——猫扑》彭兰的 BLOG(http://blog.sina.com.cn/plan)2008-04-26

彭兰《传播者、受众、渠道：博客传播的深层机制研究》彭兰的 BLOG(http://blog.sina.com.cn/plan)2007-12-09

T

唐士哲《民族志学应用于网路研究的契机、问题与挑战》，载南华大学社会学研究所《资讯社会研究》第 6 期（http://webpac.nhu.edu.tw:8080/library/e_j_result）。

W

王佳煌《谁的电子公共领域？台湾经验》，载线上网路社会研究中心·线上出版（http://teens.theweb.org.tw/iscenter/publish）。

吴美娟《整合、互补性网络研究途径》，载线上网路社会研究中心·线上出版（http://teens.theweb.org.tw/iscenter/publish）。

X

谢豫立《WWW网站内虚拟社群之社群意识形成研究：以奇摩家族为例》，载线上网路社会研究中心·线上出版（http://teens.theweb.org.tw/iscenter/publish/）。

徐美芬《BBS使用者文章发表策略之研究——以交通大学资讯科学系"教育，百年大计"BBS为例》，国立屏东师范学院国民教育研究所硕士论文，载台湾硕士论文网站（http://datas.ncl.edu.tw）。

Y

余小玲、林承贤《网络权力与网络民主》，载南华大学社会学研究所《E—Soc Journal》第27期（http://www.nhu.edu.tw）。

Z

周濂《BBS中的政治游戏》，载博客中国网站（http://www.Blogchina.com）2004—7—28 9:42:59。

翟本瑞《网络文化研究方法反省》，载南华大学社会学研究所《E—Soc Journal》第9期（http://www.nhu.edu.tw）。

张再云《网络文化与社会学研究方法——一项网络研究的反思》，http://www.hust.edu.cn/chinese/departments/dept_sociology

张远山《中文网络的过滤与屏蔽》，载新语丝网站（http://xys.3322.org）2003—7—7。

中国互联网络信息中心（CNNIC）《第十五次中国互联网络发展状况统计报告》《第二十四次中国互联网络发展状况统计报告》，http://www.cnnic.net.cn/index.htm

后　记

在修改完成这本书稿之后，需要回顾并总结一下自己10多年来从事鲁迅网络传播研究的工作情况。

2000年7月，我从上海师大研究生毕业来到北京鲁迅博物馆从事研究工作。那时正值互联网高潮之际，我用爱人赞助的7260元从中关村组装了一台电脑，在单位宿舍里装了一部电话，就这样开始了网络生活。因为从事鲁迅研究工作的原因，我上网后就开始寻找关于鲁迅的信息，欣喜地发现网络中有一些关于鲁迅的网站和论坛，于是就开始关注这些网站和论坛，并有意识地把一些网民谈论鲁迅的精彩的帖子保存起来。大约是在当年的11月份，人民文学出版社的李文兵、王海波、郭娟等诸位老师到鲁迅博物馆访问，由此认识了郭娟老师。我很快就写信向郭娟老师介绍了自己感兴趣的研究范围，郭娟老师对鲁迅在网络中的传播很感兴趣，于是就邀请我编选一本网民谈论鲁迅的书。

为了编选这本网民谈论鲁迅的书，我开始更大范围地从网络中搜集关于鲁迅的资料，并撰写了3篇介绍、评论鲁迅网络传播状况的文章，最后终于在2001年4月20日编选完成了30万字的书稿《互联网上的鲁迅》。不过，具有讽刺意味的是，这本关于网络的书稿是用剪刀加糨糊的原始方式编辑而成的。郭娟老师在编辑这本书稿的时候为这本书起了一个比较响亮的名字《网络鲁迅》，并请设计师翁涌先生设计了一个富有网络色彩的封面：把鲁迅的头像放在象征网络的"@"里，以此来象征网络中的鲁迅。我在编选这部书稿时陆续撰写的《被 e 化的鲁迅》、《BBS 上被灌水的鲁迅》、《被剪成碎片的鲁迅》、《狂欢节广场上的鲁迅》等文章先后在《鲁迅研究月刊》2001年第6、7、9期和《鲁迅世界》2001年第4期发表，《网络鲁迅》一书也在2001年10月由人民文学出版社正式出版，并在绍兴举行的纪念鲁迅先生诞辰120周年的国际学术研讨会上赠送给各位与会学者，由此"网络鲁迅"浮出了历史的地表，并引起了国内学者及媒体的关注。《南方周末》文化版责任编辑向阳先生也约请我为该报纪念鲁迅诞辰120周年的专栏编选了一整版的《互联网上的鲁迅》。我从此走上了研究"网络鲁迅"和网络文化的道路，先后为人民文学出版社编选了《网络张爱玲》、《网络金庸》、《网络王小波》等书，为《中华读书报》撰写了几篇介绍金庸、张爱玲等作家在网络中传播的文章。在此也特别感谢郭娟老师和人民文学出版社对我的关心和扶持,感谢《中华读书报》的祝晓风、魏琦、康慨、舒晋瑜等老师的大力支持。

此后,因为鲁迅博物馆与青岛大学合办的鲁迅研究中心开始出版《鲁迅研究年鉴》,承主编刘增人老师的邀请,我从2002年开始为这本年鉴撰写年度鲁迅网络传播与研究状况的述评文章,这项工作一直持续到2009年。通过撰写年度述评文章,我不仅积累了大量的关于鲁迅的网络传播资料,而且对"网络鲁迅"的研究也逐渐深入。另外,我从2002年开始进入北京语言大学师从高旭东教授在职攻读博士学位。在高老师的指导下,我结合自己给人民文学出版社编选的四本书的资料,开始撰写研究中国现当代作家网络传播状况的博士学位论文《互联网上的"作家迷"虚拟社区研究——以"网易·鲁迅论坛"和"金庸茶馆"为中心》。2005年,我顺利地通过了博士论文答辩,在此感谢高老师和王宁、宁一中、李庆本等北语各位导师及杨慧林、金元浦、杨恒达等各位答辩专家对我的指导。

在这些前期研究成果的基础上,我在2008年成功申报了国家社科基金一般项目"网络鲁迅"研究,在此也特别感谢国家社科基金中国文学组的各位评审专家和通讯评审专家对这个课题的大力支持!为了更好地完成这个课题的研究,我在2009年携带这个项目进入复旦大学中国语言文学博士后流动站师从陈思和老师从事研究。在陈老师的指导下,我以这个项目的子课题"鲁迅在中文网络中传播与接受状况研究(2000—2009)"作为博士后科研报告,并以此报告获得了中国博士后科研基金的二等科研资助。在此也特别感谢陈老师的悉心指导,以及中国博士后科研基金评审专家的大力支持。

在复旦中国语言文学博士后流动站从事研究期间,朱立元、黄霖、吴金华、张德兴、刘钊、龚群虎等各位流动站的指导专家在我开题、中期考核及答辩时都对我的科研报告提出了很多修改意见,在此也非常感谢各位专家的指导。

2011年6月,我完成了博士后科研报告从复旦毕业。毕业后,我在吸收各位专家意见的基础上,对出站科研报告进行了大量的修改。在此基础上,我在9月份完成了所承担的国家社科基金项目,并提交国家社科规划办验收。12月,国家社科规划办将5位匿名评审专家的修改意见反馈给我,我又再次按照这5位专家的详细的修改意见进行修改,并增补了几章研究内容,使得研究更全面、更深入。在此也非常感谢这5位专家的指导。

2012年6月,我终于完成了书稿的再次修订工作并请北京师范大学出版集团安徽大学出版社纳入"国家社科基金系列鲁迅研究丛书"出版。责任编辑卢坡从编辑专业的角度指出了书稿所存在的一些问题。我再次对书稿作了细致的修改，终于可以交付出版了。在此也特别感谢安徽大学出版社副总编朱丽琴女士为本书的出版所付出的大量的劳动。

可以说，我这10多年来所从事的鲁迅的网络传播研究是在诸多师长和几位至今仍不知其姓名的匿名评审专家的悉心指导下才得以完成的，通过这些研究，我感觉到自己虽然在研究水平上有明显的进步，但是所取得的研究成果可能和诸位师长及匿名评审专家的要求有所差距，希望能在后续的研究工作之中有所弥补。

最后，这本书也献给在网络中谈论鲁迅的广大网民朋友。10多年来，我虽然追踪并关注你们在网络中的活动，但是作为研究者只能以潜水员的姿态默默地关注你们，只有幸和几位参加研究访谈的网友相识。虽然我们至今尚未见面，但是我们也可以说是交往10多年的老朋友了，谢谢你们！祝福你们！